叢書・ウニベルシタス　995

道徳から応用倫理へ

公正の探求 2

ポール・リクール
久米 博・越門勝彦 訳

法政大学出版局

Paul RICŒUR
LE JUSTE 2

This book is published in Japan
by arrangement with ÉDITIONS ESPRIT
through le Bureau des Copyrights Français, Tokyo.

目次

序説　1

第一部　研究

道徳から倫理的なものへ、そして諸倫理へ　51
正義と真理　67
自律と傷つきやすさ　83
権威の逆説　105
翻訳という範型《パラダイム》　125

第二部　読解

オットフリート・ヘッフェ『法の諸原理』　145
マックス・ウェーバー社会学の基本的カテゴリー　157
ピエール・ブーレッツの『世界の約束――マックス・ウェーバーの哲学』　177
アントワーヌ・ガラポンの『約束の番人』　187

根源的なものと歴史的なもの
——チャールズ・テイラーの『自我の源泉』についてのノート　201

第三部　実　践

正常なものと病理的なものとの違い——敬意の源泉としての　225
医療判断の三つのレベル　239
医療行為と裁判行為における決定　255
正義と復讐　265
普遍的なものと歴史的なもの　275

エピローグ
証人喚問　統治《ガヴァナンス》不全　297

訳　注　307
訳者あとがき　311
人名索引　(1)

序説

本書『公正の探求2』は、前著『公正の探求1』と、書名と本文における形容詞「公正な」(juste) の用法の点で異なる。『公正の探求1』では、主軸は道徳規則としての正義 (justice) の観念と、制度としての裁判 (justice) との関係にあった。本書では形容詞 juste は、プラトンのソクラテス対話篇に見られるような、用語と概念の源泉に回帰する。そこではこの形容詞は *to dikaion* (魂の正しさ) という、ギリシア語中性の含意のもつ力 (それはまたラテン語やドイツ語の中性のもつ力であろう) をおびて、実詞化された形容詞の地位に上げられる。この表現の力に呼応して、私は「公正」(*le Juste*) と題するのである。こうして実詞化された中性形容詞の厳密に根本的な用法に回帰することは、本書の「研究」という項目の第一の類別が証明するように、『公正の探求1』で探索したよりも広い概念的領野をひらくのを可能にした。それに続く「読解」と「実践」は、一連の「研究」で大まかに切り取った意味空間を、違ったスタイルで探索する。この序説では、「研究」と「実践」とを関連づけ、「読解」については余分な注釈をしない。

I

「道徳から倫理的なものへ、そして諸倫理へ」と題された第一研究で、今日において道徳の問題群の全体を構造化するという仕方で、探求のもっとも広大な円を描いてみよう。この系統立った試みを、拙著『他者のような自己自身』の末尾において、謙遜とアイロニーをこめて「小倫理学《エチカ》」と呼んだものの補足と修正として提示しよう。この書は一九八六年エディンバラ大学でおこなったギフォード講座の講義の所産である。

修正は二点ある。第一に、前著の執筆当時私は、この倫理学とこの書の主題系とを結びつけている絆の力に気づいていなかった。その主題系とは、人を能力あり、行動し、受苦する存在たらしめる力と無力を探索することである。その結合点は、帰責能力（imputabilité）という用語で示される固有の能力に存する。すなわち、われわれが自分を、自分自身の行為の真の本人として責任がある（comptable）（語根はラテン語 *putare* ＝勘定）と認める能力である。私が自分を責任あり、責任を帰されるとみなすことができるのは、ちょうど私が話し、事の成り行きに従って行動し、出来事や人物を筋立てて行動を物語ることができるのと同じ仕方によってである。帰責能力は、人を能力ありとして定義する一連の力または無力と等質の能力である。この序説では帰責能力について、これ以上は述べない。というのも第二論文は、その分析を正義の概念そのものをめぐって深めるからであり、三番目の論文は帰責能力を、もっとも基本的な人間の条件に由来する力と無力の背景に置き直すからである。

第二の修正。『他者のような自己自身』で私は、大道徳哲学を継起する年代順でとりあげた。すなわちアリストテレスに従って善の倫理、カントの路線で義務の道徳、個々の不確実な状況に直面しての実践的な知恵、という順序である。学説史にならったこのカテゴリー化からは、結果として、諸学説の並列とそれらの十分に調停されない対立という印象があった。本書の第一論文はもっとも基本的で、もっとも日常的でもある道徳的経験、すなわち選択の主体としての自己の定立と、義務として課される規則の承認との結合を参照軸にして、道徳哲学の全領野を主題的に再構築するという意図をもつ。自己定立する自己と、課される規則との交わるところに立つのが、カントの実践哲学によって主題化される自律である。この参照軸の真中のレベルに対応して、私は倫理の領域が二分されると見る。すなわち先行すると言える基礎的倫理と、後続すると言える一群の領域別倫理である。なぜこのように二分するのか。そもそもそうするのはこのような語の慣用に一致していると思われる。一方で、道徳的経験が、アリストテレスにならって、分別ある、あるいは合理的なと呼べる欲望に根ざしていることは、われわれの行動の格率の普遍的妥当性の主張を検証するだけでは解明しつくせない、と私に思えた。根本的にわれわれは何を欲しているのか。これこそカントが道徳的義務を理性的に純粋化しようとしたときに、なんとか括弧に入れようと努めた根本の問いであると思われる。この問いはわれわれを、義務の道徳から上流の基礎的倫理へと再びさかのぼらせる。他方で、道徳性の下流では、倫理がばらばらな応用倫理の領域に配分されるのが見られる。すなわち医療倫理、司法倫理、商業倫理、そして今では環境倫理も。それはまるで、われわれに幸福を熱望させ、善い生き方の企ての中で安住しようと努める分別ある欲望の根底は、道徳的判断の篩と、一定の行動の領野での実践的応用のテストを次々に経由しなければ、現われ、露呈し、開示されないかのようである。基礎的倫理から、道徳的義務を経由して、諸倫理へというのが、『他者のような自己自身』の「小倫理学」の新しい定式でなければならないと思われる。

だがそうした全体を通して公正はどこにあるのか、と問われよう。それにはこう答えよう。倫理的・道徳的探求の行程のどの地点でも、公正は働いている、と。というより、公正はそれらの地点が循環していることを示すのである。義務の旗印のもとに、自己と規則の結合として定義される道徳的経験は、公正なものにかかわる。というのも、自分が害を加えたり、したがって不正に扱ったりするかもしれない他者が、規則の定式化のなかに含意されているからである。この点からプラトンのソクラテス対話篇で、不正―― *to adikon* ――がきまって公正の前に名ざされているのは、偶然ではない。不正を犯さない者が、さらには不正を犯すくらいなら不正を被るほうがよいと考える者が、基本的に公正なのである。もっと形式的にはカントでは、不正と公正は定言命法の第二定式で言明されている。すなわち「他者を手段としてのみ扱う――それこそ真に不正である――のでなく、目的として扱え」。他者の尊厳を自分の尊厳と同様に尊重する振る舞い、それが公正である。このレベルにおいて敬意を共有するゆえに、正義は平等に等しい。道徳的義務から分別ある欲望へ、そして善く生きたい願望へとさかのぼる途上で、公正は再び立ち現われる。なぜならこの願望は共有されることを求めるからである。正しい制度において、他者と共に、他者のために幸福に生きること、と私は「小倫理学」で述べた。しかし安定した、承認された、そしてわれわれ個々の存在よりも永続する形式の中に相互の働きかけを枠づけることのできる制度内で、あらゆる徳は他者を指向するのである。

アリストテレスは『ニコマコス倫理学』第五巻でこう述べる。

公正―― *to dikaion* ――とは法律にかなうこと、および平等を尊重することであり、不正―― *to adikon* ――とは法律に反すること、および不平等なことである（1129 b）。

受けるべき得よりも多く受け取り、負担すべき損よりも少なく負担するは、平等に反する。その意味で、他の徳——節制、寛大さ、勇気、など——は語の完全な意味で、公正の徳に含まれる。

公正は最高に完全な徳である。なぜならそれは完全な徳の使用を意味するからである。また公正が完全であるのは、公正をもつ人は自分のためだけでなく、他の人に対してもそれを用いることができるからである［…］あらゆる徳のうちでただ一つ、公正だけは、他の人に関係するゆえに〈他人のための〉（*allotrios*）善とみなされるのである（1129–1130 a）。

この点で公正と友愛とは、利害共同体において、同じ関心事を共有する（1130 a）。しかしアリストテレスはこの完璧で、十全で、不可分の徳は、社会的現実においては、名誉や財の分配であれ、私的な取引における正確な分配であれ、部分（*hôs meros*）としての正しさ（*kata meros*）の平面においてのみ理解される、と述べている（1130 b）。それはまた規定された行動の領域に公正の徳を適用することについての私のテーゼでもある。その場合には、領域別倫理が問題になる。すなわち、医療倫理、司法倫理、など。これは本書第三部で立証されよう。公正と不正とは、道徳的義務が基礎的倫理と領域別倫理との間の移行を確実にするこの弁証法へ、同時に進む。

＊　＊　＊

第二研究「正義と真理」は、『他者のような自己自身』における道徳哲学の大規模な構成を対象にした諸研究の後に、次のように位置づけられる。この研究でも、道徳、倫理、実践的知恵の配分は踏襲されるので、本研究は、義務の道徳が上流の基礎的倫理と下流の領域別倫理の転換点となる、先に提案した新しい順序づけに移る前のままである。その改定はたしかに重要ではあるが、この道徳哲学を構造化する二つの主要な考察を再検討に付すことはない。すなわち、一つは「小倫理学」の各部において公正のカテゴリーが優越していること、もう一つは超越論的カテゴリーを対象とする高度の思弁のなかで、公正と真実という二大観念が認容する変換可能性である。

最初の考慮もやはり「小倫理学」の読み直しともなる。それはもはや構成順序を変更するためではなく、公正と不正とについて概観する、それぞれの仕方に的をしぼるためである。その意味で、この読み直しは「小倫理学」の弁証法全体を、ギリシア語、ラテン語、ドイツ語の中性形容詞の意味での *juste* の領野に再記入することに帰着する。提案された解読格子は juste を二つの異なる関係で現出させる。それは自己、身近な人たち、他者の三つ組モデルによる水平関係と、善、義務、適合の階層モデルによる垂直関係である。第一の三つ組は目的論的、義務論的、賢慮《フロネーシス》的という三つのレベルでそれぞれ反復され、各レベルで正義が第三の位置で現われる。それは最低の位置ではなく、頂点の位置である。他者性という包括的な用語で示すものを二分することは、実践哲学の平面では最高に有効である。それは自己から他者への動きに、身近な人から遠い他者への歩みを加える。この歩みは、『ニコマコス倫理学』から着想された倫理のレベルから始まり、友愛から正義への動きによって成就する。この前進は個人の徳から公的な徳へとなされ、公的な徳は相互働きかけのあらゆる状況における公正な距離の探求によって定義される。「他者と共に、他者のために、正しい制度において、善く生きる」という願望について語る『他者のような自己自身』で、私は正義の願望を一挙に制度に関係づけた。アリストテレスは、法律に適い、平等を尊重することを、正義の定義の中に含めることによって、それを間接的におこなうのである。より多く得る、またはは貪欲さの傾向性と、損をより少なくする傾向性との間の脆い均衡、〈同等〉(*isotes*)は、今日なら〈公民精神の欠如〉と称されるだろうが、それは公民の徳として言明されたのであり、そこでは制度はすでに制定されていると同時に、制定計画中として提示されていた。というのは、同じ語が実詞の意味と、他動詞的意味に用いられているからである。

第一のレベルでは、公正は善との二者択一としてではなく、公正な距離に応じて発展した形態として捉えることができる。正義が第二のレベル、厳密な意味の道徳性のレベルで現われるのは、やはり第三の位置にである。そこでは自己は自律の自己であり、規範を措定しつつ自己を措定する。道徳的義務と正義との間の絆はきわめて強く、また原始的なので、先の研究で提示された修正は、その絆を道徳哲学の企て全体の参照項とする。規範とともに、行動の格率の定式化と、それの普遍化の検証テストが出てくるのはたしかである。周知の定言命法の定式を、有名な次の三つの定式に書き直すことから分離しないよう、私は提言する。すなわち、道徳法則を自然法則の実践的類推とみなすこと。人間性を私の人格と他者の人格において尊重すること。自分自身を目的の国における立法者としてと同時に主体とみなすこと。この三つの命法は、善い生き方、心づかい、正義という基礎的倫理の願望の三つ組と相同である。カントの遺産に、カントにふさわしい発展と修正とを与えられる現代的分析について、私はこれ以上語らない。ただ『公正の探求1』のなかで私がそれを対象に二つの研究論文「正義の純粋に手続き的理論は可能か」と「ジョン・ロールズの『正義論』以後」[*1]を書いたロールズの『正義論』については、若干言及する。それに続いて、マイケル・ウォルツァーの『正義の領分』における正義の観念の複数化の企てに触れた。ここでも

『公正の探求1』所収の論文「正義の審級の複数性」で、それに当てた研究論文を参照する。それと並行して、リュック・ボルタンスキー、ローラン・テヴノ共著『正当化について——偉大さの経済』も参照する。ジャン゠マルク・フェリー著『経験の力』（『承認の諸秩序』と題されたその第二巻に、私は刊行時に注目した）にも短く言及する。この書はわれわれにハーバーマスの著作を参照させることもできただろう。ジャン゠マルク・フェリーはハーバーマスの優れた解釈者であり、ハーバーマスの著作は、自己との関連で公正と不正の占める場所に関する別の議論と直接に関係しているからである。

実践哲学の面でこれまでに、歴史的カント主義について提起された説得的な修正があるとするなら、それはまさしくカール゠オットー・アーペルとユルゲン・ハーバーマスによる正義の規則の再定式化と、推定されるモノローグ形式から提案される対話形式への再定式化である。この二人のコミュニケーション道徳の創始者たちは、「科学の時代における倫理の合理的基礎づけ」は「討議倫理」という表現でのみ述べられうると主張する（K.-O. Apel, *Morale et communication*）。実践理性の事実、すなわちつねに前提されている自己と規則の結合に、カントが与える基礎づけは、規範を前提とする言語行為をなすときにわれわれが表明する妥当性の要求と、区別されえないだろうというのである。

そうするとこの妥当性の要求を引き出すのは、言説の形式的な語用論に帰着する。以後道徳性の究極の基礎づけを探求すべきは、相互コミュニケーションによってすでに占有された言語の領域であって、もはや単独とみなされる意識の領域においてではない。討議は自己と、身近な人と、他者たちとの絆が結ばれる場所である。カントにおいては、少なくとも定言命法の三つの定式を検証する手前では、道徳体系の一貫性の条件の探求は、道徳性の原則の対話的次元を考慮せずになされるのに対し、アーペルとハーバーマスにおいては、討議の理論は終始コミュニケーション活動の枠内で展開される。そういうわけで、その理論を要請するのは、日常活動が産み出す争論の状況である。それ自体がコミュニケーション的性質をもつ最終の定式化の問題に送り返すのは、参加者たちの間で現実に実践される討議であって、ロールズにおけるような、仮説的な契約神話や、原初状態というフィクションには訴えない。アーペルが言うように、懐疑論者を決定的に沈黙させられるような究極の基礎づけにさかのぼれるかどうか、ハーバーマスと共に疑うことはできる。ハーバーマス自身は、心理学や、道徳的で法律的な意識の発達に適用される発生的社会学から借用する治療法や助産術に属する裏づけにとどまる。

討議倫理における道徳的判断の基礎づけに関しての、このようなためらいがどうであれ、その企ては三つ組の最後の鎖の環、すなわち正義からの再構成とみなされる。その三つ組を形成するのは、善く生きたいという願望と、隣人への心づかい、そして歴史共同体の全成員のあいだの正義であり、その共同体は潜在的には、言語的コミュニケーションの状況にいるすべての人に拡張されよう。

実践哲学の平面での、公正のこのような卓越性は、行動の悲劇性を醸成する争いと暴力の状況が、不確実で緊急な事態で知恵の格率の形成を喚起するときに、はじめて強化される。『他者のような自己自身』の「小倫理学」におけるように、正義の厳密に義務論的な考え方から、ギリシア悲劇やアリストテレス倫理学の「賢慮」(*phronesis*)にならった実践的知恵によるそれの再解釈へと直接移行するのを、私は弁護する。コミュニケーション倫理が、ジャン・グレーシュの命名する解釈学的理性の弁護者にとって重要な、適用の途上で出会う困難を、私は論拠にしようとすればできたかもしれない。規範をその基礎づけへ戻す後ろ向きの行程も、規範からその実行への前向きの行程なしではすませられない。和解の具体的状況に内在する葛藤が開示する文化的な、要するに歴史的な特徴は、討議倫理の実現が状況依存の性格をもつことを考慮せざるをえなくする。こうした実現の条件は、正義の規則そのものに影響を及ぼさずにはおかない。

そうすると商業的・非商業的財の分配をつかさどる評価、同じく権力と命令、責任と名誉の地位などの歴史的・文化的に決定される性格が必然的に認められるのであり、以上がジョン・ロールズによる正義論のテーマである。（語のもっとも広い意味で）普遍的に妥当する分配のシステムは存在しない。社会の暴力的歴史を通して見られるもろもろの闘争に結びついた撤回可能な選択は、文脈主義的観点から考慮されるべきである。普遍主義か、文脈主義か、あるいは共同体主義《コミュノタリスム》かの不毛な論争に閉じこもりたくないなら、『公正の探求1』で私が提案したように、規範を適用するなかでの論証と解釈とを、決定を下す過程で、正しく連結しなければならない。この点に関連して、コード化され様式化された形式での論証は、言語的過程の抽象的な一分節にすぎないのであり、その言語的過程は複雑な場合には、さまざまな言語ゲームを活用する。ある種の範型的な物語がその教育的で治療法的な作用を、論証と解釈の合流点に及ぼすのはこのレベルにおいてである。こうして、基礎づけの問題から規範適用の問題へと導く長い道のりは、正義の規則を越えて公平の観念に、アリストテレスが正義の徳論で認めた力を取りもどさせた道のりと同じなのである。

＊　＊　＊

本書の第二研究で私は応用倫理に向けて、もっと直接的で近い道を選びとった。そして次のような典型的な状況を急ぎ列挙した。すなわち、一見すると平等な価値規範の間の葛藤や、規範尊重と人々に対する心づかいとの間の葛藤、黒と白の間でなく灰色と灰色の間の選択、そして——選択の幅はますます狭くなるが——悪いとより悪いとの間の葛藤に代表される状況である。この研究全体が、本書第三部で「医療行為と司法行為における決定」と題する論文におけるそうしたモデル・ケースに当てられよう。その論文では、訴訟の枠組みで法を宣言すること、裁判の言葉を言明することは、公平という実践的知恵の面に裁判の規則を適用することであるという主張が確認されよう。公平に裁くことは、訴訟の終わりでの公正のもっとも卓越した表現であり、訴訟の過程を通してわれわれは、善く生きたい願望によって、善が、語のもっとも強い意味で展開し、複数化し、制定されるのを見たのである。

正義と公正の観念の卓越性を強調する意図で、実践哲学のいろいろな分野を経めぐることがいかに重要であるとはいえ、そこにこの論文の特別の目標はなかった。同じくこの論文は、真・善・美といった超越論的概念と呼ばれる「大きな類」の表にそれらの観念を再記入する野心もない。それらは思弁的な思考様式によって、類を超えた存在概念のもとに、互いに変換し合える三つの主要概念となるだろう。正直言って、私はこうした思弁に慣れていない。とはいえ私は一九五〇年代以来、そのような思弁に出会っていた。それは『テアイテトス』、『ソピステス』、『パルメニデス』、『ピレボス』といったプラトンの対話篇だけでなく、アリストテレスの『形而上学』第三巻の有名なテクスト「存在はさまざまな仕方で言われる」についての講義においてであった。私は『形而上学・道徳学雑誌』の一〇〇号記念号の編集指揮をした際に、この至高の思索につれ戻され、この雑誌の創刊者の一人フェリックス・ラヴェッソンの意図を、〈形而上学と道徳学〉という雑誌の起源に結びつけて再び賦活させようとした。私はスタニスラス・ブルトンの強固な思索に励まされて、彼と同様、メタという接頭辞を強調したいと思った。私にはその接頭辞が、前述のプラトン対話篇とアリストテレス『形而上学』の有名なテクストとの出会う点で輝いているように見えたのである。本書には収録されていない「不気味さ」（«Inquiétante étrangeté»）と題した論文でもう一度示唆したように、現実態と可能態の角度から捉えたアリストテレス的な存在は、前述の第一論文で言及した基礎的人間学の平面から、力と無力の様態の平面にいたるまで、行動の諸形態のピラミッドを遠くから、上から支配しており、それに対しプラトンの「大きな類」は『他者のような自己自身』という題そのものが前提しているように、存在と非存在、同と他、一と多、休止と運動のように、大きな分類を支配しているものではないか。この根本性のレベルに、中世人が超越論的概念について、その相互変換可能性についておこなった名だたる思弁が位置づけられるように思われる。この第二論文では、この大いなる絡み合いについて、公正を目じるしにして、公正から真実を解放する行程のみを考察した。

公正において善のヴィジョンが頂点に立つことを認めると、公正における真理はどうなのか。中世人が忍耐づよく取り組んだこの問題が、懐疑論にとりつかれた英語圏の分析哲学のただ中に、また先に垣間見たように、アーペルやハーバーマスたちのような超越論的語用論の中にも、大挙して回帰してくる。道徳的真理について両者いずれの関心も、道徳的命題を主観的あるいは集合的恣意性から防ぐこと、あるいは義務論的言表（これは〜であるべき）を確認的言表（これは〜である）へと自然主義的に還元することから防ぐことにある。この点で、自律をア・プリオリに構成する総合的構造は、自己措定する自己と、命じられる規範とを結ぶものとして、前述の対話的再記述を犠牲にしても、懐疑論や還元主義の挑戦に抗弁したと私には思えた。本書第二部の論文の一つで詳論したチャールズ・テイラー[*2]と同様に、〈自己〉と〈善〉とが、彼の「強い評価」と呼ぶものの平面で、深部からの一体性で結合していると私も見るのである。

それゆえその論争に私が何かつけ加えるものがあるとすれば、それは道徳的真理についての理論とは別のもの——すなわち、道徳的命題と、道徳への導入を支配している人間学的前提との間に存在する相関関係を対象にした認識論的省察である。その前提は、道徳的、司法的、政治的な問題系にアプローチできるとみなされる主体の存在様態を対象にしている。われわれはここで帰責能力の観念を再び見いだす。ただしそれはもはや『他者のような自己自身』で概観した能力の、他の形態との関連という観点から考察したものではなく、それ固有の認識内容の観点から考察した観念である。私は自分の行為に責任があり、ゆえに行為の真の本人であって、損害を償うように促され、罰を受けざるをえない、という命題の真理の資格とは何か。能力ある人間として自己措定する真理の資格とは何か。私はここで、『他者のような自己自身』で練りあげたような、証し（attestation）のテーマを再発見する。またそれの信頼性が、反駁不可能ではないが、異論の余地があり、疑いではないが、多少疑わしさを抱かせることを再確認する。それに、公平と不公平についてのトマス・ネーゲルの書を[*3]、私が最近発見したことをつけ加えたい。公平に対する能力は、ネーゲルがこの観念を平等の観念と比較しているので、いっそう私の注意をひきつけた。すなわち「誰の生命も重要であり、いかなる人も他の誰よりも重要ということはない」。ところで古代ギリシア以来、平等は正義と同義語であった。倫理への手ほどきの人間学的前提を際立たせるのは、この重要性の判断を表明する能力である。それは明確に定式化するに値する。というのも公平の能力は、観点が対立するのを排除せず、したがって対立する当事者間の公正な距離を設けるための調停を求めるのを排除しないからである。ここではいっそう原始的な能力、他人の苦しみを感じ取る能力が働いているのではないか。それがわれわれをルソーのほうへ、また憐みに関して、十八世紀の英語圏のモラリストのほうへつれ戻すのである。しかし道徳への手ほどきの人間学的前提を探求する各段階で重要なのは、まさに証しである。対立する状況によって要請される調停について言うと、それは解釈にも論証にも属するのであり、そのことはドゥオーキン[*4]のいわゆる〈難しい訴訟事件〉（*hard cases*）においてだけでなく、本書第三部の論文で見られるような、法廷にもちこまれるどんな争いの状況においても、適切で、満足できる解釈を求めるときに立証される。これは医療倫理にも、歴史家の実践においても、政治的判断を下すときにも当てはまる。こうしたあらゆる状況で、今ここでなすべきことを指示する適合の判断は、われわれの出発点となった帰責能力の観念によって行使される能力についてのもっとも一般的な判断にと同様、証しにも帰される。そこにおいて証しされる真理は的確さの形をとる。

この論文の結びで私は、公正から真実を解放する動きを、超越論的概念の相互変換可能性という古い観念によって、公正を真実の領域から発生させるような類似の動きによって補完し均衡させる術を知らなかった、あるいはなしえなかったのを遺憾に思うと記した。

そこで、ここでまだし残している作業の概略を描いてみたい。

私が道徳的真理と呼ばれるような真理の様態を求めたのは、道徳的命題のためではなく、ただ道徳的領域へ入るための人間学的前提のためだけであったが、同様に私は科学的命題のために、それを真実であるだけでなく公正でもあるようにする道徳的特質を求めることもしない。私はこの道徳的な特質を、すみずみまで考察される真理の領域に近づくために前提とされる道徳的責任のうちに求めよう。

科学的真理は道徳性の基準に訴えなくても、それ自体で真実と評価される。物理的性質に関しては、もはや問題にはならない。ガリレイやニュートン以来、数量化できるモデルを想像する力の助けを借りて、また直接の観察か実験によってそのモデルを検証（少なくとも反証）することによって仮説の形式を経る以外に、科学の地位に到達するのにふさわしい認識の形はない。そしてこの発見の精神は、モデル化と検証／反証の組み合わさった働きに適用される。そうしなければならないのは、自然がそれ自身によって、あるいはそれ以外のものによって産出する原理に、人間精神は近づけないからである。われわれは自然のデータを集め、いわゆる「現象を救う」ことを企てることしかできない。だがそれは大したことなのである。というのも、観察の領野は限りないからであり、また科学的想像力の領野を拡大し、パラダイム変換として知られる過程によってモデルを交換するわれわれの能力は強力だからである。われわれの発見精神はそのために用いられる。

人間に関係する諸現象に関しても、モデル化と実験をする苦行も、われわれがそれらの現象の産出に、行動として理解されるものから出発して部分的に近づきうるという事実によって埋め合わされる。われわれの行動や情念の観察できる結果から、それに意味を与える意図に、そして時として、その意図やその観察できる結果を産み出す創造的な行為にまでさかのぼることは、精神には可能なのである。こうして行動とそれに対応する感情とは、ちょうど行動や感情がその一部となっているあらゆる自然現象と同じように、われわれに観察できるだけでなく、それらに意味を与える意図や、時としてそれを産出する行為の結果であり、同時に記号でもあるもろもろの表現からも理解できるのである。したがって発見精神は、唯一の平面、すなわち今しがた述べたような「現象を救おう」と専心する観察と解明のみでは、発揮されないだろう。その精神は自然観察と反省的理解との接触面で展開する。このレベルに位置づけられるのは、かつて私がジャン＝ピエール・シャンジューと、神経科学と反省的認識の関係についておこなったような議論である。かといって、それゆえに真実の探求が道徳的義務の完全な支配下に、したがって真実が公正の統制下に入るということになるのだろうか。いや反省的認識は自然的認識に還元できないとはいえ、前者の真理の主張は、後者のそれと同様に、道徳的基準からまったく自律している。たとえば歴史学においては、断罪せずに理解しなければならない状況、さらには同時に、ただし異なる二つの範囲で、理解しかつ断罪しなければならない状況もある。それを主張したのは、拙著『記憶・歴史・忘却』で触れたように、歴史家論争の立役者の一人であった。

以上述べたところからも、単なる理解をめざす反省と道徳的判断とが出会う点の状況は、信じがたいほどに複雑である。行動とその裏面をなす情念とについての反省は、道徳的な懸念を巻きぞえにせざるをえない。というのも、能動者の受動者への行動は、後者に被害、損害を引き起こすことがあり、その意味でそれは道徳的判断の監視下に入らねばならないからである。反省の真実性の次元と、尊重によって生じるそのような監視との間に同一化はなく、同じ点での交叉があるだけである。たとえば、ヒトの胚や、さらには治療のためのクローン製造までも対象とする実験についての現代の論争は、科学的な発見精神が発生期の人間の生命に対する尊重の度合いについての問いかけと相互に影響し合うレベルに位置する。ここで間接的に関係するのは、先にわれわれが道徳的判断に関連してそれがとる立場を強調した、人間学的前提である。今や問題になるのは、拘束や検閲にがまんできない探求精神に対してとる人間学的前提の立場である。なによりもまず生命の領域だけでなく、司法や刑法的政策に、また実業や金融の領域に関する諸倫理委員会で論じられる言説の分野にもこれは当てはまる。保護されることを要求するのは、自然の事実としての、心的生活の土台としての生命だけでなく、徐々に人間の環境としての自然全体もである。全宇宙が人間の責任となっているのである。力のあるところ公害の可能性があり、ゆえに道徳的監視の必要があるのである。

今の時点で科学者たちが、倫理委員会や他の議論・論争の場で、いろいろな文化的・宗教的集団と、また市民社会の他の成員と対決させられているのを考えると、科学的認識論では科学についての反省をすべて汲み尽くしえないことを認めねばならない。そこで一種の実践として、理論的実践として、科学的活動に力点をおくしかない。この観点からすると、公正が真実と密接に関わり合うのは、直接的で明白であることがわかる。問題が提起されるのは、もはや説明と理解の弁証法が追求される人文科学のレベルだけでなく、理解することが道徳性への入口になる人間学的関心事や、またそれを通して正義の道徳的・倫理的な要求と再び交叉するレベルにおいてである。結局、問題が提起されるのは、その企図の全範囲において捉えられたエピステーメーの高みにおいてであり、それは理性の企図でもある。またそれはジャン・ラドリエール[(1)*5]にならって、理性の解釈学とよぶことのできるレベルである。したがってもはや問題は、自然の観察と相反するとみなされている、方法としての解釈学ではない。したがって行動や情念の包括的な復元と結びついた明確に認知的な手続きとしての解釈学でもない。人はその復元について、現実過程の再現の推測的・間接的・蓋然的な性格を評価しようと努めている。このレベルで解釈は、何らかのモデルで実現可能な原則から出発して、現実を復元するための他の諸方式と同じ平面におくような、説明の方式の変種の一つとして現われる。この一段高いレベルでは、理性と同等になったエピステーメーの解釈学が重要になる。問題はこれによって理性の企図がどうなるかである。「何がそれをもたらすのか」「何がそれを抱かせるのか」「何がそれを要求するのか」。

というのもラドリエールがこう言っているからである。

> 道は前もってつけられてはいない［…］。道はそれに踏み出す行為のうちに示される。予期せぬ出来事、起こりそうにないことから成る歴史性の偶然から［それは捉えられねばならない］。創始の瞬間へと送り返す偶然

（1） Jean Ladrière, « Herméneutique et épistémologie », dans Paul Ricœur (sous la direction de Jean Greisch et Richard Kearney), *les Métamorphose de la raison herméneutique*, Paris, Cerf, coll. « Passages », 1991, p. 107–125.

性［…］。しかしこの創始そのものは、つねに、またしても起きる出来事として、それ自身がその意味を問われねばならない（p. 123–124）。

この徹底したレベルで、科学的知によって要求される真理は倫理的な含意をもつのであり、その含意が今度は真実から公正への方向で捉えられると、真実と公正の間の変換可能性を確証するのである。この変換可能性は、〈探求し－発見する〉の対《つい》以外のところに求められるべきではない。この対は実践面では、認識論的な面での〈モデル化－検証する／反証する〉の対と重なる。科学はもはや人間としての科学者なしには定義されない。科学の活動は孤立していない。それは研究室、ラボラトリー、診療所、研究所でのチームワークを関与させる。パワー・ゲームがそこで研究プロジェクトに干渉する。きわめて特殊なコミュニケーション活動の際に、知的誠実さを旗じるしにした特有の言語ゲームによって、討議倫理が試練にかけられる。科学共同体全体が共有する力学を産み出すこうした人間の相互関係や制度的関係は、いみじくもジャン・ラドリエールが活写したように、科学研究をあのまことに不確かな企てにしている。それは歴史の中に沈んでいる次のような思想的事件である。大発見、パラダイム変換、斬新な着想、先端科学、それに加えて、論争、パワー・ゲーム。まさしく真理探究として定義され、理論的実践としての学術活動に内在するその規範性において把握されるこの探求については、その道筋をたどることによってのみそのゴールは見定められる、と言うことができる。

その後の問題は、この実践を他の本来科学的でも理論的でさえない実践（ここで追及している超越論的概念についての思弁がそうであるような）の中に、いかにして組み入れるかである。その実践とは、たとえば技術、あるいは道徳的・法律的・政治的活動などである。それらの交点で、理論的実践、非理論的実践は、それに応じて人間の人間性が定義されるような意味の地平を、大胆ではあるが修正可能な仕方で投影するのである。

そういうわけで、公正なしに真実は言われず、真実なしに公正も言われない。残る問題は公正と真実の美を、そしてそれらの調和した結びつきを、古代ギリシア人が *to kalonkagathon*、〈美−と−善〉と呼んだ公正の究極の地平において言い表わすことである。

＊　＊　＊

私は「自律と傷つきやすさ（Autonomie et vulnérabilité）」と題する論文を、この一連の研究の三番目においた。自律の観念は最初に、第一論文の道徳的義務に関する節で出てきた。そこは自己措定する自己と命じられる規則との連接するところである。しかしこの定義は、この角度からは、われわれになじみの責任観念の祖型である帰責能力の能動的な面しか含んでいなかった。残る問題はこの能力の影の部分を明るみに出さねばならない。すなわち道徳経験の受動的な面に属する無能力の諸形態である。能力ある人のこの両面を考慮することは、道徳的義務の活動的側面と受苦的側面とを対にすることである。論文の題はこの対概念の逆説的性格を簡明に言い表わす。それは逆説的ではあるが、「純粋理性のアンチノミー」が理論的次元でそうであるようには、アンチノミーではない。だがどんな意味で逆説的なのか。それは以下の三つの意味においてである。

第一の意味では、能動性と受動性は権利の主体という簡明な用語で示されるものを確定するのに共に与っている。権利の主体とは、この講演をもって開講される高等裁判研究所（ＩＨＥＪ）のセミナーの主題である。そうするともはや行動を形容する語の中立的な意味での公正ではなく、不正な、あるいは公正なと評される、行動の主体としての公正な人が問題となる。自律／傷つきやすさの対が逆説とされるのは、それが公正な、あるいは不正な行動と、法廷で後者に下される判決両方との、可能性の条件としての自律を前提とするからである。それと同時に、服従の状態、あるいは啓蒙主義時代に言われた後見を要する〈未成年〉状態から脱するように、政治の舞台に呼び出される主体の果たすべき務めとしての自律を前提とする。条件と務め、こうして現われるのが、人間性を構成する傷つきやすさによって脆弱にされた自律である。

この対がさらに逆説となるのは、現象学で形相的記述と呼ばれるものに属する大いなる安定性の特徴を自律が呈するからである。というのはもっとも一般的で、もっとも共通の人間の条件の概念的基盤と、文化や集団教育、個人教育の歴史全体も与っている、より不安定な局面の傷つきやすさとが、そこで明らかになるからである。それは普遍的なものと歴史的なものとの逆説である。自律の前提とも、果たすべき務めともみなされる諸特徴は、傷つきやすさのしるしである以上に、根本的なものに属すると私には思われた。こうした逆説の様相はきわめて重要と思われたので、私は意図して本書の第三部「実践」の中の最後の論文をそれに当てた。

この研究を進めるにあたっては、事柄を最高のレベルで捉え直さねばならず、帰責能力を、行動すると受苦するの全体を構成する、能力と無能力の別の様態の背景に置き直すことをしなければならなかった。同時にこの論文は『他者のような自己自身』の「小倫理学」を改訂するのに直接役立っている。それは帰責能力を、「私は話すことができる」（一、二章）、「私は行動できる」（三、四章）、「私は物語ることができる」（五、六章）の三つのテーマにもっとも密接に結びつけることによってである。帰責能力は〈私はできる〉の現象学に第四の次元を加えることができる。すなわち、私は自分をそれの説明責任を委ねられた行為の真の本人であるとみなすことができる。帰責能力は能力と無能力の表を完成すると同時に、能力と無能力の容量や諸状態とを確証するための認識論的特質を確認するものである。他のあらゆる能力と同様に、帰責能力も証明されえないが、反駁もされえない。それは証しされ、推量されるだけである。この機会に、確証－証しについて語ろう。先に述べたような逆説に導くのは、それ自体が脆い認識構造によるのである。帰責能力と、能力・無能力の別の様態との関係はきわめて密接なので、他律の経験で再検討される最初の弱さは、話す能力、行動する能力、物語る能力に影響する弱さとなる。問題は脆さの形にあり、たしかにそれは人間の条件に内在するものではあるが、社会生活によって、またそれの増大する不平等によって強化され、また導入されるものである。要するに、アリストテレス、ルソー、トクヴィルらによって次々に肯定される正義と平等の等式の名において、それは語の第一の意味の、不正な制度によって強化されるのである。個人的・集合的自己同一性の探求に内在する脆さの形は、明らかに物語る能力に結びついている。というのは、自己同一性は拙著『時間と物語Ⅲ』の結論で提言したように、物語的自己同一性(identité narrative) なのであるから。物語的自己同一性は、それが自己同一性の時間的構成と、同じく対話的構成とに対応するかぎりにおいて、力のしるしとして要請される。ここにおいてわれわれは、時間の移ろいと、異なる人間という不安をかき立てる他者性との二重の試練にかけられる人間的事象の脆さを見いだす。それゆえ帰責能力は、慣習の歴史とまったく異質な実体としては登場しない。そのことは義務を考慮すればばうなずける。すなわち善をなし、加害を償い、罰を受ける義務である。

帰責能力をなすこの能力について、確実に新しいと言えるものは、自己と規則との結合であり、カントは当然そこにア・プリオリな総合的判断を見た。それのみが行動の道徳的レベルを規定するものである。

そこから話す能力、行動する能力、物語る能力という前述の三つの基本的な領域に内在する形と比較してまったく新しい傷つきやすさの形が出てくる。そしてそうした形のなかに、何らかの象徴的秩序に入り、規範や強制的規則という基本概念に意味を与えることの困難も含まれる。これを機に、第四論文が対象とする政治的次元における権威の概念に結びついた難問に沿って進んでいこう。そこでもっとも詳細に論じられることになる正当化の危機に、第三論文では道徳的権威の角度からしかアプローチできないのであるから。

とはいえ象徴的世界に入っていくのにともなう困惑に応答しないわけにはいかない。承認のしるしとしての象徴についての省察を、きわめて慎重に、そしてきっと手短かすぎるほどに、その概略を示すことにしよう。それは象徴的機能についての私のずっと以前の研究と、イデオロギーとユートピアとして表現されるような社会的想像界についての比較的最近の研究を拠りどころにする。

以上にたどってきた行程の終わりに、公正の観念がどうなったかを検証する。先行する二研究では、公正の観念は中性の語の力 *to dikaion*（魂の正しさ）として解された。それは行動における公正と不正である。この第三研究では、公正は、高等裁判研究所のセミナーが権利の主体として指示した人の、公正な行動への性向を意味する。

＊＊＊

第四論文「権威の逆説」で、もう一度逆説の場面が戻ってくる。すなわち、二つの対立し合うテーゼが反論に同じように抵抗し、したがってどちらも一緒に維持されるか、一緒に放棄されるかを要求する思考の状況である。前述の開講講演のはじめで私はこの定義を提示し、アンチノミーでは二つのテーゼを二つの言語世界に配分することが可能であるという特質でもって、逆説をアンチノミーと区別した。ちょうどカントが自由と決定論を対決させた平面で、テーゼとアンチテーゼについてそうしたようにである。自律と脆さの逆説は、この種の解決を許さなかった。同じ実践の領野で自律と脆さは、一方が他方の前提になるようにして対決し合う。それと似たような状況を、権威の問題が提起するのである。

じつを言うと、自律の逆説は、規範の媒体である象徴的な秩序によって行使される道徳的権威という形で、権威の逆説を萌芽的に含んでいた。逆説を産み出したのは、自律の規範的側面——法的側面——であった。つまり象徴的秩序の権威は、承認されなければ効果がないのである。ところで、ここでは何が承認されるのか。象徴的秩序の優越性以外にはないのではないか。しかしこのような象徴的秩序が真に優越し、それに忠誠を誓い、承認するに値すると確証するものは何か。上に立つ者が要求する服従と、下の者による、要求される権威の正当性への信用との間に、悪循環かよい循環か、ともかく循環があるのではないか。

政治的権威の逆説とともに戻ってくるのは同じ難問であるが、それには本来道徳的な問題系から、いっそう明確に市民的な問題系へ議論の軸を移す、という移動がともなう。もはや中心問題は、自己と規則が共につくる組み合わせのなかで、義務の根源としての広義の規範にではなく、人々を統治する任務を負った権威の側の、服従させる権力に存する。要するに、義務の権威から命令の権威への転移がなされる。ある意味で、それは同じ基本問題である。というのは、提起されているのが、命令の権威、すなわち語の政治的な意味での権力が拠って立つ正当性の問題であるから。だが厳密には、それは同じ基本問題ではない。なぜなら力点は、道徳的義務を構成する道徳的拘束の力から、服従させる権力を構成する社会的・心理的・政治的拘束の力へと移ったからである。正当性の問題はここでは義務よりも権力に結びついている。

命令し、命令しつつ服従させる権力である。このような権力を信用させるものは何か、と問おう。こうして道徳的なものから、政治的なものへと軸が移ることの大きな利点は、権威を与える行為の本性という厄介な問題を一挙に明るみに出すところにあり、その行為は言語の次元で、権威という実詞の根源にある動詞の力を前面に押し出す。信用させる（accréditer）という動詞のほうは、権威を与える（autoriser）という動詞と同義語なのだが、そこで探索を、信用、信頼性——信頼度——のほうへ向けさせると同時に、信じさせること、そのための策略のほうにも向けさせる。予めの正当化として最初に提起される正当性の問題は、事後に承認される正当性の問題として明確になる。その問題は、われわれが権威はどこから来るかと尋ねるや、厄介なことになる。正当化に権威を与えるものは何か。われわれが先に出した脆さの問題はそれとともに形を変えた。権威を与えられていた個人や制度の権威に対する不信が、公的議論のレベルでリードするような時代になると、それは正当性の危機の問題となる。

権威の制度的構成要素と区別するために、権威の言説的構成要素の検討に的をしぼることができると私は考えた。そこで権威の正当性信用の系譜における、文化的な言説、創始的といわれるテクストの役割が強調される。こうしてわれわれは、前の論文で規範の媒体、象徴的秩序と呼んだものから発する説得力の問題を再発見する。今や、権威すなわち命令する権利の要求に支持された正当化の言説が問題になる。じつを言うと、言説的権威と制度的権威との区別は、一時的で教育的な種類のものでしかない。なぜなら言説や文書によって正当化されるのは、まさに制度であり、その文書は正当化を必要とする制度によって産み出され、表明され、公刊されるからである。

マックス・ウェーバーによって実践された理念型の方法に訴えて、われわれの文化の時代に継起した優勢な言説的権威の二つの理念型を検討してみよう。それは聖書とその〈認可された〉注釈とを土台にした中世キリスト教界の理念型と、ディドロやダランベールの『百科全書』のテクストにある啓蒙主義の理念型である。中世キリスト教界のモデルでは、制度的権威と言説的権威とは密接に絡み合っている。教会の教導権は聖書を拠りどころにし、聖書の注釈者は教会の教導権を拠りどころにするからである。しかしながら私が見るところ、教会の制度はさらにこの聖書的領野とは異質の政治的起源、すなわちローマ帝国（*imperium*）の恩恵を受けてきたのである。ハンナ・アーレントは次のようなテーゼを論証した。古代ローマ人は古代ギリシア人と違って、都市のなかの都市であるローマのみに与えられた、聖なる創建という感覚をもっており（*Urbs – ab urbe condita* 都市－建設以来）、そして宗教 *religio* はこの創建のエネルギーを、まさにローマの尊称で呼ばれる大カトリック教会にまで、ローマ帝国支配の全時代を通して伝えることに成功した。このようなローマ的起源は、中世全体を通して、政治神学の分裂の中で、教会の権威と王権とが競合状態にあったことを説明してくれる。

『百科全書』が自らに帰す権威は、教会が要求した聖書的権威と見合って、基本的には言説的なものであろうと望んだ。その意味でこの権威は、それだけで革命――フランス大革命――を産み出すには足りなかった。たとえそれが検閲や異端弾圧に反対し、〈公開性〉の擁護のために戦うという間接的な手段で、絶対権力に政治的に対決したとしても。

フランス大革命のおかげで、二番目の理念型が勝利者となったわけだが、これら二つの理念型間の競争が終わるときに、主権をもつ国民の意志から発する権威の性質という問題が提起される。この権力は、前の論文で自己と規範の交点で定義されたような道徳的権威の政治的な等価物とみなされることができるだろうか。このような総合が、カントの眼から見て「理性の事実」、換言すれば私の第一論文による道徳経験を構成する構造的事実の認識をなすと考えるなら、この「理性の事実」の政治的等価物とはいったい何だろうか。政治的権威の起源についての契約主義的理論にまつわる理論的難問に、これ以上論究することはするまい。ただし非歴史的な本質の契約——社会契約——を所与の歴史的状況に適用するときに直面させられる実際的難問についてはすこし長く考察しよう。原則を正当化することと、この正当性を事実の中に記入することとは別である。権威の逆説は、古代人の *auctoritas*（権威）を、人民の単なる *potentia*（力）から区別するローマの著者たちによって定式化された用語の中に再び現われてくる。そこでは権力の古さが、それだけで正当性の要因であるかのようである。

正直なところ、今ふりかえってみると、この論文は中途半端であった。

権威の正当化の過程にまつわる理論的難問に出会って、読者は私がマックス・ウェーバーの社会学の基本的カテゴリーについて書いた論文の中に、次のような弁証法の体系的な探求を見いだすであろう。それは権威の正当化の平面で、事実上の権威から発してくる承認の要求と、服従する側の承認する能力との間の開かれた弁証法である。上と下の関係の本質的に信頼にもとづく性格が前面に出てくる。権威の逆説は以後、正当性への信頼に応じて提出される。

この論文を書き上げてからも、私はこの逆説について、あらゆる方向から考察を続けた。この逆説は次のようにして先鋭なものになりうる。すなわち、デモクラシー社会において、共に生きようとする水平軸と、マックス・ウェーバーが支配の軸と呼ぶ垂直軸とをいかにして連結するか。権威を、命令し、服従させる権力と定義するや暗黙のうちに認められたように、もし垂直軸が水平軸に還元できないとわかったなら——そしてもしこの権力が正当性を自任し、承認を求める権力として、暴力には還元されないならば——この権力はどこから発してくるのか。この問題を容易に払いのけることはできない。私はこの問題が、偉大さという新しい形で戻ってくるのを見る。偉大さは、王、君主という像に中心をおいた、絶対権力とともに消滅はしなかった。偉大さはリュック・ボルタンスキーとローラン・テヴノが〈偉大さのエコノミー〉と呼ぶものに増殖し、拡散した。なぜ偉大さなのか。

以上が現在、権威の契約主義的パラダイムによって引き起こされた難問を検討する延長上で、理論面で私が思索しているものである。まだよく理解できないでいるのは、偉大さの観念によって前提されているような優越性に、承認が結びつくことである。

人民主権から由来する権威を歴史に登録することにまつわる難問について、私は今ではクロード・ルフォール、マルセル・ゴーシェ、ピエール・ロザンヴァロンらの意見に従って、それら難問は代表制デモクラシーのまわりに集中していると見ている。現在のデモクラシーは、選挙の問題はなんとか解決したが、人民から選ばれた者が代表であるという問題は解決しなかった。この難問は代表の問題には還元されず、象徴的な力の問題でその頂点に達する。以上から、政治的逆説の問題は象徴的秩序の領域に再びもどされる。象徴的秩序の権威は、政治的・法律的・道徳的領域全般にわたり、自治の確立に内在しているとわれわれには思われた。

＊　＊　＊

私の翻訳論が『公正の探求2』の諸論考に属し、本書の土台をなす第一部「研究」の最後がそれをおくのにふさわしい場所であることを、読者に納得していただきたい。

この論文の対象は、翻訳学の観点から捉えた翻訳ではなく、翻訳という範型《パラダイム》である。哲学的な争点は、翻訳する行為においてモデルとなるものは何かを知ることである。

この操作の範型的な性格を示す第一の指標は、二つの入り口をもつ問題としての現象の幅広さである。すなわちある言語から他の言語への翻訳と、話されている言語内での翻訳である。この第二の考察は、この現象の範囲をかなり広げる。すなわち異国的なもののあるところ、どこでも伝達不能に抗する闘争の場がある。

この論文を読み返す機会を利用して、翻訳が範型としての性格を明示する二つの面を強調してみたい。一つは翻訳する困難さであり、もう一つは翻訳という手段である。一方は翻訳不可能性の推定であり、他方は記憶の作業と喪の作業を語るような意味での、翻訳の作業である。

翻訳の問題の暗い面、すなわち翻訳不可能性の推定に関して、翻訳の問題系に、ある言語から他の言語への翻訳から入っていくことに次のような利点があることは注目すべきである。それはヴィルヘルム・フォン・フンボルトのカヴィ語についての著書の副題にあるように、言語の多様性という大現象にいきなり入っていくという利点である。この最初の条件に含まれる伝達不可能性という最初の脅威は、本書のこれ以前の論文で何度も言及してきた傷つきやすさの諸様態のせいにすることもできる。この脅威は、より正確には無能力のいろいろな形態に含まれていて、それは話す能力、そして次第に、言う能力、物語る能力、最後に道徳的帰責能力にまで、悪い影響を及ぼす。この無能力の根もとにある傷つきやすさの一形態は、いかんともしがたい言語の多様性から出てくる。この特有の傷つきやすさは、翻訳する能力という、それ自体特別の能力に影響するのであり、それにこの省察の第二部が当てられる。話す主体の翻訳する能力は——即席の翻訳であれ、職業的翻訳であれ——話す主体の能力である以前に、言語それ自体の能力である。所与の言語の翻訳可能性、翻訳するむずかしさ、さらには翻訳不可能性のほうはどうなるか。推定される翻訳不可能性とはどんな性質のものか。それはあまりに根本的なので、翻訳は権利上不可能であると宣言しなければならないのか。現に実践されている活動として、翻訳が事実上存在するなら、言語の深層構造の面で、理論上翻訳不可能にしているものとは何か。

私は翻訳可能か不可能かの二者択一で起こされた議論の詳細をむしかえすつもりはない。それは、民族言語学、語彙論、比較文法の面で、あるいは普遍言語についての思弁の面での翻訳可能性対翻訳不可能性の議論、また普遍言語をその起源の側に探すべきか、体系的に再構成する側に探すべきか、といった議論である。私はここでは、その問題にある範型的なものは何かを探ることに専心し、その後で、その答え、すなわち倦むことなく続けられる翻訳の作業に、どんな範型的なものがありうるのかを検討しよう。

言語の多様性は実際問題として、人間の条件の重要な構造、すなわち複数性に関係する。複数性といえば、ロックの『人間知性論』の第二章二七節の有名な表題「同一性と多様性について」が喚起させてくれるように、同一性に関わっている。他者との関係での多様性なしに、自己にとっての同一性はない。人と人の間には複数性という間隔が開いている。〈人の－間の－存在〉（*inter homines esse*）とハンナ・アーレントは好んでくりかえす。ところでその複数性の特徴は言語だけでなく、広義の社会的人間関係にも影響する。人類はいろいろな集団に細分化してのみ存在する。すなわち、人口に、民族に、文化に、歴史共同体に、信条に、宗教に細分化して。前述のように、われわれは法体系、裁判制度、刑事政策の面で、それらの導き出す必然的な帰結を見てきた。そしてまた、道徳性の原理の普遍性と、紛争の状況で表明される正当化の歴史的性格とに分散するときも同様であった。何にもまして、政治的なものはこの複数性の条件によって影響をこうむる。国家があるのは、何よりもまず、政治機関が決定能力を賦与する明確な歴史共同体があるからである。この高度に争い合うレベルで敵／味方の関係は、アイデンティティの政治的形態である主権の要求を利用して、政治的多様性を不倶戴天の敵意に変えてしまう傾向がある。人間の条件のいかんともしがたい複数主義的体制を強調するのに、宗教までいく必要はない。おそらくここでわれわれは、複数関係が敵対関係に変換する謎の地点に達するのであろう。もし所有しえない対象としての聖なるものが競合する羨望の対象であり、贖罪の山羊《スケイプ・ゴート》の儀礼で一対全の結果しかそれが最初に与えてくれないとすると、われわれは複数性を、基本的な信仰の面で、過ちやすさと堕落に陥るもっとも恐ろしい機会とみなさねばならない。

このように複数性から憎悪への道筋はかつて、いわゆるバベルの塔という有名なヘブライの物語でもって、起源神話という言語表現に高められた。この物語を私はぜひシュラーキ*6によるすばらしい翻訳で引用したい。言語の複数性の二つの面がそこで言い表されている。空間的分散と、伝達可能性における混乱である。この二分裂の条件に先立って、「一つの唇、唯一の言葉」（シュラーキ訳）しか存在していなかった状況があったのか、ある時代に災厄として描かれてその条件が出現したのか、こうした疑問は起源神話の語り口から出てくる。意味の面でわれわれにとって重要なのは、出来事を、文字通り太古の昔に出現した、言語の条件の出現という形で扱っていることである。この神話の断片は語り手——ヤハウィストか、他の者——によって一連の天地創成的な出来事の中に書き入れられた。その出来事は、全体として宇宙的な規模で、光と闇の分離から始まり、兄弟殺しによる血縁関係の絆の断絶にいたるまで、混沌と混乱への区別と分離が進行するのを語る。兄弟殺しは以後、兄弟愛をもはや与えられたものではなく、務めたらしめる。言語の分散と混乱はこの分離の系譜に記入される。バベル神話は、地上での人口増加という、複数性のいわば無害な形に、分散と混乱のドラマティックな表現を与える。一連の分離の物語にバベルの塔の出来事が最後の仕上げをするように、神話は事実上の言語的条件の無条件の出現として読むことができる。つまり、そこには何の苦情も、何の歎きもなく、何の糾弾もない……。この現実から出発して、「翻訳しよう！」。

このように逆境を果たすべき務めへと反転することは、翻訳という範型についての拙論では、翻訳可能性対翻訳不可能性という思弁的な二者択一を、忠実さ対裏切りという実践的二者択一に代えることとして表現される。議論の現状では、前者の二者択一が解決不可能な分、それだけ後者の二者択一には解決の余地があるとわかる。事実そうである。人はつねに翻訳してきた。旅行者、商人、外交官、スパイなどは、職業としての翻訳者、通訳が存在する以前に、したがって学問としての翻訳学が確立される前に、二言語使用者や多言語使用者の助けをかりて、ずっと取引をおこなってきた。彼らが翻訳するとしたら、どのようにするのか、と私は問うた。この問いへの答えのうちに、翻訳する行為がその第二の範型性を明らかに示してくれる。私はアントワーヌ・ベルマン著『他者という試練』に従って、翻訳の努力の底にある翻訳する欲望に言及した。ここで何が障害になるのか。なぜ忠実さ対裏切りというディレンマがあるのか。その理由は、翻訳可能性の理論的問題が翻訳活動の実践的問題に結びつき、語る主体のレベルで言語能力（compétence）が言語運用（performance）に結びつくところに探し求めるべきである。裏切りなしに忠実さはないという実践的ディレンマ以前に、理論的逆説がある。すなわち、意味の同一性を立証するような第三のテクストはないので、唯一の解決法は、もとの言語のメッセージと、それを迎え入れる言語のメッセージとの間に等価性を求めることである。忠実さ／裏切りの実践的ディレンマの原因となるのは、推定されるこの等価性であり、このディレンマに対しては、逆説の形をとった解決しかない。すなわち、読者を作者へ連れて行き、作者を読者へ連れて行くのである。それは話を聞く、あるいはテクストに向かう孤独な一人の翻訳者の作業がめざすことというだけでなく、休みなく再翻訳しようと企てる一連の人々にも当てはまる。なぜなら翻訳する欲望がよりよく読みとれるのは、再翻訳しようとする欲望においてではないか。

そこにおいてこそ、翻訳しようとする欲望に動機づけられて、行為としての翻訳がその範型としての性格を明示するのである。範型となるのは、翻訳の困難さだけではなく、それを克服するために動員される作業もそうである。私はそれに関して、あえて〈言葉のもてなし《ホスピタリティ》〉という言い方をした。それは翻訳する欲望と喜びに、道徳的な調子を添える力を言い表すためである。

まさにその力について、今注釈しているこの論文を超えて、詳しく論じてみよう。まず翻訳の作業に広い領野をとりもどしてやりたい。今こそ翻訳は二つの入り口をもつ問題であることを思い出そう。すなわち、ある言語から他の言語への翻訳であり、また母語とも呼ばれる固有言語の用法内での翻訳である。この第二のアプローチは、ジョージ・スタイナーがその著『バベル以後』で特権化したものである。〈バベル以後〉、「理解することは翻訳することである」と彼は言う。この翻訳の用法が範型的なのはなぜか。それは、ある言語内の翻訳が、自然言語の自己翻訳という信じられないほどの資源を出現させてくれるという意味においてであり、その資源は外国語の翻訳に、また外国語をこえて、理解が誤解にさらされるような状況にも転置されうる。それこそどんな解釈学も考慮しなければならない原初状況である。われわれは自分で自分に理解させるために、われわれの言語の一語を他の語によって解釈することをやめない。それがいわゆる定義することである。また言説の一節を他の節によって解釈する——それがいわゆる説明することである。またある論拠全体を同じ言語のそれに等しい他の論拠によって解釈する——それがいわゆる議論することである。それは、一人の人物でおこなっているだけでなく、対話の状況でもなされており、ふつうの会話はそのもっとも卑近な例である。同じことを別様に言う、それが語のあいまいさを、文の多義性を、テクストの誤読を追い払う秘訣である。こうした言説上の戦略をこえて、われわれはスタイナーとともに、翻訳に挑戦し、謎、技巧、晦渋さ、秘密を意図するような言語の用法にまで進んでいくことが必要である。ここにいたって言語の実践は、もはやアントワーヌ・ベルマン言うところの「異国的なものの試練」にではなく、次のような種類の翻訳不可能性に直面させられる。すなわち、欠陥として悩まされるようなものだけでなく、技量の高度の形態として培われたような種類の翻訳不可能性、内密の翻訳不可能性である。そうすると試練はわれわれの門外にある異国的なものの試練ではなく、われわれの自宅内にある異国的なものの試練である。つまりわれわれも自分自身を他者として迎え入れなければならないのである。一方は冷厳な複数性であり、他方はうかがい知れない孤独である。一方は透明さのための闘いであり、他方は不透明さの文化である。翻訳はこうして反対命題的な二つの挑戦に直面させられる。しかしある言語から他の言語への翻訳であれ、固有言語内の翻訳であれ、いずれの場合でも、同じことを別様に言うことの問題であり、メッセージが推定される意味の同一性と等価であると測る手段はないので、同じことを二度言ったかどうかは決して確信できないのである。

このような翻訳の作業のもつ際立って巨大な資源は、語のもっとも広い意味での「言葉のもてなし」というものを、厳密な意味の言語圏の外でも強力なモデルとする。この主張を支持するには、先に提案した複数性から内面性への経路をとるだけで十分である。翻訳は徹頭徹尾、分散と混乱に支配されている複数性に対する治療法である。

それが真実であるのは、まず大きな言語集団の文学的・文化的・精神的産物の面においてである。ヘブライ語の「モーセ五書《トーラー》」のギリシア語への翻訳である『七十人訳聖書』や、聖ヒエロニムスによる聖書のラテン語訳、またルターによるそれのドイツ語訳を考えてみるだけでよい。文化全体がこうした国境を越えるところから生まれたのであり、その越境は同時に広汎な言語侵犯であった。世界の向こう側では、仏教はサンスクリット語から中国語へと、別の言語の深淵を越えて伝来したのである。哲学的・科学的概念の発生の面でも、同じ勝利がなされた。キケロはギリシア語の哲学的固有語を翻訳して、学問的ラテン語を文字通り創造した。われわれ自身もいまだにこうした発見の継承者である。アラブやヘブライの橋渡しがなかったら、ラテン的西洋世界にとって、ギリシア哲学の知識はどうなっただろうか。ルネサンス期のヨーロッパの文学言語もまた、土着言語がその田舎の原石から脱け出て聖職者のラテン語に昇格した結果である。カントはつねにドイツ語で言表された彼の概念的発見をラテン語に書きとめた。今日、哲学のフランス語がその誉れ高いデカルト主義的思い上がりから切り離されたのは、ただにカント、ヘーゲル、ニーチェ、ハイデガーらのドイツ語を翻訳することによって、そしてそれより少ないが十七世紀、十八世紀の純正な英語からの借用によってのみであった。

外国語起源の翻訳は、概念が自国語のまがいの着物を着せられることなしにそのままで表現されると信じるような素朴さがもたらす害を、われわれに忘れさせてはならない。自国語の言語内翻訳の作業について先に言われたことは、概念が素のまま変わらないという思い違いをくつがえしてくれる。そこで概念が産み出される隠喩の作法は、無言の解釈学のように、われわれの抽象作用に隠れて働きかける。この言語内翻訳の作業は、ある言語から他の言語への翻訳によって刺激を受けることがしばしばある。そしてそこから由来する借用は、誰かが言ったように、言語をそれが行きたくないところにたえず引っぱっていくのであり、その言語が自らに要求する言語の精髄に一種の暴力を加えるという代価を払わされる。この言語内の作業が明るみに出されると、これまで沈黙していたディレンマが、同じく明瞭に言われるようになる。すなわち、翻訳によって原テクストを知らなくてもすむような代理のテクストを産み出すことをめざすべきなのか。それとも逆に、翻訳を読みにくくするような生硬さを感じさせるべきなのか。職業的翻訳者はこのディレンマを心得ており、それはわれわれを次のような実践的二者択一へつれていく。すなわち翻訳はあたかも二人の主人に両義的に仕えることで、順番に主人たちを裏切らざるをえないのである。絶対的基準はないので、同一性なき等価性はわれわれを趣味判断へと、そして再翻訳の判定へと導く。

この複数性、その利益と害との戦いは、言語や諸言語に対する本来の作業とは次第に遠ざかっていく領域でも続けられている。翻訳が範型として働くのは、このような問題系の拡大路線にそってである。人類は細分化してしか存在しない、と前に言った。この点で歴史共同体は、その民族的・文化的・法的・政治的特徴をもち、主要な宗教をもっているので、多様性と対決して自分たちのアイデンティティを守ろうと気づかう種々雑多な言語集団に比較されることができる。創始的テクストを土台にして建設され、そのテクストをその光源をこえて輝かせた有機的な集合体を、私はここで「意味の塊」と表現したい。

宗教の領域では、西ローマ教会や東方教会といったキリスト教の大宗派は教義の命題や信仰箇条には還元されないのであって、それは思想的・心情的・意志的な加入を勧める言語的総体のようなものである。それらに固有の言語は、その解釈に内在する規則とともに、外部の者には外国語のようにさし出される意味の塊であり、翻訳すべき塊である。ある宗派から別の宗派へとなされる理解は、二重の翻訳作業である。すなわち私の言語からあなたの言語への翻訳であるが、また私の言語内で私の内部に、問題を定式化する別の仕方に場所を与えると同時に、昔からの争いの用語を別様に再定式化する仕方に場所を与えるような翻訳である。多少とも翻訳の作業で訓練された翻訳者が縮減しようと努める技術的な困難さを越えたところに翻訳の精神があり、その精神は前述のような二重の裏切りを代償にしても、外国語の意味の領域に移っていって、他者の言説を受け入れ側の言語領域に迎え入れることに存する。そこでもまた、翻訳することとは再翻訳することである。

自分用に検討領域を拡張して、哲学と宗教信仰との関係を、同じように翻訳の一種として語ってみよう。私の読解の中で交叉し再交叉するのはテクストの大きな集合で、それはテクストどうしの相互解釈によって、ある集合から他の集合への翻訳の試みを産み出す。たとえば創始的テクストのレベルでは、ダビデ詩編とギリシア悲劇の間、ヨブ記、コヘレトの言葉、雅歌のような知恵文学と、ソクラテス以前の哲学者たちやソクラテス的テーマとの間の翻訳である。

翻訳の範囲をしばしば固有名で指示される文化の大集合にまで徐々に拡大していって、隠喩と概念の境界内の翻訳から出てくるこの「意味の塊」という概念を次のような有機体な集合にまで延長してみよう。それは、権威とその「言説的」構成要素についての論文で述べたように、創始的なテクストを中心に構成され、芸術的創作や、政治的ユートピア等々にまで広がっている。たとえばスコラ哲学的中世精神、ルネサンス精神、啓蒙主義時代、フランス大革命の遺産、ロマン主義的な近代の構成要素、などとわれわれは言う。どこかよそで言われていたものを、上述のような文化的ラベルを貼って、自分の文化の意味論的資源を用いて言い直すこと、それがヴァルター・ベンヤミンのタイトルに言う「翻訳者の使命」である。

以上の大脱線の終わりに、翻訳論の苦心談はさておいて、公正なものはどうなったかと問われよう。いやわれわれは、それについて語るのをやめはしなかった！　翻訳すること、それは外国語のすぐれたものを正当に認めること、ある言語集団から他の言語集団までの公正な距離を確立することである。あなたの言語は私の言語と同じように大切である。これが公平＝公正の定式である。承認された多様性の定式である。そのうえ、正義の観念とのつながりは、論の最後で言及した完全な翻訳の夢を断念する中に、おそらくもっとも深く隠されてはいるが、もっとも強いものなのである。私はそのとき完全さの観念を断念する (faire son deuil) ことを語った。この喪（deuil）は、翻訳の欲望が従うよう促されるもっとも厳格な存在的条件である。翻訳の作業は、記憶の作業と同様、喪の作業なしにおこなわれない。それは同一性なき等価性の観念を受け入れさせるのであり、その観念こそ翻訳の領野における正義である。

II

「実践」の表題のもとに集めた諸論文は、『他者のような自己自身』の実践的知恵の最終段階、「小倫理学」を例証するものである。主として医療活動、刑事裁判といった、道徳的実践の一定の領域で判決（判決）が下される。したがって二つの領域別倫理が関わる。すなわち、文法的に複数の「諸倫理」が単数の「倫理的なもの」と対をなすのであり、後者は道徳的で法的な義務の面を経由して、道徳的反省という基本的なレベルに合致する。複数の諸倫理が領域別倫理の複数性を強調するのは、どんな実践の組織や制度よりも前に、こうした実践や制度が対処する、主として苦痛や争いといった複数の経験的状況を日常生活が提示するからである。それはカール・ヤスパースとジャン・ナベールが、示し合わせなしに、この越えがたい条件に与えた意味での限界状況である。その条件を必然的に共有しているのは、熟慮された行動が直面する、偶然で反復されない、しかしやはり拘束的とみなされる無数の状況である。限界状況は共通して、責任についてのわれわれの分析が何度か正面から、あるいは裏面から出会っていた受動性、脆さ、傷つきやすさを強調する。しかしもろもろの限界状況は共通して、つねに存在し、ずっと以前から「耐え忍ばれてきた」とはいえ、それらは断じて互いに区別されるのであり、庶民感情が証しするように、じつに種々さまざまである。それら限界状況が言われ、表現され、伝達され、理解してもらう機会をもたらすのは、それらが実践を起こさせることによってのみである。

＊
＊
＊

この論文集の最後の系列の頭においたのは、さまざまな聴衆、いずれも精神障害者を相手にしている精神医学者と教育者を前にしておこなった講演「正常なものと病理的なものとの違い――敬意の源泉としての」である。道徳と法とに共通の徳とみなされている敬意が払われるのは、生物学的な面から、もっと正確には病理的な状況においてである。ジョルジュ・カンギレムの正常なものと病理的なものについての省察に、私は次のテーゼを決定的に支持するものを見いだした。[*7] すなわち、敬意の念を起こさせるのは二つの生活態度の間の違い、また健康に対立する二つの関係の間の違いである。この結論が見いだされるには、その代価として以下のことに関して順次忍耐づよい用意をしていくことが必要である。まず対決と「和解」に応じて再定式化される生き物とその環境の関係について、次に、欠如、欠陥、無能力とは異なるものとしての病気、「狭まった環境」と関係するが、しかし肯定的な価値をもち、健康とは相いれない異なる構造をもつ病気の地位についてである。生物学的な面からのこの病気の再評価は、病人たちの本人の価値低下や、病人を制度面にいたるまで排除するようにしむける偏見に反対する論拠の根源にあるものである。そこで傷つきやすさを単純に欠如として、単なる欠陥として特徴づける（私の思弁的な論文中にも見つけられるような）傾向にたいして、矯正策がもたらされる。カンギレムに従って、病気が生命の面でも、社会的な面でも、実存的な面でも累積される価値をもつなら、敬意の源や対象とみなされねばならないのは、人格の自律だけでなくあの傷つきやすさそのものであり、そこでは病気が受動性の特徴に病理的なものの特徴を付加するのである。病理的なものが尊重と敬意に値するのは、正常なものとのこの違いにおいてであり、この違いに結びついた価値を土台にしてである。こうして、その社会的排除を助けている偏見に対決して、病理的なものを正当に評価することができる。

＊　＊　＊

次の論文「医療判断の三つのレベル」では、公正の問題系に、判断の観点、この場合は医療判断の観点からアプローチする。判断（jugement）という語によって指し示されるのは、当面する実践を特徴づける断定、ここでは医学的処方であり、同時に看護者と患者という当事者たちによってなされる決断である。この論文の基本構造は、判断を実践的知恵（prudence）と義務論と目的論の三層に段階づけることによって提供される。ここで読者は、『他者のような自己自身』の「小倫理学」で提唱された道徳経験の三つの分節が、逆の順序で提示されているのがすぐにわかるだろう。本書の冒頭においた研究論文は、もう一つ別の再構成を示した。それは義務論的観点を頭におき、次にそれを基本的反省に属する上流の倫理と、道徳的・法的義務の実践的応用の配慮から発する下流の諸倫理とで枠づけるものである。しかし領域別倫理に属し、生命倫理の治療（臨床）の方向に中心をおいた研究論文では、現実の実践にもっとも近い平面、実践的知恵の判断の平面で、探求を開始するのが適していた。そこでのラテン人や中世人の *prudentia* は、ギリシア悲劇の *phronesis*（賢慮）、この賢明な人の徳の翻訳であることは言うまでもない。

それゆえ分析が始まるのは、信頼協定としての看護協定からである。ある患者とある医師との向かい合う関係自体は、苦痛の、先に言及したばかりの限界状況の所産である。このレベルから方針が決定され、それにはノウ・ハウや当事者たちの個人的関与が含まれる。この方針が実践的知恵の判断に内容を与え、義務論的判断へと向かわせる。

道徳性のカント的考え方の特徴をなす義務論的アプローチは、法的な面でも道徳的な面でも、医療判断に割り当てられるさまざまな役目に寄与すると私は考える。そのなかで真っ先に挙げられるのは、どんな治療の場面でも有効な、義務論的医療規則である。すなわち医療機密の限定的共有、病状と治療について知る権利、インフォームド・コンセントの実行。次にくるのが、医療職の義務論を規程《コード》の形に編成するコーディネーション規則である。最後にくるのは、紛争を調停することができる規則で、その紛争は医療義務論が治療以外の要件の考慮にともなう義務と交叉するところから発生する。その考慮とは、実験の平面での科学的知識の利点、制度的機構や公的支出に関連した公衆衛生への関心など。

医療コードに暗黙に含まれる義務論が、基礎的倫理の目的論的な種類の関心事と深層で結びつくのは、紛争の状況でこのように判断力を批判的に行使する境界線上でである。それは本書の「研究」の第一論文で述べたテーゼを確証するケースである。そのテーゼによると、かつては徳目の類型論や典型例の呈示によってもたらされた基礎的倫理の要請は今日ではしまいこまれているので、領域別倫理だけが、不確定で緊急な状況に適応した知恵を助言の形で表明する空間を提供してくれるというのである。医療の領域でも同じであり、生命倫理や、生命や生き物に適用される法律の究極の関心は、「コードの語られざる部分」の保証のもと、あるときは個人のために、あるときは社会のために、隠されたままで前進する。このように、われわれのコードの簡潔で、ときに両義的な文言に集中し要約されているのは、心づかいの長い歴史である。それらの文言のめざすのは、先進的デモクラシー社会によって宣言された合意《コンセンサス》の基礎となるもろもろの確信が収斂する点を主題化することである。

公正の主題との絆は、知的行為としての判断が正義と結ぶ近縁関係には還元されない。しかもこの絆は、この判断が現実の三つのレベルでめざす正当性において表現される。最後に、個人と社会とが交叉する利害に対する関心は、先進的デモクラシー社会で進行中の社会的・政治的関係が支配する正義の考え方の保護下におかれる。しかしながらこの正義の考え方は、こうした社会のなかでの社会契約の更新に共に与る精神的家族間の妥協の精神だけを拠りどころにしている。それゆえ私は結論で、「重なり合う合意」や、「合理的不一致」の承認に関して、ジョン・ロールズから借用した表現をもち出すのが適切であると考えた。こうした言い回しでもって、公正は「コードの語られざる部分」のうちに直接関与しているのである。

＊＊＊

論文「医療行為と裁判行為における決定」で着手するのも、判断の領野の拡張である。このように二つに分けるのは意外ではない。というのも第一論文から、応用倫理のための弁護は、領域別倫理の多様性という観念を引き受けていたからである。応用分野の複数性はこの点で、判断の問題系がそれをどこまで許容しようと、医療と裁判という対《つい》の語を超えて探索できるのである。たとえばマックス・ウェーバーやレイモン・アロンの系統での個別的因果帰属に関する歴史的判断や、チャールズ・テイラーの表現による「よい政府」の基準に関する政治的判断も、同じ角度から考察されよう。しかしどちらの意味でも、包摂の意味の判断力に関わる。言うまでもなく、規則と事例の関係は次のようになる。すなわち規則から事例は規定的判断力で、事例から規則へは反省的判断力である。反省的判断力は『判断力批判』という帝国全体で優越してはいるが、カントはそれを感性的判断と、有機体に適用される目的論的判断に限定していた。

二種類の判断の違いは、それを生じさせる限界状況の二重性から出てくる。その一方は苦痛であり、他方は紛争である。初期の状況は相互に比較可能である。一方は診察室での対話、他方は裁判所での訴訟である。最終場面も比較できる。医学的処方と、判決宣告である。これら二種類の判断を対立させるのは職務である。医療判断は当事者たちを医療契約で一つにまとめ、司法判断は対立者を訴訟の立場で分離する。その違いは距離の変化であり、最初の状況と最後の状況に影響を与える。すなわち結合し、分離する。この変化はといえば、公正な距離の、対立するが補完もする形として見ることができる。一方で医療協定は役割の混同とか、人物どうしの融和とかのうちには解消されず、敬意を払う距離が保たれる。他方は判決言い渡しで、それは原告と被告を違う場所に置くが、同類どうしを考慮する人間的な絆は廃棄されない。この公正な距離の探求は、他の論文同様、この論文を公正の星の下におく。

以上述べたうえで、ここでこの論文が革新しようとする二つの点を強調しよう。その第一は、基礎的倫理から領域別倫理へと、判断の段階が進むことに関わる。第二は、判断力の作業が規範の平面から具体的状況の平面へと移る、その二者間の扱いに関わる。『他者のような自己自身』とは逆の順序になるが、今やなじみになった実践的知恵の平面から義務論の平面へ、そして目的論の平面へと進む順序を採用すると、(私が前の論文で立てたような)医療の範疇での看護協定を構成する倫理規則という中央の柱は、今は重要な規則で構成された二本の隣接する柱で囲まれることになる。すなわち、一方は生物学、医学の柱であり、他方は公衆衛生という政治的な柱である。医療と裁判という対《つい》の語が、ここで最初に確認される。訴訟手続きという中心的行為もまた、一方では法学者の学説による法学的知識に、他方では司法の権威または権力による法的請求に、また当該国家の刑事政策に属する措置に支えられているのである。このように医療行為の枠組みに比すべき枠組みが、刑事裁判の領域でも認められる。

第二の革新は、裁判という活動の中間の局面に関わる。これまでは診療の個人的な話し合いと訴訟の最初の状況を、最終状況と比較するにとどめた。そして苦痛と紛争というもともとの二元性との両者の違いと類似について述べた。残る問題は、判断の最初の状況と最終状況とを結びつける操作の、中間段階での類縁性を探ることである。この操作は知識あるいは規範を判断の具体的な状況に結びつける。私はそこに、拙著『他者のような自己自身』で素描し、『公正の探求1』で司法判断における論証と解釈と題して詳しく論じた論議を再び見いだすのである。私がそのとき論争に着手したのは、カール＝オットー・アーペルによって開始され、ローベルト・アレクシー[*8]のような法論理学の専門家によってより明確に展開されている、超越論的な語用論の枠内での規範性という一般的な問題系からである。医療の領域と裁判の領域との並行関係の思惑が優越しているこの論文の考察を、こうした背景の前に置き直してみるべきである。提起されている見解は、論証と解釈の弁証法は医療の平面より裁判の平面でのほうがもっと読みやすい、ということである。なぜならその弁証法は、既知の手続きによって法制化され、複数の役割に配分されているからである。すなわち、訴訟の当事者たち、弁護士、判事、検事など。裁判との対比において有利なのは、医療の分野では決定を下すことである。とりわけ医療義務論が、生命倫理の道徳的な地位から、(生命法)という、より司法的な地位に昇格することはよく理解できる。*Biolaw* は生命と生者の権利の法的な面とその延長上に、医療関係全体の、目下進行中の法制化とを統括する。それゆえどんな最初の状況から、一方の苦痛と他方の紛争の全過程が発してくるのか、その時がきたら思い返してみるのは重要である。またこの最初の状況に含意される、近い目標と遠い目標、すなわち一方は治ること、他方は争いを収めることとを交叉させるのも無意味ではない。看護と訴訟の遠い目標は、身体（corps）と社会集団（corps social）の治療法のようなもののうちに合流することである、と提案したら、それは行き過ぎだろうか。

＊　＊　＊

「正義と復讐」のテーマは私にとり、二つの思考路線の交点で問題になった。一つは脆さと傷つきやすさの形態である無能力についての長い間の思索であり、脆さと傷つきやすさとは共に、行動し受苦する主体である能力ある人（homme capable）の受動性の側面を表わしている。もう一つは、主としてその刑法的表現で考察された、正義の企ての限界と挫折を考慮することであり、それは『公正の探求1』で開始された。正義感に対する復讐心の抵抗は、明らかにこれら二つの問題系に属しており、私の以前の論文はその二つを再び交叉させようと努めたのである。本論文の主眼は、これによって獲得されたものを要約反復した後に現われる。その収穫は、われわれが正義の徳を制度の位に昇格させたことで得られたものである。すなわち、国家の後ろ楯、法律の明文化、裁判所の設立、訴訟とその規則の法制化、この言語の儀式を判決の宣告まで導くこと。この宣告は加害者と被害者を公正な距離をおいて公正に位置づけるのである。

ヘーゲルが広い意味で正義の管理と呼んだものによって前面に出てくるのは、今度は懲罰、刑罰、そしてそれに特有の暴力である。マックス・ウェーバーが国家を合法的な暴力の独占として定義したとき、暴力ははじめて指し示された。しかもその暴力は信条によって正当化されるというより、合法化されるのであり、その信条の地位について私はマックス・ウェーバーの社会学の基本的カテゴリーを扱った論文で論じた。

暴力が二度目に名指されるのは、裁判の決定が強制力を与える強制権の威嚇に際してである。われわれはそこで、道徳と法の大きな違いにつきあたる。道徳は、誤って糾弾と呼ばれる非難によってのみ罰せられる。法は罰によって、換言すると刑罰によって承認される。この点についてパスカルの正義と力の弁証法についての鋭い指摘は有名である。そこから出てくるのは刑罰の等級を、合理的であろうと望む比例の規則に従って、違反の等級と並行させることである。こうして判決と刑罰を科すという二面で承認される訴訟の最終段階に到達する。

この点に来て、われわれは裁判行為そのものを実行するなかで、復讐が再び現われるという厄介な問題につき当たる。刑罰は苦しませるものである。刑罰は苦しみに苦しみを付加する。それによって法を宣言する言葉に暴力の刻印を押すのである。

刑罰を科す際に、復讐の回帰などと軽々しく言うべきでない、と反論されるかもしれない。加害者を有罪とすることによって被害者に与えられるいわゆる満足が、多くの点で正当であり、やむをえない復讐感情が被害者に生じるのを許すのである。この感情は、自分の権利の承認を、そしてできるかぎり自分の不幸の修復、償いを受け取ろうとする被害者の主観性に関係している。しかし満足を受け取る主観的な仕方は、懲罰としての刑罰の意味には属さない、と反論は主張する。刑罰の価値という性格のみが、その意味にとって重要なのであり、したがってそれが刑罰の苦痛を与える可能性を正当化するのである。

私にはこの論拠は理解できる。それはカントやヘーゲルといった厳しく合理的な思想家たちを満足させた。それは純粋にプラグマティックな考慮への反論として理解されねばならない。その反響は私の論文にも見いだされる。その論文で私は、自由剥奪の代案は存在しないという単純な事実を援用したのであり、残念ながら、われわれは刑務所廃止のために、実現性のあるいかなる計画ももっていないことを認めたのであった。今日の時点で私はこう言おう。われわれは拘留者たちに対し、自由な市民共同体に再加入する見通しをもたせる責務があることを確認しなければならず、それはやむなくするというのではない。この義務が応えるのは、拘留者への人間としての敬意、考慮に応答するというだけでなく、ましてありふれた同情を見せるというものではまったくない。その義務は刑罰の意味そのものに属している。それは刑罰の目的をなしている。その意味で、それは次のような立論に組み込まれねばならない。すなわち、満足という語の法的な意味での被害者の満足を、満足の片側をなす復讐感情から引き離すように努める立論である。刑務所の改善に関するあらゆる方策は、私が『公正の探求1』の「制裁、復権、赦し」と題した論文で述べたような、復権のための推論、プラグマティックな措置に、その場所を見いだす。だからといって、この論文の最後で論証したことを私は破棄するわけではない。それによれば、正義と復讐のディレンマにはプラグマティックな解決しかない。それは復権のための計画は、実践的な知恵にもとづく私的・制度的な方策全体に属するから、という意味においてである。正義の実践において暴力の残滓として長い間残り続けるものは、行動し、受苦する存在としてわれわれが特徴づけてきた、あの能力ある人の企てることすべての脆さ、傷つきやすさから発してくるのである。

＊＊＊

この論文集を締めくくるのに、私は論文「普遍的なものと歴史的なもの」を選んだ。これはフランス国外の幅広い聴衆にむけておこなった講演で、道徳についての省察の三つのレベルの最後の行程を提示するものである。その行程は、三つのレベルが連鎖しているという角度からだけでなく、各レベルで普遍的なものと歴史的なものとが対決しているという角度からも捉えられている。この難問は、これまでの分析にたえずつきまとってきたものである。自律と傷つきやすさの弁証法に関して、自律は傷つきやすさ以上に適合した普遍性の特徴を呈することに気がついた。傷つきやすさのほうは、歴史が展開する文化的情勢によって、根源的な受動性にいたるまで変動するのである。自律は前提としてと同時に務めとして、その原則的構成の一部をなしている普遍性を主張するのに対し、傷つきやすさの特徴は受動性の歴史に書きこまれており、その歴史は傷つきやすさに消しがたい歴史性を与えている。

このように自律と傷つきやすさの逆説が、概念的把握の面で二重になるのは、なによりも首尾一貫性を重視する道徳の学説に影響を与えずにはおかないだろう。そういうわけで私は本書の中央においた「読解」の枠組みで、チャールズ・テイラーの著作『自我の源泉』について、普遍的なものと歴史的なものの弁証法に照らしての読み直しを提案することができた。すなわち、自己（*self*）と善（*good*）の関係はここでは企図全体を構造化する普遍的なものとして措定されている。しかし内的視線派（それ自体については別に詳述されている）から、啓蒙主義で頂点に達する大合理主義を経て、ロマン主義や生命と環境の諸倫理学へと到る行程は、すぐれて歴史的な行程である。この点に関し、高度に弁証法的な概念があるとするなら、それはまさに近代性《モデルニテ》の概念である。その概念は普遍性の主張をもった企図としても、また時代の名としてもかかわるがわる理解され、いずれもそのつど新しいものと古いもの、古代的なもの、過去のものとの切れ目をもたらすものとして、みずからを示す。

この普遍的なものと歴史的なものの弁証法は、本書の最後の論文で、基礎的倫理、道徳的義務、実践的知恵の継起する三つのレベルで再構成される。一方のロールズによるカント的遺産の再評価と、他方のアーペルとハーバーマスとは、道徳的義務から実践的知恵と領域別倫理への移行を、普遍的なものと歴史的なものとの相関関係にもとづいて再定式化する機会を与えてくれる。領域別倫理が苦痛や紛争のようなすぐれて歴史的な状況によって産み出されるのに応じて、それらの倫理は歴史的文化によって特徴づけられる命題によってのみ表現される。行動の悲劇的な次元は、普遍的なものと歴史的なものとが重なり合い、再び交叉する場そのものである。

普遍的なものを歴史的なものに対決させるこの同じ弁証法が、その中性形容詞のもつ力をおびた〈公正なもの〉に、その根本的な活力を与えてくれるのではないだろうか。

第一部　研究

道徳から倫理的なものへ、そして諸倫理へ[1]

道徳哲学の専門家たちは、道徳（morale）と倫理（éthique）の両語の語義をどう配分するかについて、意見を異にする。[2]これについて語源学は役に立たない。前者はラテン語から、後者はギリシア語から由来し、両語ともなんらかの仕方で、習俗という共通の領域を指示対象としているからである。しかしこれら両語の間に序列的その他の関係があるかどうかについて意見の一致を見ないとしても、両語を用いる必要性については一致している。この難問に立ち向かおうとして私が提案するのは、道徳概念を参照項として固定し、それに二つの機能を与えることである。その一つは、規範の領域、換言すると許可と禁止の原則の領域を指定する機能であり、もう一つは規範に対し主体が服従する関係という義務の感情を指定する機

(1) 次の書に収録。*Un siècle de Philosophie, 1900–2000*, Paris, Gallimard/Centre Pompidou, 2000, p. 103–120.

(2) 拙著『他者のような自己自身』で私が「私の小倫理学」と命名したものをご存じの読者諸賢にお願いしたいのは、本論がそれを少しわかりやすくし、古代後期のラテン作家なら言うように *retractatio*（修正）とまでは言えないものとみなすことである。これは書き直しだ、と言おう。今から十二年ほど前に出したその本を知らない方々には、これから読まれるテクストだけで十分だと断言できる。

能である。私見ではここに固定点、堅固な核がある。これと関連づけて、倫理という用語の用法を定めるべきである。そこで私は、倫理の概念が二つに分岐すると見る。一方の分枝は、いわば規範の上流にあるものを指す——そこでそれを〈先の倫理〉と言おう。他方の分枝は、いわば規範の下流にあるものを指す——そこでそれを〈後の倫理〉と言おう。拙論の大筋は、二つの立証をすることになろう。一方で私が立証したいのは、われわれがこのように分離し、分裂し、ばらばらな倫理概念を必要としていることである。すなわち先の倫理は、規範が生の中に、欲望の中に根づいていることを指し示し、後の倫理は規範を具体的な状況の中に入りこませることをめざすのである。私はこの中心的テーゼに、次の補助的テーゼを結びつけてみたい。すなわち先の倫理のめざす、規範に先立つものを獲得する唯一の仕方は、その内容を実践的知恵の面に現出させることである。その実践的知恵こそ、後の倫理にほかならない。こうすれば規範の上流と下流を指示するのに、倫理という一語をもってすることが正当化されよう。したがってわれわれが倫理という語で、一方ではメタ道徳のようなもの、規範についての第二段階の反省を指し、他方では倫理という語を、複数形にしたり、医療倫理、司法倫理、商業倫理などについて語るときのように、補助的な語をつけるようにする実践的用法を指すのは、けっして偶然ではないだろう。実際驚くべきことは、倫理という語が領域別倫理を指すために、時として濫用され、また純粋に修辞的に用いられても、アリストテレスの『ニコマコス倫理学』やスピノザの『エチカ』のような基本的な倫理学と呼べるようなもののための高尚な意味を廃棄するにはいたらないことである。

　そこで、結局《イン・フィネ》は先の倫理と後の倫理の中間域と見えるもの、すなわち規範の王国から始めよう。はじめに言ったように、私は道徳概念のこの語義を、問題全体の参照項、また堅固な核とみなす。この点からして最良の出発点は、許可や禁止にまつわる義務的という述語について考察することである。その点でG・

E・ムーアにならって、述語の「あるべき」から「ある」へという断固たる性格から出発すべきである。この述語は、なされるべきであるという絶対的な意味か、あるいはこちらのほうがあちらよりましだという相対的な意味かに応じて、いくつかの仕方で言い表される。しかしどちらの用法でも、権利は事実に還元されない。その断定を受け入れることによって、哲学者は次のような共通の経験を説明するだけである。その経験によると、なすべきことがあるから、あるいはこうしたほうがよりよいからこそ、道徳問題があるのである。いまや、この述語がじつに多種多様な行動の命題に結びつけられうることを考えるなら、規範の観念を形式主義の観念によって明確にするのは正当である。この点から、カントの道徳哲学を、普遍化のテストを満たす行為の格率のみが義務的とみなされうるという共通の道徳的経験の正確な説明と、大筋においてみなすことができる。だからといって義務を欲望の敵とする必要はない。義務として立てられるもののうち、上述の基準を満たさないものだけが排除されるのである。ごく狭い意味で、義務と形式主義の関係は、義務という述語の正当な用法を保持しようとする純化の戦略を意味する以外の何ものでもない。このように厳密に制限したうえで、もっとも簡潔な形の定言命法を引き受けるのは正当である。すなわち「それが同時に普遍的な法則となることを願うようにさせる格率にのみ従って行動せよ」。この定式によっては、格率すなわち義務の形式に内容を与える行動の命題が、どのようにしてつくられるかは言われていない。

そこで規範的なものの別の側面、すなわち義務の主体、あるいは義務を負わされた主体の立場が問題になる。そうすると行動や行動の格率について言われる義務的という述語と、義務を負わされた主体と義務との関係について言われる命法とを、区別する必要がある。命令することと従うこととの関係としての命法は、規範の主観的な側面にかかわり、それをまさに実践的自由と呼ぶことができる。そうするにはこの実践的自由と、思弁において決定論と対決させられる自由の因果性の観念とのいかなる関係もかかわらない。帰責能力という言葉で、自分のした行為の真の本人として自分を指名できる主体の能力を意味するなら、道徳的経験は、責任帰属の可能な主体という以上の何ものも要求しない。カントの道徳哲学の文言にあまり依拠しない用語で私はこう言おう。規範と名づけられるものが何であれ、規範はその対象として、実践的で象徴的な次元に入っていくことのできる人、換言すれば、規範のうちに行動を規制する正当な要求を認めることのできる人を求めるのである。帰責能力の観念のほうは、諸能力をいろいろと列挙するなかに、能力として登録される。私はそれらの能力によって、人間学的な平面で〈能力ある人〉と進んで呼びたいものを特徴づけよう。すなわちその能力とは、語る能力、行動する能力、自分を物語る能力である。そして帰責能力はそれら一連の能力に、自分をその行為の本人と認める能力を加える。

今度は分析の両半分、すなわち客観的規範と主観的帰責能力とを一体にするなら、自＝律（auto-nomie）という混合概念が得られる。道徳は、道徳主体の〈認識根拠〉（*ratio cognoscendi*）としての規範と、規範の〈存在根拠〉（*ratio essendi*）としての帰責能力との相互措定を最低限要求すると言おう。自律という言葉を発することは、規範と、義務を負わされた主体との相互規定を措定することである。道徳とは、その人を主体として措定する規範を措定しつつ自己措定することのできる主体を前提することにほかならない。この意味で、道徳的秩序は自己言及的とみなすことができる。

先の倫理としての基礎的倫理

それ自体で自足し、その意味で自己言及的とした義務の道徳から、なぜ基礎的倫理に訴えるのかと、人は疑問に思われるだろう。その基礎的倫理を私は先の倫理と呼んで、それを下流の倫理、後の倫理に区分される応用倫理から区別しよう。こうした方法に訴える必要性は、道徳的義務、すなわち義務を負っているという感情の主観的側面から出発するなら、よりよく理解されよう。この感情は規範の王国と、生、欲望との縫合点を指している。前述したように、形式主義は欲望を断罪しない。形式主義は、評価の基準としてと同時に、道徳的判断にさし出された行為のあらゆる格率として、欲望を中立化する。というのもカントにおいては、批判的機能は普遍化の基準としてとっておかれるからである。だが動機づけの問題は手つかずのままであり、そのことはカント自身においては、『実践理性批判』で「理性の動機」という総題のもとに、尊敬の問題に当てられた偉大な章が証言している。とはいえ尊敬は、私見では、道徳的主体を「自分の義務をなす」ようにしむけることのできる動機の一つをなすにすぎない。もし可能なら、マックス・シェーラーが『倫理学における形式主義と実質的価値倫理学』で着手したように、道徳的感情のすべての範囲を点検しなければならないだろう。たとえば恥、羞恥心、感嘆、勇気、熱狂、敬意、など。私としては、義憤のような強い感情を特別席につけたいと思う。それは自分自身の尊厳と同じく、他者の尊厳をも暗に思念している。屈辱を与えることの拒否は、否定辞で道徳的主体と身体的主体の違いをなすものの識別を表している。その違いは尊厳と呼ばれるもので、尊厳は道徳的感情が直接に捉える偉大さの評価である。こうして道徳的感情の次元は、快楽や苦痛に還元できない、広大な感情領域をなしている。おそらく道徳的には無標の感情としての快楽や苦痛も、それぞれが何らかの道徳的感情との関係を結ぶことによって、道徳的に資格づけられるようになる、とさえ言えるかもしれない。そのことを日常言語は、道徳的苦痛とか、自分の義務を果たす快楽とかについて語ることで追認するのである。他者によいことをするのを、人はどうして好まないことがあろうか。歴史上で辱めを受けた人の名誉を回復することを、どうして喜ばないことがあろうか。

道徳的感情は何と何を縫合するのだろうか。一方の規範と義務の王国と、他方の欲望の王国とをである。欲望の王国は、アリストテレスの『ニコマコス倫理学』のはじめのいくつかの章で、精密な分析の対象となった。アリストテレスにおいてこそ、カントには甚だ欠けている、実践《プラクシス》についての構造化された論述が見いだされるのである。すべては*prohairesis*、合理的に好み選ぶ能力に立脚している。その能力とは、これはあれよりも価値があると言い、その好みに従って行動する能力である。この鍵概念のまわりを回るのが、好む・好まないといった弁証法的な順序で、先行する諸概念、あるいは熟考のようにその後に続く諸概念である。この概念連鎖の志向対象は、〈善い〉という述語によって構成される。しかしこの述語はいち早く、カントの倫理学を支配している〈義務的〉という述語に対立させられてしまった。私見では、これら二つの型の述語を対立させるいわれはないのである。両述語は同一の反省的レベルに属していないからである。前者は言うまでもなく規範の面に属しているが、後者はもっと根本的な次元、実践の領野全体の構造となっている欲望の面に属する。この能力が、徳という名のもとに卓越した行為を枚挙することで、ギリシア文化の文脈の中にたちまちにして吸収されてしまうとしても、われわれはそれに驚いたり拘束されたりするべきではない。われわれは合理的な好みから徳の観念に、*hexis*（ハビトゥス、習慣）の観念の媒介によって容易に移ってしまうのだから、それに驚く必要はない。徳は、大筋において、合理的な好みに導かれて行動する仕方に存するのである。実践の限定された目標（仕事、ライフ・スタイル）と、善い生き方の目標との間の推移は、*ergon*（務め）という媒介概念によって確実になる。務めは人間生活全体を方向づけるものである。人間であるという務めは、それぞれの実践に善の目標を与える部分的な務めをはみだすとともに、それを包含する。徳という卓越した行為の数々を列挙することが、熟慮と反省の地平を遮るものであってはならない。これら卓越した行為のそれぞれはその善の目標を、善い生き方、というよりも善く生きるという表現でみごとに示される開かれた目標を背景にして、浮彫りにする。この開かれた地平は、われわれの人生計画、われわれの先取りされた幸福、われわれのユートピア、要するに満たされた生活のしるしとみなされるものの、あらゆる可変的な形が満ちている。列挙された徳の明確な輪郭にしたがって倫理の領野の細分化について、この後で取り上げよう。善い生き方の地平に投影されたこれらの卓越性そのものは、本論の最後の部分で言及する『徳論』のいろいろな修正に対しても開かれている。

アリストテレスにおいて、基礎的倫理の大筋がもっともよく描きだされているとしても、私はカント自身にもそれに匹敵するものを見つけ出せるという考えをあきらめない。目的論と義務論という二枚の教育的なラベルを貼られてしまった二つのアプローチは、どちらも実践哲学の異なる二面にそれぞれ属しているのだから、けっして競合しあうものではないだけでなく、両者はいくつか有意味な様態で重なりあうのである。そのうちもっとも注目されるものは、ラテン語 *voluntas*（意志）の概念によって示される。その歴史は中世人から、デカルト主義者、ライプニッツ主義者を経て、カントにいたるまで連綿と続いている。そこに〈合理的な好み〉のラテン的継承者を見ることができるこの意志概念は、たしかに、われわれの文化史では、悪の意志、悪についてのキリスト教的省察によって強く特徴づけられている。その省察こそが、〈近代人〉の道徳と〈古代人〉の道徳とを二分する役割を果したのである。カントの『人倫の形而上学の基礎づけ』冒頭の宣言をどうして忘れられようか。

この世で、また一般にこの世の外でも、善い意志のみのほかに、考えうるもっとも可能なもののうちで制限なしに善いとみなされうるものは何もない。

このカントの書の続きの部分が、善いという述語を規範に、またそれを有効にする普遍化の基準にひたすら還元することに着手するのはたしかである。しかしこの還元は、善い意志が善となるような、ある予備概念を前提しており、それが問題なのである。

この予備概念は、義務論への還元、義務への還元によっては、けっして論じ尽くせない。形式主義への抵抗の兆候は、『実践理性批判』第三章「純粋実践理性の動機」の問題を考慮すると見えてくる。カントによれば動機の問題は、理性がすでにその本性によって基本的法則と必ずしも合致しない、そういう人の意志決定の「主観的原則」の問題なのである。本論のはじめで道徳感情のテーマに触れたが、もう一度そこにもどる必要がある。この題目で何が問題なのか。問題は、「意志に影響を与えるもの」、意志に法則の支配下に入るようにしむけるもの、あるいは前述したように、規定された行動を強いるだけでなく、行動を構造化し、訓練できるような象徴的次元に入るようにしむけるものにある。この第二の局面――構造化する能力――では、実践理論《プラクシス》での道徳感情の場所は空所のままであり、その理論はアリストテレス以後、ヘーゲル、主としてその『法哲学の原理』が出るまでは、十分に展開されなかった。

それまで教育的伝統によって隠されていた強い絆が、こうして『ニコマコス倫理学』の *prohairesis* と、それを仕上げる「善く生きる」の願望とを、『人倫の形而上学の基礎づけ』の善い意志の概念ならびに『実践理性批判』の尊敬の概念とに結びつけるのである。

伝統が目的論的倫理と義務論的倫理という名称で固定してしまった基礎的倫理への二つのアプローチの間には隠れた類縁性があることを、最後に論証することを許されたい。この論証は、カントが『もっぱら理性の限界内における宗教』で、最後に善の観念に訴えるところから引き出すことができる。著者に対してもっともきびしい非難が浴びせられたこの著書に主に現われている、善の観念に対立するとみなされる道徳論から見ると、この善の観念への訴えは不調和と見えよう。この善の観念が「根源悪論」に回帰していくというのは、驚きではない。悪によって提起される問題は、たしかに善をなすことの無力さの問題である。それはわれわれの善く生きようとする願望の真ん中にあけられた傷、傷口である。善の観念に訴える機会にこそ注目すべきである。すなわち根源悪と、容認できない原罪観念とを区別するときに、善い意志のスイッチを切ってしまいかねない告発を遮ることが、緊急に求められるのである。それがなされるのは、悪への性癖（*Anhang*）は善への素質（*Anlage*）に影響を及ぼさない、と言明することによってである。善への素質のほうは、意志の再生という企て全体を可能にする。まさにその再生に『もっぱら理性の限界内における宗教』は要約されるのである。今や善い意志の概念が、カントの著書の最後に、しかも悪についての省察という棘のもとに再発見される。それこそはまさに、キリスト教の影響下に、〈近代人〉の道徳と〈古代人〉の道徳とを分離したとみなされるテーマである。

〈近代人〉の道徳と〈古代人〉の道徳とがこの善い意志の概念において合流し、承認しあい、互いに敬意を表するという可能性は、もはや倫理にも道徳にも属さず、能力という考えをその主導概念の一つとするような哲学的人間学に属する。わが「小倫理学」に先立つ『他者のような自己自身』内のいくつかの章で展開した能力の現象学は、帰責能力というこの厳密に倫理的な能力、自分自身の行為の真の本人として自ら認める能力のために、場所を整えてくれよう。この帰責能力は、合理的な好みというギリシア的概念に、また道徳的義務というカント的概念に、交互に結びつけられうる。実際この能力の源から、善く生きるという〈ギリシア的〉願望が発するのであり、またいと高きところからやってきて「存在への勇気」に与えられる是認なしには自分では善をなしえないという〈キリスト教的〉ドラマが深まるのである。「存在への勇気」とは、善い意志の魂そのものである、善への素質と呼ばれたものの別名である。

実践的知恵の場としての後の倫理

本論文の第二の前提について論じるときがきた。すなわち、倫理の第一の基礎に可視性と可読性を与える唯一の手段は、それを応用倫理のポスト道徳的平面に投影することである、というものである。『他者のような自己自身』で私が実践的知恵という名を与えたのは、この企てに対してである。

この〈先の倫理〉から〈後の倫理〉へ移行する必然性は、カントにも、アリストテレスにも見いだされる。たしかにカントが定言命法の文言を、命法の三つのヴァリアントの定式化で補完する必要があると考えたのは注目に値する。それらヴァリアントは、教科書風の叙述が大理石に彫りこんだような用語法を脱ぎ捨てるなら、義務を次の三つの適用領域へ方向づける。すなわち自己、他者、市民国家である。第一の定式化による、道徳法則と自然法則との第一の類比も、倫理学と物理学を対立させる道徳哲学においては、道徳界の合理性を物理界のそれに近づける規則性のようなものを強調するだけであり、また約束、協定、同意、条約などが立脚する誓約の尊重が前提するところの、歳月を通して一貫した自己堅持を強調しようとするだけである。自己性（*ipséité*）とはこの自己堅持のもう一つの名である。それはつねに同一のものの物理的同一性に対立する、道徳的同一性の定式である。たしかに自己堅持は約束の主観的な構成要素しか表わさないし、それは約束が具体的につくりなす期待の交換において他者の尊敬と一緒に成り立つものでなければならない。カントの第二の文言が告げるのも、約束のもう一つの構成要素であり、その命法は、私自身のであれ、他者のであれ、人格は単に手段としてだけでなく、それ自体目的として扱われねばならないことを求める。しかし先に示唆したように、尊敬は道徳感情の一形態をなすにすぎない。相互主観性の近い関係の底にある他者へのこうした好意的な気持全体の共通構造を、私は心づかいと呼ぶよう提案した。この他者への配慮が自己へ反射した形としての自己への配慮を、こうした関係のなかに数えるのをためらうべきではない。最後に、目的の国で自分を主体としてと同時に立法者としてみなす義務は、法治国家における市民権に関係する一般的定式として、拡大解釈されることができる。

自己堅持、隣人への心づかい、主権への市民参加というように、命法を複数の領域に配分する、なおも一般的な定式は、次のような特定の領域別倫理で再検討され、再度手直しされ、再編成されて、はじめて具体的な行動の格率となる。すなわち、医療倫理、司法倫理、商業倫理、環境倫理といったように、いくつも数えあげられる。

アリストテレスの〈ギリシア的〉倫理学のほうも、それに比較できるような、徳という名を冠した基本的な評価を増殖させ、拡散するプログラムを提起した。『ニコマコス倫理学』は、〈徳〉と、もろもろの徳との間を往復しながら展開する。徳についての論述は、合理的な好みといった実質的な観念のうえに構築され、善い生き方という観念に集中してはいるが、それ自体としては、あらゆる徳に共通する形式的な特徴に集約される傾向がある。すなわち「中庸」の性格であって、それはどの徳においても、過剰と不足を分離する厳正で公正な中間である。したがって卓越した行動の形態の、理にかなった再解釈のみが、裸の徳観念に実体を、実質を与えることができる。そうすることによって、実践の典型的な状況を、またそれに対応する卓越したものを列挙できるようになる。この点で、勇気、節制、寛容、柔和、正義は、偉大な文学——ホメロス、ソフォクレス、エウリピデス——によって、また公的な弁論の師、職業的またはそうでない賢者たちによって啓蒙され共有された、文化の精華である。とはいえ、幸いにして今日でも読まれているこれら徳についての小論考の文字が、それらのテクストによって、固有の文化のただなかで開始された再解釈の動きを止めることがあってはならないだろう。読解によってわれわれがまだこれらの徳のありようについて抱いている理解は、それらの論を読み直すだけでなく、徳や悪徳についての現代の学説を利用して、書き直すように促すにちがいない。

アリストテレス自身も、「賢慮」（*phronesis*）という知的な徳を、彼が倫理的と呼ぶ徳とは別にすることによって、その読み直し、書き直しのための鍵を与えてくれた。賢慮はラテン世界では「知恵」（prudence）となったが、われわれはそれを、後の倫理の母胎とみなすことができる。賢慮とは、行動のむずかしい状況で「正しい規範」（*orthos logos*）を見分ける能力、適性である。この徳の実行は、〈知恵ある人〉（*phronimos*）、思慮深い人の人柄と切り離せない。[3] 知恵と「個別の事柄」との間には、密接な関係がある。そうすると応用倫理学において実践のテストにかけられるのは、知恵の徳である。この点から、日常的な徳の実践の内側で行使されるとみなされる同じ賢慮が、列挙される徳の一覧表を、現代の情念論の影響下に再解釈するよう取り仕切ることができるはずである。

領域別の倫理における実践的知恵のこのような再展開の二つの例を提示したい。その一つは医療から、もう一つは司法の分野から取ろう。これらの応用倫理は固有の規則をもってはいるが、もしそういう言い方が許されるなら、両者の賢慮としての同族性によって、判断を形成し決断をするレベルで、注目すべき形式上の類似を相互に保っているのである。それは両方の側で、規範と理論的知識から成る知から、状況内での具体的な決定へと移ることである。その決定とは、一方は医学的処方で、他方は判決である。この適用がなされるのは、個別の判断においてである。とはいえそれぞれの状況の違いは重大である。医療の側では、苦痛が看護を求めさせ、ある患者とある医者とを結ぶ看護契約を結ばせる。司法の側では、最初の典型的な状況は紛争である。それは裁判を要求させ、訴訟のうちに紛争の法規化された枠組みを見いだす。そこからそれぞれの終結行為の違いが出てくる。処方と判決である。しかし判断の進め方はどちらも似ている。医者と患者の間に結ばれる看護契約は、いくつもの種類の規則にかけられる。まず「医療義務法」にまとめられた道徳的規則がある。すなわち医療機密の義務、患者が自分の症状の真実を知る権利、リスクを伴うすべての治療の前のインフォームド・コンセントの要求。次に、生物学的・医学的知に属し、臨床の状況での治療によって現実の検証にかけられる規則。最後に、公衆衛生のレベルで、疾病の社会的取り扱いを管理する行政規則。以上が、具体的な決定、すなわち処方へ、そしてある段階から別の段階に移って、判断、医療的賢慮へと導く具体的な医療行為の三つの規範的枠組みである。

この二つの段階の間が、司法の分野で判断を下すのをもっともよく説明してくれる。というのも司法は厳密にコード化されているからである。すでに述べたように、その枠組みは訴訟である。訴訟は、判決と呼ばれる最終決定に導く論証と解釈の操作を明確にしてくれる。この操作はさまざまな立役者たちに配分され、厳密な手続きに支配されている。だが争点は、医学的判断におけるように、司法規則を具体的な事例に、審理中の係争に適用することではないか。その適用は、行為が犯罪を構成するものとして、規則を事件に適合させることと同時に、真実とみなされる物語的記述によって事件を規則に適合させることから成る。規範でも、事件でも、それの解釈を導く論証は、公的議論のコード化された原資から引き出される。しかし決定はあくまで個別的である。この犯罪があって、この被害者、この被告があり、そしてこの判決が下される。判決は個別の状況で宣言された正義の言葉となる。

（3） 公平と正義の区別は、一般的な規範から、法律が一般的すぎる状況、あるいは *hard cases*（難しい訴訟事件）と今日言われるような状況での正しい格率への移行を示す、注目すべき範例を提供してくれる。

以上が、規則の事例への適用と、事例の規則への包摂という二つの過程の構造的類似である。この構造的類似が、医療の場と、司法の場で決定を下す二つの様態の類似を確実にする。同時にこの類似は、規範よりも基本的な〈先の倫理〉から、規範の原資を越える応用倫理の方向への移行をよく示してくれる。

医療倫理は基礎的倫理のどのような特質に、可視性と可読性を与えるのか。救いの手が、危険にさらされているどんな人にもさし出されることを求める心づかいに対してである。しかしこの心づかいが明瞭に示されるのは、医療機密厳守、患者の症状を知る権利、インフォームド・コンセントなどのふるまいにかけられてからである。いかなる規則も、看護契約に応用義務論の諸特質を賦与するものである。

裁判の枠組みで判決を下すことに帰結する決定は、具体的な定式化において正義の観念を具体化する。この観念は、実定法の手前にあって、善い生き方の願望に属する。『他者のような自己自身』の「小倫理学」のテーゼの一つは、もっとも根本的なレベルで、倫理的な意図が次の三つ組に分節されるということである。すなわち、他者と共に、他者のために、正しい制度で善く生きることで、自己、身近な他者、遠い他者が平等に尊重されるのである。医療倫理が上記の第二項、〈他者のために〉を根拠にするなら、司法倫理は正しい制度で生きる願望に、司法制度全体を善い生き方に結びつける要請を見いだす。この正しい制度で生きる願望は、規範の適用の際に判事が発する裁きの言葉のうちに可視性と可読性を見いだすのであり、他方規範のほうは、私的・公的な道徳性の堅固な核から発するのである。

結論として、次の二つの定式を等価とみなすことができる。一つは、道徳性というものを、基礎的倫理がそれの先になり、応用倫理がそれの後になる、そのような参照レベルとみなすことができること。もう一つは道徳が私的・司法的・政治的な諸規範を展開するなかで、道徳は基礎的倫理が実践面《プラクシス》で可視性と可読性を与える応用倫理のほうに移行するのを導く移行構造をなすと言えることである。この点で、医療倫理と司法倫理とは範型的である。なぜなら苦痛と紛争とは、実践《プラクシス》に悲劇性の証印を押す典型的な状況なのであるから。

正義と真理[1]

ここに提示しようとする試論は、まったく試行的なものである。そのはるかな目標は、理論哲学も実践哲学も同位にあることを証明することにある。どちらか一方の哲学が他方に対して一位になることはないだけでなく、どちらの哲学も、スタニスラス・ブルトンがメタ機能として性格づけたものに比すれば、「第二哲学」なのである（私自身『形而上学・道徳学雑誌』一〇〇周年記念号で、このメタ機能によって形而上学の再定式化を擁護した。メタ機能において、プラトン晩年の対話篇の問答法における「大きな類」と、アリストテレスの存在または存在者の意味の複数性についての思弁とが結合するであろう）。本日お話しするのは、仮説的に引き受けられたこのメタ機能についてでなく、二つの第二哲学の同位と私が呼んだものについてである。このテーゼを堅持するために、私は正義と真理の観念を、メタ機能に対して二次的という条件内で、最高度の統制的理念とみなそうというのである。それを論証する目的は、次の二

（1）このテクストは、一九九五年十月にパリ・カトリック学院、哲学学部一〇〇周年を記念しておこなった講演で、次の書に収録。P. Capelle, *Le Statut contemporain de la philosophie première*, Beauchesne, 1996.

つが立証されたら果たされよう。(1) これら二つの観念が互いに無関係に措定されうるなら、それは平等の第一の形である。(2) 両観念が厳密に交叉しあうなら、それは平等の第二の形である。そこで第一段では、正義と真理を別々に考え、第二段では正義と真理を相互に前提する、あるいは交叉する仕方で考えよう。

この企てで革新的なところは何もない。それは超越論的概念についての思弁の線上にある。すなわち両者の区別と両者の交換可能性である。この古くからの保護下に入ると、同時にわれわれの企てに、美の観念が欠如していることが明らかになる。この欠如を埋め合わせることとは、美の観念がおそらく他に還元できないこと、それが他の二つの観念と絡みあっていることについて、それに匹敵する思索を喚起することだろう。その意味で、この研究はすでに認容され、引き受けられた限界をかかえている。

この企てが直ちに直面する異論は、実践の次元の頂点で、善を公正に置き換えることに関係する。それに対し、善いと公正なという枢要な述語は、ほぼ同義語とみなされうると答えよう。いまから弁証法的と特徴づけたい両語の真の関係は、これから検討する過程ではっきりしてくるだろう。さしあたりこう言おう。一方で公正が実践的位階の頂点を占めるという主張を正当化し、他方でそれ自体実践的な計画、言うならば理論的な実践計画をなすものとして真理を追求することに公正が絡み合うのを正当化するのは、ずっと容易に見える、と(まったく教育的な論法だから)。この二つの正当化にこそ、超越論的概念の伝統を再評価することの現代的性格が存する。この再評価はそれらの概念の区別と、交換可能の仕方とを対象にしている。

第一段階では、公正の観念を参照項として、実践の次元で、いくつかの統制的理念の位階において、真実なしに思考された公正が最上位を占めることを弁護しよう。第二段階では、公正がどのような仕方で、真実をいわばその区画内に加えるかを立証することに努めよう。

実践の領野での公正の優越

第一段階の分析に着手するにあたり私が考えたのは、ロールズの『正義論』冒頭の宣言である。「真理が理論の第一の徳であるように、正義は社会制度の第一の徳である」。ここでは二つのことが同時に確認されている。正義と真理の分離と、正義と制度の連結である。テーゼの後半部分は、前半部の正義を実践の頂点に昇進させようとする念願を危うくするように見える。それゆえテーゼの両半分がどのような意味で連結するのかを立証するのが重要である。

正義の卓越した地位を確証するために、拙著『他者のような自己自身』の倫理に関する部分からの原資を利用して、ロールズの定義の前半部の論証をおこなってみたい。道徳性の構造について、二つの直交する読み方を提起しよう。水平的読み方は、自己の形成を、他者と共に、他者のために、正しい制度において善く生きたい願望の三つ組から派生させるように導いてくれる。垂直的読み方は、以下のように上昇しつつ進む。すなわち善く生きるという思いに導かれる目的論的アプローチから出発し、規範、義務、禁止、形式主義、手続きなどに支配される義務論的アプローチを経由して、実践的知恵の平面に到達するコースである。実践的知恵の平面とは、不確実で、紛争の状況、したがって悲劇的な行動の場で公平な決断をする術としての *phronesis*（賢慮）、知恵の平面である。この直交する読み方によれば、正義は二つの軸の交点に位置していることになる。というのは、最初正義は前述の三項目のうちの三番目に現われる一方で、この三つ組がある平面から別の平面に移るおかげで、正義は指定された三番目のカテゴリーに最後までとどまるからである。もし水平軸で、基本的な三つ組構造の第一項から第三項への前進があり、また同じく公平の観念において正義の観念が最上位を占める垂直軸でも前進があることを立証できたなら、正義は実践の領野で最高のカテゴリーとみなせることになろう。それこそ、この二つの軸にそって一種の前進があるのを明瞭に示すことによって、これから論証しようとするテーゼである。

水平軸に属する三つ組は、自己、身近な人、遠い人を単に併置するだけのものではまったくない。前進とは、自己を弁証法的に構成する前進である。善い生き方の願望は、希求の文法的構造が示すように、その道徳的計画を生活の中に、欲望や欠乏の中に根づかせる。しかし三項のうち、他の二項の媒介がなかったら、善い生き方の願望も幸福の変わりやすい形の星雲の中に迷いこんでしまい、アリストテレスが揶揄してやまなかった、かの有名なプラトン的善に匹敵すると主張することもできなくなる。善い生き方と幸福を短絡させるのは、自己の弁証法的構成をよく認識していない結果である。この弁証法的構成が、善く生きる願望をして、他者を経由するようにさせるのである。『他者のような自己自身』の定式は、この意味で、自己の反省性を他者の他者性の媒介に従属させる原初的な定式である。とはいえ、善い生き方の願望の弁証法的構造も、それが相互的人間関係の他者に、友愛の徳による他者にとどまっているかぎりは、不完全なままである。そこには、よそ者としての他者を承認することによる前進、展開、栄誉がまだ欠けている。身近な者から遠い者への歩み、さらには隣人を遠い人として理解する歩みは、また友愛から正義への歩みでもある。私的な関係の友愛は、正義の公的な関係を背景にしてこそ際立つのである。どんな定式化、どんな普遍化、どんな手続き的扱いにも先立って、正義の探求はすべての人間の間の公正な距離を探求することである。感情的融和を求める多くの夢想に特有の短すぎる距離と、未知の者、よそ者に対する尊大さ、侮蔑、憎悪に含まれる遠すぎる距離との中間が、公正な距離である。私はすすんでもてなしの徳のうちに、この公正な距離の文化にもっとも近づいた、象徴的な表現を見よう。

この公正な距離の探求に関連づけてはじめて、正義と制度との間の関係が考えられうる。制度のもっとも一般的な機能とは、市民国家、共和国、連邦《コモンウェルス》のようなものにおける、自分のもの、身近なもの、遠いものの間の連結（*nexus*）を確保することである。その意味で、この制度のまだ未分化な意味において、連結が制度化される、つまり設定されうるのである。この最初の未分化状態のおかげで、正しい制度の中で生きたい願望は、すでに善い生き方の目標によって定義された目的論的平面に属している。

正義の観念が垂直軸上を前進することが、実践的知恵の、そしてそれとともに公平としての正義の優越性に導くのであるが、その前進について考察するまえに、善と正義の関係について最初の注釈をさせていただきたい。その関係は同一性でも、差違でもない。善は最深層の欲望の目標を特徴づけ、それによって希求の文法に属する。自己と、遠い人として出会う他者との間の公正な距離としての正義は、この善の完全に発展した形である。正義の星のもとで、善は共通善となる。この意味で正義は善を展開し、善は正義を包含すると言うことができる。

しかし正義の観念の道徳的優位は、道徳性を構成する第二の軸を経由した後にはじめて認められる。義務論的観点からの主要カテゴリーである規範の星のもとに、正義は普遍化と、形式化と、手続き的抽象化のテストにかけられる。こうして正義は定言命法のレベルにもたらされる。自己と、身近な人と、遠い人という三つ組に内在する前進が、この形式的な平面に移されると、カントの命法の三つの定式に結びつく。カントは『人倫の形而上学の基礎づけ』で、正義は単一性から複数性へ、そして全体性へと進んでいく、と述べる。規範の平面に移された基本的三つ組は、自己の自律、自己自身と他者の、人格における人間性の尊重、各自が主体であり同時に立法者であるような目的の国の投影という三つ組になる。

目的の国を設定するこの務めと関連して、制度と正義の関係も、二度目に分節されることができる。その関係は、ジャン＝マルク・フェリーが『経験の力』で提起する「承認の諸次元」という概念によって表わせる。そこではわれわれのいろいろな忠誠義務が配分されている組織や下位組織が指示されている。ジョン・ロールズの『正義論』をモデルにして、思い切って正義の原則を手続きに還元する代償を払ってもその原則の単一性を支持する者たちと、マイケル・ウォルツァーやコミュニタリアンのように、正義の審級の多元性を支持する者たちとの議論が続けられているのは、このレベルにおいてである。しかしウォルツァーの命名による「正義の諸領域」に分裂してしまったとしても、正義の観念は依然として最高の統制的理念である。たとえ正義が、支配の情念のとりこになった各領域が境界侵犯をするのを監視する規則にすぎなくなってもである。しかし役割、任務、負担の配分を支配する手続き的規則を通して、不平等な分け前によるもっとも恵まれない人たちの権利要求に、われわれは耳を傾け続ける。こうして願望による正義から、規範による正義への系譜ははっきり示される。

義務論的観点から実践的知恵の観点への移行が、どのようにして正義の観念の最終的変容へと導くかを、ここで簡潔に説明する必要がある。それは悲劇的な様相をおびた行動の次元で、不確定と葛藤の状況で困難な決断をすることに関わる。すなわち、一見すると同じように重要な規範間の葛藤、規範の尊重と他者への心づかいとの間の葛藤、黒と白の間でなく、灰色と灰色との間の選択、悪と最悪の間の幅が狭い中の選択、といった問題である。訴訟の個々の状況で、したがって裁判制度の司法的な形式の枠内で法を宣言することは、公平としての正義の観念の意味することの範型的な例となる。アリストテレスはその『ニコマコス倫理学』の末尾で、それを定義している。「公平は正しさではあるが、法律による正しさではなく、合法的な正義を補正するものである。その理由は、法律はつねに一般的なものであるからである。ある種の事例に関しては、それに適用される一般的な条文を提示することが不可能だからである」。このアリストテレスのテクストは次のことを理解させてくれる。すなわち、正義が公平とならねばならないのは、ロナルド・ドゥオーキンが *hard cases*（難しい訴訟事件）とみなしたものに直面した場合だけでなく、道徳的判断が特異な状況で求められ、また決断が私的な確信にもとづくとされるような場合でもである。

正義の観念を通覧するのはここで終わる。それは善い生き方の願望によって始まる三つ組の最初の項であると同時に、実践的知恵で完了する、レベルからレベルへの移行の最後の項であるゆえに、正義の観念は最高の実践的規則とみなされうる。善との関係については、基本の三つ組を検討するときから提示されてきた定式の中に要約されている。すなわち、善とは正義を、善く生きる願望に根づかせることを指す。しかし善く生きるという誓約の水平的と垂直的の二重の弁証法を展開しつつ、善に知恵の証印を押すのは公正である。

真実を公正に含意させること

真理が正義に含意されるのはどんな意味においてであるかを言う時がきた。最初の三つ組であれ、あるいは目的論的視点、義務論的視点、賢慮的視点の連鎖であれ、われわれがこれまで述べてきた論述を構成する陳述のそれぞれに真理を探求することが実りある筋道とは思われない。今ここで私が言っていることを自分で真実とみなしているのか、と尋ねられるかもしれない。だがそれを真実とみなすことは、同意の然り《ウィ》をともなった実践的命題を反復することのうち以外にはない。しかし同意は、理論ではなく実践に属するところの、善く生きる願望そのものを自己提示する力以外の源からは発しない。われわれが連続する三つの陳述で提起した正義の規則は、公平としての公正観念で頂点に達するが、その規則は命令としての力以外の真理はもたない。その意味から、私は道徳的真理の観念を弁護した英語圏の道徳学者たちとは距離をおく。彼らが弁護する理由を私は理解できる。彼らは道徳的命題を主観的あるいは集合的な恣意性から、またいわゆる道徳的事実を、社会的・生物学的事実に自然主義的に還元することから守ろうとしたのである。恣意性の危険は、身近な、あるいは遠い他者を媒介にして、善を公正のレベルにもたらす弁証法的構成によって最初に払拭された。それが二度目に払拭されたのは、道徳的省察を自然主義的還元から防御する理由と同じものによってであった。それはチャールズ・テイラーがまさしく「強い評価」と呼ぶものと、自然の事実や出来事との間の違いを保持することにほかならない。『自我の源泉』の第一部で著者テイラーが設定する相関関係は直接、自己の自己確証と、それのいろいろな善の形への方向づけとの間にある。自己と善（*the Self and the Good*）とは同時に、相互に構成しあう。それゆえ善と公正を命令するために探求すべき補足の、あるいは別の真理などはない。

善や正義の観念のために、なお真理の次元を探求すべきであるなら、それは道徳的真理の観念が結びついた方向とはまったく別の方向に向かってである。視線を向けるべきは、道徳問題に入るための人間学的前提のほうにである。その前提とは、それによって人が公正の命令を受けることができる存在とみなされることができることである。それゆえ人間がそのあり方についてどうあるべきか、もし人間が道徳的・法的・政治的問題系、もっと大きく言えば価値の問題系に関与できる主体でなければならないとしたらどうあるべきか、について言明することが重要となる。私の見解をすぐにも、カントが帰責能力の観念と自律の観念との間に立てた地位の違いによって例証しよう。帰責能力は『純粋理性批判』に属する。「第三の宇宙論的アンチノミー」のテーゼに出てくるのは、実存的命題である。それは次のような断定の論理的帰結である。すなわち、人は世界の中で事柄を生起させ、世界の流れに始まりを導入する。それは自由な自発性の別の名で、それによって行為は称讃も非難も受けることができる。なぜなら人はその行為の真の本人（*Urheber*）とみなされるからである。それは帰責能力の断定であって、自律の断定ではない。帰責能力は、それが純理論的領野に属しているがゆえに、真理となりうる。自律は別の次元に属している。自律は自由と、実践理性の表明するア・プリオリな含意による法則との間の連結に立脚する。カントが自律を構成する含意を特質づけるための理性の事実（*factum rationis*）がどのようなものであれ、彼は実践のカテゴリーである自律を、語の非物理主義的意味での「身体的」カテゴリーである帰責能力に重ねることはしない。

私はカントの帰責能力の観念が、目的論、義務論、賢慮の三つのレベルにいかにして再配分されうるかを示したい。これら三つのレベルに、われわれが願望、規範、賢慮として考察した正義の三つの形態が、順次属しているのである。それは真理の三つの様相がそれぞれに対応している帰責能力の三つの形態である。

正しい制度において、善く生きる願望という目的論的レベルには、能力ある人の実存的様相が対応し、その様相は、誰が？の問いに対する多様な答えを通して知られる。誰が話すか？　誰がなすか？　誰が自分を物語るか？　誰が自分の行為の責任を負うか？　それらの問いへの答えは、それぞれの能力を肯定することである。私は話すこと、なすこと、自分を物語ることができ、そして自分をその本人と認める行為の結果に自分が責任ありとすることができる。要するに、善く生きる願望に相関する実存的テーマは、能力ある人の自己肯定である。したがってこの能力という観念は、実存的命題として、帰責能力の第一の形態である。

そしてこの前提は真実であると言うことができる。だがどんな意味で真実とか偽りだとか言えるのか。何かが真実であると言うこと自体、その領域の相関的な多義性を認めることである。私が同意するジャン・ラドリエールの分析によると、行動と、異なる型の説明に対応する包摂の規則に従ういわゆる自然法則の支配下におかれた自然現象との間には、重要な切れ目が通っている。行動は自然現象に反して、物語の主題と解される。だがそう言ってしまうのはまだ早いし、早すぎるので、私の主要な主張にもどろう。すなわち人間の能力の一般観念を具体的に示す力が属する、真実を述べる次元とは、証し（attestation）なのである。『他者のような自己自身』で私は証しの観念の認識的地位について説明したが、ジャン・グレーシュは私がこの鍵概念に訴えてもなおあいまいな点について、親切にも教示してくださった。要するに証しとは、語の *doxa*（臆見）でない意味において、信念、*Glauben* なのである。ただし *doxa* という語を自然現象の次元で、またそれも観察可能とみなされる人間的事象の次元で *épistémè*（学知）よりも劣位にあるとみなすかぎりにおいてである。真実の観念のもう一つの語義に対応するのは、検証の要求、カール・ポパーによる反証可能性である。証しに固有の信念は別の性質に属する。それは自信という性質に属する。その反対は疑わしさであって、疑いではない。あるいは疑わしさとしての疑いである。それは反駁されえないが、斥けられうる。自信は新たに証しに訴えることによってのみ回復され、強化されうるのであり、場合によっては好意的な支持によって救いだされる。

以上が正義と真理の第一の相関関係である。正しい制度において善く生きるという私の願望は、私にそれが可能であるという証しと相関的であり、私を他の自然の生き物から存在論的に区別するものである。

実存的判断と評価の判断との間の第二の相関関係は、強い評価が形式的・普遍的・手続き的な規範の形をとる義務論的平面で見いだされる。この平面に対応するのは、カントが第三の宇宙論的アンチノミーの枠内で言及した、したがって自律の実践的観念と理論的に対置される帰責能力という専門的概念である。この帰責能力の新しい用法を、行動能力に応じて私が分節したのとは違った種類の能力で、特定し、規定することを提案しよう。この別の種類の能力の観念は、トマス・ネーゲル著『平等と不平等』を読んで示唆されたものである。著者によると、それはわれわれ自身、あるいは他者について、「二つの観点」(それが第二章のタイトルである)を採用する能力である。全面的に能力の用語で記述された最初のパラグラフを引用しよう。

われわれの世界経験、われわれの欲望の大部分は、われわれの個人的な観点に属している。われわれは物事をいわばここから見る。しかしまたわれわれは世界について、自分の特殊な位置から離れて――われわれが誰なのかと無関係に――考えることもできる。われわれは誰でも自分の一連の関心、欲望、興味の全体から始め、そして他の人たちも同様であると認めることができる。次にわれわれは思考の中で、世界の中の自分の特殊な位置から離れて、自分が誰であるかからも離れて、世界を考えることができる。このような離脱の行為をすることによって、われわれは非個人的観点と私が呼ぶものを採用するのである (*Equality and Partiality*. p. 10)。

したがってこの能力は、私が『他者のような自己自身』で提起した、行動の大きな類推による、行動することができるという次元にはもはや属さない。むしろその能力は、ソクラテスの吟味された生という古い格言に送り返される。この格言は人間学的には、トマス・ネーゲルが「非個人的観点」と呼ぶものにもとづく離脱の行為を実行する能力を前提とする。「非個人的観点」は彼の『どこにもない場所からの眺め』(*View from Nowhere*)で最初に表明されたテーマの再登場である。自分の人生について個人的な観点と非個人的な観点とを併置する能力は、カントの命法の存在論的前提である。たしかに実存的主張と道徳的義務がいかに絡み合っているかは容易に理解される。

［…］非個人的な観点はわれわれを他者から区別しないのであるから、他者の人生で生まれる価値についても、同じことが言える。非個人的な観点から見てあなたが大切とされるなら、あなたにとっても、他の誰もが同じく大切である（p. 11）。

こうして次の定式に行き着く。「誰の人生も重要であり、他の誰よりも重要な人などいない」（*ibid.*）。この定式は真実に属するのか、それとも公正に属するのか。主張なのか、義務なのか。それは事実と権利の混合だと言おう。しかし事実とは、非個人的観点を採用する能力以外の何ものでもない、というより、個人的観点と非個人的観点の間で取引する能力である。だがわれわれはすでに、チャールズ・テイラーの言うような「強い評価」でもって、道徳的判断に入っている。その強い評価は、どんな人生も重要で、他の誰よりも重要な人などひとりもいない、という重要性の判断に含まれている。そうすると非個人的観点を採用する能力は、互いに対象とし合う重要性の判断を等しくする能力と区別されない。たしかにこの主張の倫理的な意味は大きく、カントの命法の第二定式ともほとんどちがわないし、不平等な分配のなかで最小の分け前をよりよくするロールズの正義の第二原則ともあまりちがわない。しかし尊敬を無条件の義務とする明確に道徳的な命題は、次の存在論的命題に立脚しているのである。すなわち個人は、正義論の平等原則の地平を自分に開いてくれる非個人的な観点に立つことが可能だということである。個人的観点をのりこえる公平性と、最少の分け前を最大にする義務としての平等とは、人はなすべきことをなすことができ、できることはなさねばならないという混合判断において結びつく。

私はできるの判断と君はしなければならないの判断に、範囲をはっきり分けることは、平等主義的ユートピアを評価するうえで重要である。というのは、観点の争いという劇的な勝負が演じられるのは、能力のレベルにおいてであって、義務のレベルにおいてではないからである。能力のレベルでは二つの観点が残り、争いはわれわれができることとできないことに関係する。他者の苦しみを強く感じ、他者に同情する資質は、掟の範疇ではなく、気持の範疇に属する。そこにおいて人は二つの観点に分裂する。それらの観点は能力にも、妥協する資質にも属する。まさにそれこそ、道徳的・政治的な振る舞いが、正義の徳も徳であるという妥協に導くさまざまな資質を考慮に入れなければならないからである。二つの観点の間の開かれた争いという視点からすると、そのような振る舞いは、アリストテレスよりもプラトンがよく見抜いていたように、われわれの能力がわれわれをわれわれとわれわれ自身とに分裂させるところに統一を回復させることをめざすのである。ネーゲルをもう一度引用しよう。

われわれ自身の統一をいかにして再び見いだすか、それが問題である。プラトンがすでにそう考えたように、政治的問題がいやしくも解決されねばならないなら、それは個人の魂の中で解決されねばならない。これは、その解決が人間関係や制度と関係なしになされるという意味ではない。そうではなく、こうした〈外部から〉の解決が有効なのは、各人にとっての問題とされるこの自己分裂への適切な応答に、その解決が表現を与えられる場合のみであろう（p. 16）。

私同様あなたがたも驚いたのは次のことである。すなわち尊重の命法がこのように公平の能力に遡ることは、道徳性に人間学的な禁欲を与えるだけでなく、観点どうしの対決に結びついた争いの状況に注目させて、平等の道徳的要求に新たな深みを与え、それが正義論をカントや、さらにはアリストテレスからプラトンにまで遡らせることである。そこまで遡らせるのは、正義が矯正しようとめざす分裂が各個人を貫通し、各人の魂を分裂させるからである。「われわれ自身の統一をいかにして再び見いだすか、それが問題である」という決定的な問題がわれわれにとって明らかになるのは、二つの観点を人間学的に考察するおかげなのである。

真理の観点と規範の観点の交叉に当てられたこの節を閉じるにあたって、次のことを言おう。公平性の能力の主張に結びついた真理の含意は、道徳性の倫理的段階でそうであったように、不信に対立する信用と、懐疑的態度に対立する自信という二重の性格をもった、やはり証しの真理の問題である。証しだけが一段階上げられ、同時に道徳性は善く生きる願望から普遍性の要求へと移る。格率の普遍化の規則は、私が自分の観点を変え、自分を個人的観点から公平な観点へと高められるという信念からの支持を受け取る。私は自分にどちらも同じく可能な二つの観点の間の争いという代価を払っても、私には公平性の能力がある、と信じる。

どのような真理の要求が実践的知恵に結びつくのか。これがこの節をしめくくる問題である。規範を個々のケースに適用する手続きの認識論的問題に、しばし注意を集中しよう。そのための試金石として、法廷内でドゥオーキンのいわゆる〈難しい訴訟事件〉(*hard cases*) についての判決を形成することが代表する検証を取り上げる。そこでわれわれはしばしば裁判の領域にとどまるが、裁判所だけが、われわれがこれからする分析の検証の唯一の場ではないことを立証したい。刑事裁判の分析は、いわゆる適用が個々のケースを法規に包摂することとは別であることを示してくれる。この点で、実践的三段論法は解釈の二つの並行した過程の両方を適合させるきわめて複雑な過程に、教育的な衣装を着せたものにほかならない。解釈の二つの過程とは、一つは起きた事実の解釈で、それは結局物語の類に属する。もう一つは規範の解釈で、拡張や案出をしてでも、どんな定式化によって規範が事実に〈密着〉することができるかどうかの問題である。この過程は二つのレベルの解釈——事実の物語的解釈と規則の法的解釈——の間を、ドゥオーキンのいわゆる均衡点ができるまで往復することである。この均衡点は、物語的と法的の二つの解釈の間の相互適合——ドゥオーキンの用語では *fit* ——として特徴づけることができる。規範を事例に適用することであるこの *fit* を確定することは、認識論的観点からすると、創発的な面と、論理的な面を呈する。創発的な面は、物語的な連鎖の構成と、法的な推論の構成とに関わる。論理的な面は、蓋然性の論理に属する論証の構造に関わる。

ここではどんな種類の真理が問題なのか。われわれがその真理を定式化するのは、もはや能力にもとづいてではなく、適合にもとづいてである。それは *fit* の真理である。すなわちたとえ判事室内で決定されたにしても、それは状況内の確証の一種であり、確信、内的確信と呼ばれるに値するものの特質である。客観性について語れるだろうか。確証という意味では、否である。むしろこのような状況では、この決定が最良で、なすべき唯一のものであるという確かさが問題である。拘束が問題なのではなく、確信の力は事実にもとづく決定論とは関係ない。それは〈ここで、今〉(*hic* et *nunc*) なされるにふさわしい明証である。

われわれは司法の領域から例を引いたが、いくつかの学問分野も、同じような解釈と論証という仕方で交叉すること、またそれらの分野もやはりそれぞれの *hard cases* をもっていることを示唆したい。まず思い当たるのは、主として命のはじめと、命の終わりという極端な状況に直面したときの医学的判断である。私はまた、個人の行動のそれぞれの重みと、集団的な力の重みを評価しなければならないときの、歴史的判断のことも考える。最後に、異質の複数の価値があって、それらを加算するとよい政府のプログラムができるという場合、政府の首長がそうした異質の価値の間で優先順位をつける務めを負わされたときの政治的判断の例を挙げよう。こうしたあらゆる学問分野で同じ蓋然性の論理は、状況内の判断が拠りどころにする確信の、リスクに満ちた探求を強化する。どの場合でも、真理は判断の状況への適合に存する。そのとき正義に付加された公正について、正当に語られることだろう。

こうしてわれわれは帰責能力の三つのレベルに対応する三つの真理のレベルを検討してきた。どの場合でも、道徳的判断に含意された真実性と呼べるようなものが問題となった。

真実と公正とは、たとえ第二の移行において互いに含意しあうとしても、両者は同位にあるという私の冒頭のテーゼを妥当とすることに成功しただろうか。だが、それ自身の領域で自律した地位をもつ真理が、正義の助けを得てのみその意味の行程を完了することを立証しないうちは、私の証明は未完のままであろう。

自律と傷つきやすさ(1)

今年度のセミナーで私の担当の予告された題は「権利の主体は誰か」である。この題にわれわれが今年度直面するであろう当惑のすべてが含まれている。権利の主体とは、およそ法学研究というものの大前提であると同時に、司法実践の地平でもある。この時間を通して、私はこの逆説に注視してゆきたい。この逆説の力をすべて発揮させるために、可能性の条件と責務との間を横断するための案内役として、今年度講義表の頭にある自律と傷つきやすさを立てることを提案する。自律とはまさに権利の主体の専有物である。だが傷つきやすさ（vulnérabilité）は、自律を可能性の条件のままにしておくのであり、司法実践がその可能性の条件を責務に変えるのである。なぜなら人間は仮説上、自律的なのであり、そうなるべきも

（1） このテクストは一九九五年十一月六日月曜日の、裁判高等研究所の開講セミナーである。これは次の出版物に収録。*La Philosophie dans la cité. Hommage à Hélène Ackermans* （Publications des facultés univerisitaires Saint-Louis, 73). Textes réunis par A.-M. Dillens, Bruxelles, Publications des facultés universitaires Saint-Louis, 1997, p. 121–141. *Rendiconti dell'Accademia Nazionale dei Lincei* （Rome), 1997, p. 585–606 および *Justice et le mal* （Opus 57), édité par A. Garapon et D. Salas, Odile Jacob, 1997, p. 163–184 に再録。

のなのであるから。このような逆説にぶつかるのは、われわれが最初ではない。カントにおいて、自律は二度出てくる。最初は『実践理性批判』で、自由と法則とをア・プリオリに結びつけるものとしてである。自由は法則の〈存在論拠〉(*ratio essendi*)であり、法則は自由の〈認識論拠〉(*ratio cognoscendi*)なのである。二番目に自律が出てくるのは、戦闘的な文書『啓蒙とは何か』の中である。そこでは自律は、「自分で考える勇気をもて!」(*sapere aude*)のかけ声で、従属の状態、〈未成年〉の状態から脱け出すよう呼びかけられた政治的主体の責務である。私はこの逆説の視点から、自律の試行的な観念について語ろう。

次のように議論を進めて行こう。

自律と傷つきやすさの逆説を、段階的に定式化していく。この分析的な歩みの要請として、自律の観念のいろいろな段階を順次検討し、そのそれぞれの段階に、傷つきやすさの、あるいは私なりの言い方では、脆さ(fragilité)の一定の形態を対応させてみよう。多分このようにして、逆説とは何であるか、なぜ人間の条件はこのような逆説を含んでいるのかを明らかにしよう。たしかに逆説は二律背反《アンチノミー》と同じ思考状況を共有している。すなわち二つの相反する命題が同じように反駁に抵抗し、したがって両方とも採用されるか、あるいは放棄されるかされねばならない。しかし自律の用語は二つの異なる言説世界に属するのに対し、逆説の用語は同一の言説世界で出会う。したがって、自由と決定論という古いアンチノミーでは、正命題は道徳的世界に属するのに対し、反対命題は決定論の旗じるしの下に、物理的世界に属する。ここで哲学のすることとは、ただ両者を区別し、それぞれの領域に閉じこめておくだけである。自律と脆さの逆説の場合はそうではない。両者が対立するのは、同じ思考の世界内なのである。同一の人が異なる視点から、一方になり、また他方になる。のみならず両方の用語は対立し合うだけでなく、和解し合うのであり、自律は脆い、傷つきやすい人の自律である。そして脆さが、もし自律せよと呼びかけられている人の脆さでないとしたら、それは単に病理にすぎないだろう。なぜならその人は、はるか以前から何らかの仕方で自律しているのであるから。そこにわれわれが対決せねばならない難問がある。これからさまざまな角度から検討しようとするこの逆説は、アンチノミーのような思弁的解決を認めず（そこに両者のもう一つの違いがある）、実践的な省察、カントの言う *sapere aude* のような戦闘的な実践を求めるのを、われわれは予期することができる。しかしカントが啓蒙された人たち、ラ・ボエシーの言葉をくりかえすなら「自発的隷属」の状態にある人たちに向かって語りかけていたのに対し、自律の反対側におくべき言葉は、人間の領域外の比較しえない、そして急いでつけ加えるなら、社会的・政治的な領域外の比較しえない受動性の特徴を呈している。このようにはっきりさせると、われわれの当惑はいっそう増す。未成年期に安住しているのを、カントが自発的選択として、悪しき行動格率として扱い、したがって人間性の普遍的な特質の名のもとにそれを攻撃することがまだできたとしても、われわれがこれから考察しようとする、傷つきやすい、あるいは脆い人間像は、現代に特有の独特のしるしをおびており、それは哲学の言説を困難にする。というのは、哲学の言説は現代的な、極度に同時代的な条件の考察を、近親相姦の禁止にならって、普遍的とは言わぬまでも、長期持続、きわめて長期の持続とみなせるような特徴と絡ませざるをえないからである。すでにハンナ・アーレントは『人間の条件』執筆中に、根源的なものと歴史的なものとが対決する、この認識論的な難問にぶつかった。自律の側、すくなくとも前提されている自律の側により根源的なものがあり、傷つきやすさの側により歴史的なものがあるというのは、逆説の些細な面ではない。逆説の現代的特徴はまさにわれわれを不安にさせ、自律を根源的なものの平面から、歴史的なものの平面に移すようわれわれをせき立てるのである。

私が自律の試行的観念を段階的に形成していく順序は以下の通りである。拙著『正義をこえて――公正の探求I』の冒頭においた、まさに「権利の主体は誰か」と題された論文と同様に、自律の観念が全面的に展開されるようになる倫理的・法的な平面からはできるだけ遠ざかったところから出発しよう。すなわち哲学的人間学のレベルからで、その包括的な問題は次の言葉に要約される。すなわち、自律の問題系を生じさせうる、人間とはいったいどんな種類の存在なのか。それに着手するのにあたり、変動する現代にはほとんど注目されない特徴、したがって共通の人間の条件にもっとも深く根ざしている特徴から出発しよう。そしてそれぞれの段階で、自律の試行的観念の逆説が強まるように、それに対応する脆さの特徴を対比させせよう。

そこで直ちに、能力ある人のテーマから始めよう。そしてそれがこの先で、帰責能力のテーマに倫理的・法的に延長されるのを見ることになろう。

能力、力、強さといった語彙の力は、アリストテレスでは *horexis*（欲求）として、スピノザでは *conatus*（存在努力）として認められていた。私としてはスピノザを参考にしたい。それは彼がいっさいの有限な実体を、現実存在し、存在のなかに存続するための努力として第一に定義したからだけでなく、『神学・政治論』で彼が *potentia*（力能）の概念を、ホッブズやマキァヴェッリの *potestas*（権力）に対立させるために、彼の *conatus* の存在論の延長上におくからである。この行為能力は、現象学的観点から見ると、人間が介入するさまざまな領域での一定の能力の様態によって表現される。すなわち話す能力、事物の流れに介入し、他の行動の主役たちに影響を与える能力、理解でき、納得できる物語に自分の人生をまとめあげる能力、こうした一連の行為能力に直ちにつけ加えるべきは、自分を自分の行為の真の本人と認める能力であり、これこそ帰責能力の観念の中心である。しかし脆さの土台にあり、基礎的と言えるような無能力に相関した様態に言及するまえに、なしうる能力という観念によって意味される確言の内容と、それに適用される確言の形式との関係を明示することが重要である。力は自らを確認し、自らを主張すると言おうか。この確言と力の関係は力説されるに値する。この関係は、ある主体が自分をなしうる者と名指す、あらゆる反省的形式を支配している。しかし何かをなしうるという単純で直接的な確言は、すでにして注目すべき認識論的な特徴であって、それは証明されたり、明示されたりできず、証しされうるだけである。そこにおいてめざされているのは、信念の形であり、それはプラトン主義的 *doxa*（臆見）のように、*épistémè*（学知）の劣った形ではない。『純粋理性批判』の著者カントがその有名な序文で、*Wissen*（知識）に代えて主張するカント的 *Glauben*（信仰）のように、それは実践的確信への開かれた信頼であり、自分自身の能力への自信である。その自信は、能力を行使することに他者から与えられる承認からしか確認されない（sanction という語は、ここで第一の含意、承認を見いだす）。証し／承認（sanction）はこうして、行動する力を言葉において支持する。その反対は疑いではなく、疑わしさ——あるいは疑わしさとしての疑いである。そしてわれわれはこのような疑念を上方への飛躍によってのみ克服するのであり、その上方で（*sursum*）他者はわれわれを信頼してくれ、われわれの責任や自律に訴えることで、励まし、同調し、支えてくれるのである。この先でわれわれは、その訴えの場所を、あらゆる教育法、あらゆる道徳的・法的・政治的教育のうちに再発見するであろう。さしあたり確言と力の関係を堅持しよう。

　われわれの議論の主題の逆説的性格を見失うまいとする意図にそって、これから脆さに対応する人間像について述べよう。自律の土台が力の語彙で記述されるとしたら、人間の脆さが第一に表現されるのは、無力、あるいは非力といった語彙においてである。われわれの言葉の技量が脅かされたり、つねに制限されたりするように見えるとすれば、それはまずは語る主体としてである。この能力は完全ではないし、自明のものでもない。精神分析はすべてそこから発してくる。しかし法的観点からすると、この重大な無能力を過度に強調することはできないだろう。法はすべからく、暴力に対する言論の勝利に立脚しているのではないか。この点に関し、エリック・ヴェーユの『哲学の論理』の序説と、彼の言う暴力か言論かの二者択一を思い出してみよう。司法の専門家として言論の循環のなかに入ることは、あなたがた司法官にとって、協定、協約、取引の領域に入ること、そしてもっとドラマティックな仕方で訴訟の世界に、つまり論証の対決、言論の戦いとしての論争の世界に入ることである。すると直ちに言葉の技量に関して、人々の間の根本的な不平等が明白になる。その不平等は生まれながらの定めというより文化の堕落の結果であり、言語的環境から排除されたために話す能力に欠けるのである。この点から、機会平等の第一の様態は、話すことができる、すなわち語り、説明し、論じ、議論することができる次元に関わる。ここでは脆さの歴史的形態は、誰にも言葉の技量をもたせないようにする、一般的で共通の有限性にもとづく基礎的・基本的な形よりも有意味である。獲得され、文化的で、その意味で歴史的なこうした制約は、言語的有限性についてのどんな言説よりも考えさせてくれる。言語的有限性は、言語の複数性、翻訳、その他の言語的実践上の支障に関する他のきわめて重要な考察にわれわれを導くだろう。われわれが確言と力の関係を考慮に入れるなら、そうした様相はもっと深刻なものになろう。私が自分の行動する力に抱く自信は、その力の一部となっている。私はできると信じること、それはすでになしうることである。無力の形についても同様であり、まず第一にそれは、話すことができないという形に当てはまる。自分に話す能力がないと信じることとは、すでに言語障害者として、いわば破門されているのである。自分自身の話す能力に対する根本的な疑いで倍加され、適切に話す能力に他者から与えられる是認、承認、信頼、支持の欠如によって三倍にさえなった無能力というこの恐るべき身体障害《ハンディキャップ》に、あなたがた予審判事、裁判官、陪審員、刑執行監視判事は向きあうのである。言語的に排除されているという形が表現するのは、まさに基礎的といえる身体的障害である。

行為能力の様態を倍加する無能力について、これ以上追求することはやめよう。それより、私やあなたがたのように言葉を職業とする者にとって争点となる、話す能力と無能力に集中しよう。そこで、行動の次元の脆さについては、短く言及するにとどめよう。それは責任の教え方に直接関係するからである。ここでもまた、病気、老い、身体障害によって、要するに世の慣いによって課される無能力に、人間のいろいろな相互活動の関係によって課される無能力がつけ加わる。この関係は力の、〜への力の特殊な形を意味し、働きかける者とその行為を蒙る者との間の、最初の非対称的関係である。この非対称は、あらゆる形の脅し、操作、要するに人間どうしの奉仕しあう関係を腐敗させる道具的手段化への道を開く。ここで考慮しなければならないのは、行動する力の不平等な配分の形態、もっと特殊には、われわれの社会のような、効率と競争本位の社会における命令や権威の位階から由来する、不平等な配分の形態である。多くの人々は単に力が不足しているのではなく、力を奪われているのである。活動、職業、仕事、有給労働などが見分けがつかなくなっている現代社会において、哲学的人間学のテーマに明確な内容を与えるために行動社会学が要求されるのは、主として労働、余暇、失業の間の歪んだ関係をめぐってであろう。それはハンナ・アーレントが『人間の条件』で労働、仕事、活動の間の関係を扱って展開しているテーマである。何よりもここでこそ歴史的なものが、根源的なもの、共通の実存的なものよりも、はるかに意味をもつのである。

能力ある人という観念や、能力／無能力の対に、自律と傷つきやすさの逆説のもっとも基本的な形を見ることができるのであるが、それについてこれ以上は述べず、今度はこの基本的テーマの二つの派生命題について考察したい。それらはこの同じ逆説の倫理的・法的な構成要素について手がかりを与えてくれよう。

自己同一性について語らずして、自律について語るのはいかにもむずかしいと思われる。だがそれについて異なる二つの観点から語ることはできる。まず時間との関係の観点からで、その場合、物語的自己同一性について語ることになる。次は代替不可能性の観点からで、それは人格的自己同一性の個別性を示す。物語的自己同一性については、この主題についてほかのところで詳述したので、ここでは短く触れ、自己同一性の時間的構造の脆い面に重点をおこう。

物語的自己同一性の概念を定式化する概念的枠組みを、あらためて述べよう。自己同一性という名のもとに、一般的にある実体を同一のものとして認めさせる特徴を明確にしてみよう。だがわれわれは実際には、語そのものを理解する仕方に応じて、二つの違う問いを発している。事物に適用されると、その語は第一の語義では時間における恒常性、不変性を事物に求めることに等しい。この第一の語義は、われわれの中にいわば物がある限り、われわれにも関係する。すなわち同じ遺伝子コード、同じ血液型、同じ指紋の恒常性である。この構造の恒常性はもう一つの派生命題をもつ。生育しながらの同一性——どんぐりとオークの木とは唯一、同一の樹木である。たとえばわれわれは写真のアルバムをめくりながら、そこにおちびさんから、老人までの自分を認める。われわれが性格と呼ぶものも、ほぼこの第一の語義に相当する。しかし感覚的印象、欲望、信念といった心理的領域に移ると、われわれは可変性に直面するのであり、それはヒュームやニーチェのような哲学者に、こうした同一性の基準に対応する恒常的な自我の存在を疑わせるのに役立った。他方モラリストは気質、情念、確信などの不安定さを歎いてやまない。とはいえ、われわれはこうした否定的な評価にとどまってはいられない。そのような変化にもかかわらず、われわれは他者から、彼が昨日あることをなし、今日それを説明し、明日はその結果を引き受ける同一人として、自分の行為の責任を負うことを期待する。しかしそれもやはり同一の自己同一性に関わるのか。あらゆる契約、あらゆる協定、あらゆる合意の基礎にある約束をモデルにするなら、変化にもかかわらず自己を維持すること——約束したことを守るという意味の維持——について語るべきではないか。ここにきて、ハイデガーを含む他の人たちにならって、同一性（mêmeté）よりも自己性（ipséité）について語ることを提案する。しかしすでに示唆したように、自己同定の支点として、われわれの内に〈同じもの〉があり、その語はフランス語（même）よりも英語（*same*）のほうが意味がはっきりしている。*ipse*（自己自身）と*idem*（同一）の弁証法を考慮するために、人物の物語的モデルを案内役とすることを提案しよう。そのモデルはフィクション物語であれ、歴史物語であれ、ふつうの物語でストーリーと同時に筋立てられるのである。ドゥオーキンが法解釈に関する著作で用いている概念、物語的首尾一貫性と呼ぶことのできるものは、主導的な筋の調和と、突発時の不調和（運命の変転、状況の逆転、どんでん返し、偶然の事件など）とを組み合わせる。本日私がこの物語的自己同一性の概念にもどるのは、それがわれわれの出発点とした逆説、能力と無能力の逆説に、それらを記述するのに時間を導入することにより、新しい次元を与えてくれるからである。物語的自己同一性もまた、たしかに、力のしるしとして要求される。そしてそれは同様に証しとしても表明される。しかしまた無力の観点からも、物語的自己同一性を脅かす、傷つきやすさのあらゆる兆候を認めねばならない。前述の逆説は時間的に広がるだけでなく、まさに時間の脅威に起因する特有の形態をおびる。そのとき自己同一性の要求は、その物語的標識を剝がされて、同一（*idem*）

のしるしをおびた一種の不変性を求めるのが見られる。自己同一性が歴史の時間によって蝕まれるのを防ぐために、観念論者たちが不変性の威光を自己同一性の歴史の要求にまとわせようとするとき、自己同一性の二つの語義を混同することが、どのような荒廃をひき起こすか、われわれはよく知っている。自己性と同一性の混同が過度の要求に導くというわなに誘惑されてはならない。また逆の可能性があるのも見失ってはならない。すなわち物語的自己同一性と呼んだものを自分に適用する能力を身につけなかったために、何らかの自己同一性を自分に賦与できないことである。政治家が歴史を無視した実体的自己同一性の要求という過度の権利要求にしばしば巻きこまれがちである反面、法学者は、自己同一性を自分で形成できず、歴史によってだけでなく、歴史に対しても自己同定できない個人たちに巻きこまれる危険がいっそうある。あるドイツの著者は好んで次の言葉を引用する。*Die Geschichte steht für den Mann.*（人は、人間とは、その人自身の歴史である）。物語的な首尾一貫性をもつことのできる歴史として、自分の人生を管理することとは、権利主体の自律の主要な構成要素とみなされるべき高度の能力の典型である。この点に関し、物語的一貫性をめざす教育、物語的自己同一性をめざす教育について語ることができる。すなわち同じ歴史を別様に物語るのを学ぶこと、同じ歴史をわれわれ以外の人たちに語らせるのを学ぶこと、人生物語を歴史記録の批判に委ねること、これらはすべて自律と脆さの逆説を引き受けることのできる実践である。そこで今からこう言おう、自分の人生を、物語的一貫性の観念と一致させつつ送ることができる主体こそ自律している、と。

自己同一性の観念と時間とを関係づける第一の語義を提示したが、われわれの自律の問題系からすると、自己同一性はそれですべてではない。もう一つの語義、個別性について一言述べたい。私はそれを、代替不可能な視点という観念と結びつけたい。それこそ確実に、自律の観念の重要な含意である。すなわち、自分自身で考えよ。考えるのは君であって、代わりの誰でもない。ここでの逆説は、時間の次元、時間の試練とは関係なく、別の視点、他者性の試練との対決から由来する。

私はここで、他者性のためのがっかりさせるほど陳腐になった説に反対して、逆説を主張し、言うならば逆説を弁護しようと思う。他者性がまさに問題になるのは、自己と自己自身との反省的関係を切断してしまうかぎりにおいてである。その反省的関係は、人格を確立し、構成する平面で、道徳的のみならず、心理的な正当性ももっている。第一に、また基本的に、他者との対決を自分は試してみることができる、と言える主体がなければならない。私はこの点に関し、デカルトのコギトよりもっと下から、すなわちひとりの人生を代替できない本質体《アンチテ》とする、ディルタイのいわゆる「生の連関」というあの謎めいたものから出直してみたい。したがってそれは意識よりも、ましてや反省よりも下のところから出発して、人格の代替不可能性という観念に力を与えなければならないのである。この個別性をもっともよく例証するのは、想起した記憶を他者の記憶に転移できないという性格である。私の現に体験することは唯一独自であるだけでなく、われわれは自分たちの記憶を交換できない。ロックが記憶を自己同一性の基準としたのは正当である。反省以前の魂の委譲不可能な個別性の上に、反省の名にふさわしい自己言及性のあらゆる度合いが構築される。このようにしてわれわれは自分の行為能力の証しを反省によって倍加し、私はできる、として自分を指名できる。独自性の要求がまとう倫理的な形を自己評価と呼ぶことにしよう。この個別性の要求に悪影響を与える脆さのあらゆる形は、この要求と、社会的な圧力がおびるさまざまな形との衝突から生じる。この点から、反省性と他者性との間の開かれた葛藤について語ることができる。他者性の権利もまた、きわめて低いところから始まる。その権利は言語をともなう。言語はわれわれがそれを話す前に、われわれに向かって発せられていた。言語は人間の欲望を要求の度合いに高める。先に記憶の代替不可能性、伝達不可能性について語ったが、言語はその記憶自体が他者の語る話に依拠し、また集合的記憶がつくりあげる記憶の貯えから借用するのを可能にするのである。アルヴァックスはその最後の著書で、集合的記憶について、個人的記憶はその一面、その一視角をなすにすぎないとまで言い切ったのである。反省性と他者性の衝突する決定的瞬間は、自己同定の概念内の分岐によって現われる。一方でわれわれは話し、行動し、想起し、行動の責任を負う、などの行為者として自己同定するが、他方で自己同定することは、~に自己同定すること、すなわち英雄に、象徴的人物に、模範的人物や師匠に、あるいは伝統的風習からユートピア的なパラダイムにまで広い領域にまたがる教えや規範に自己同定することでもある。ユートピア的パラダイムは社会的想像世界から発し、時としてブルデューが描きだす、ひそかに進行する野蛮化や象徴的暴力の仕方で、われわれの個人的な想像世界をつくりかえる。フロイトはこのような方式で、抑圧的と構造的の両価をもった超自我が形成されると見るのである。

自我/私によって起こされた、個別性、孤独、自律、自己評価からの抗議を、またその抗議を受けて、自己のものが他なるものによって支配されるまでになる他者性の要求を、極端な形にまで導いていかねばならないだろう。われわれは今二つの極を名指した。自分自身で考える努力と、他者による支配と統御である。各自の自己同一性、ゆえに各自の自律は、これら二つの極の間で確立される。教育の務めは、個別性の追求と、啓蒙主義哲学が未成年状態と呼んだものの条件を構成し直しうる社会的圧力とを、たえず折り合いをつけさせていくところにある。

以上が、能力ある人という名のもとになされる人間学的考察と、自律の問題へのより厳密に倫理的・法的なアプローチとの間に挿入することを私が提案する、二つの移行過程である。これからは自律を帰責能力の保護のもとにおこう。帰責能力こそはわれわれ現代の責任概念の古典的な祖先である。

能力観念から帰責能力の観念に移ることは、一見すると質的な飛躍をするように見える。このいかめしい用語を口にするだけで、民法なら賠償、刑法なら処罰と言われるように、行動は一挙に義務の観念を負わされる。義務観念は含蓄豊かなので、進んで次のことを認めよう。すなわち、ある主体が責任を負い、自分の行為の責任をとることができるのは、彼が自分の行為を一度目は規則を満たすという意味の義務に、二度目は違犯、過失、罪の結果を引き受けるという意味の義務に従わせることができるかぎりにおいてのみである。

とはいえ何の案内役もなしに、この義務の道に入ろうとは思わない。そこで義務観念よりも豊かな責任帰属の観念の原資を開発しよう。責任帰属の観念においてまず出会うのは、説明する（rendre compte——*putare, computare*〔勘定〕）の観念である。責任を帰すことは、そのもっと一般的な意味で、非難すべき行動、過失、したがって前もって義務となるべき行動、あるいは禁止に背いた行動を、誰かの勘定に入れることである。義務の観念がないわけではないが、第一の力点は行動を、語の文法が示すように、誰かの勘定に入れる（責任を負わせる）ことに置かれる。ラテン語の *imputabilitas* はドイツ語の *Zurechnungsfähigkeit* に、さらには *Schuldfähigkeit* に翻訳された。ここに帰責能力の観念と責任観念の親子関係を見ることができる。責任があるということは、第一に、これをしたのは誰か？という問いではないか。この問いは答えとして、*ego sum qui fecit*（それをしたのは私です）という告白を要請する。責任があるということは、まず自分の行為の責任をとる（répondre *de*）ことであり、換言すれば、その行為が私の勘定に入ったと認めることである。この系譜は大変興味深い。というのは、それは責任という語の用法を、われわれが出発点とした能力という語の用法にまで延長するのを可能にするからである。帰責能力はその本人として自分の行為に責任ありと認める能力である。したがってわれわれは能力という語から離れてはいない。この表現は、もっと原始的な二つの観念を結びつける。すなわち、ある行為をある行為者に帰すこと。そして行為を道徳上、概して否定的に規定すること。この点でカントは「自然法主義者」の先人たちと隔たってはいない。カントは『人倫の形而上学』で *Zurechnung*（*imputatio* 責任帰属）をこう定義する。「誰かが行為（*Handlung*）の本人（*Urheber*）（*Causa libera* 自由因）とみなされる。その行為は所業（*Tat, factum*）と呼ばれ、それに法律が及ぶ」。概念の連鎖は明らかである。すなわち、ある行為を、その本人として誰かに帰すこと。行為を本人の責任にすること。行為を是認か非難（これこそ制裁（sanction）の観念の第一の意味）、裁き、断罪などにかけること。こうしてわれわれの出発点となった純粋に法的な観念、支払う義務は見失われることなく、それは行程の終わりとして、リストの最後に戻ってくるのである。

次に思い浮かぶ問いは、誰かをある行為の本人としてみなす考えと、この行為を義務のもとに位置づける考えとの関係とは何かである。結局これはカントの自律の観念の中でなされている総合的操作の意味するところである。すなわち、カントの自律観念は、*auto*（自己）を *nomos*（掟）に、〈行為の本人としての自己〉を〈義務を課す掟〉に結びつけるのである。カントはこの関係をア・プリオリな総合判断とみなすにとどめたが、われわれがこの関係について抱く自覚は「理性の事実」であるとつけ加えてはいた。これこそ道徳的経験の他の何ものにも還元しえない与件であると言うに等しい。われわれは道徳的経験の現象学の原資に訴えることによって、この絆についての省察をさらに深めることができると思う。この現象学に対しわれわれが要請するのは、この絆の力と傷つきやすさとが一致する場所を明らかにすることである。傷つきやすさは自律観念に、一見すると正反対のような二つの態度をとらせる。すなわち、前提であって到達目標であり、可能性の条件であって果たすべき務めである。

この現象学から引き出したい最初の経験もやはり、能力という用語で記述されることができる。われわれの行動を、象徴的な秩序の要求に従わせる能力に関連する経験に集中しよう。この能力のうちに、私は〈自己〉を規範に結びつける実存的・経験的・（さらに言えば）歴史的条件を見るのである。これは前述のように、自律観念によって意味されているところである。秩序の象徴的な次元と、象徴体系の規範的な次元とを交互に強調しよう。象徴的という形容語を選んだのは、義務を言語で形象化できる多種多様な表示を唯一の表徴的概念のうちに包括できる特性をもつからである。それらの表示には、命令、厳命はもちろんのこと、忠告、助言、共通の習慣、創始的物語、道徳生活の英雄の模範的生涯、道徳的感情（尊敬はその一つにすぎない）への称讃、それと並んで、感嘆、尊崇、罪責感、恥、憐憫、心づかい、同情、などがある。そのうえ、象徴という語は、その語源によって、以上の義務の諸形態が共同体の成員相互の承認として働くことを想起させてくれる。われわれはこの先で、象徴的秩序の共有された局面に戻ろう。その前に、この象徴的側面を強調した後で、秩序の側面に足をとめてみたい。

秩序という語の下には、倫理・法哲学の最大の難問が隠れている。すなわち、この象徴的秩序に結びついた権威の地位であり、まさにそれこそ秩序を秩序たらしめるものである。権威はいくつかの特徴を含意している。第一は先行性で、秩序はわれわれ一人ひとりに先行する。次は優越性で、われわれは秩序を自分たちの上にあるもの、選好の首位にあるものとして位置づける、というより発見する。そこにおいて、より価値のあるものに触れたわれわれは、欲望や興味、要するに自分の選好を低い位置に退かせる。権威の第三の特徴は、それが次のような意味で、われわれの外部にあるように見えることである。すなわち、プラトン主義的な想起の考え方によっても、われわれにきっぱり命令するには、少なくともソクラテスのような覚醒させる人、しびれえいか、あるいはイスラエルの預言者たちのように峻厳な義の教師が必要なのである。要するに教えてくれる〈賢者〉が必要なのである。ここで思い起こされるのは、徳は教えられるものかどうかが、ソクラテスの初期対話篇の大問題であったことである。この点で、師弟関係は隷属協約も支配協約も含まない唯一の外部性の関係である。それは純粋に道徳的な他者性で、そのおかげで主として世代から世代への仕方で、あえて言えば広義の親子関係で伝達されるのである。以上の三つの特徴づけは、道徳現象学全体を謎に高める。つねにすでにそこにある権威はどこから来たのか、が問われるからである。周知のように、何人かの現代の思想家、主として政治学者は、デモクラシーの時代が超越的保証を失ったので、建国の空虚を埋めるという重大な務めを契約や手続きに委ねることから始まったと見ている。しかしデモクラシーにこの造化神的役割を負わせる人たちも、現象学の平面に身をおくとき、いわば建国の後に位置するので、権威の現象をその先行性、優越性、外部性の三本足で引き受けるのを避けることはできない、と私は考える。そしてガダマーの重要な所見と合致して、いかなる優越性もそのように承認されねば無力である、とつけ加えよう。とはいえ承認されるのが優越性にほかならないことは無論である。さらにこう言おう、現在まで持続しない先行性はなく、内面化によって補償されない外部性もない、と。とはいえこの相互補完性も、垂直方向の非対称性を廃棄しはしない。周知のように、その非対称性の謎は、ハンナ・アーレントが権威を権力から区別しようとするときに、彼女を大いに悩ませた。権力は共に生きようという意志に見合って、現在に生まれる、と彼女は言う。権威ははるか昔から、古代から由来して権力を「増大し」、いかなる権威も、年代を定められる始まりもなく、先行する権威から発するかのようである。おそらくそこでは、道徳現象学の平面に固執すべきであろう。カール＝オットー・アーペル流の遂行矛盾によって挫折するしかない、人為的な創始を援用するよりも、後期ロールズがするように、空虚な創始よりも創始の多元性を認めるべきではないか。その多元性は、ロールズが立憲デモクラシー、あるいはリベラル・デモクラシーと呼ぶデモクラシーにとっては、少なくとも有効である。またその多元性は、両立可能な道徳的源泉の重なり合う合意によって、またロールズが合理的な不一致と呼ぶものを合理的に実践することによっても存続できるのである。

以上の雑然としたコメントは、象徴的秩序の脆さについての省察へ、どうにか導いてくれよう。今こそこう言わねばならない、象徴的秩序の権威は、自己と規範とがもっとも強力に関係しあう場であるとともに、その関係の脆さの原理そのものである、と。責任の意味に随伴している傷つきやすさ全体は、たしかに次の困難さに要約される。すなわち、各人が行動、振る舞いを象徴的秩序に組み入れるのに味わう困難さと、大多数のわれわれ現代人、とりわけ社会的・政治的組織から排除されている人たちが、その組み入れの意味と必然性を理解できないことである。この象徴的秩序への組み入れのうちに、まさに人間的なものとして人間に賦与されているとわれわれが想定する能力を認めることができたなら、今度はその無能力の観点から、それに対応する脆さについて語ることができる。しかし行動社会学、もっと正確には、現代社会における義務との関係についての社会学に属する考察からは、比較的独立した道徳現象学の原資をもって、現実的能力を記述することができたのだから、同様に責任帰属の本質論よりも、習俗の歴史にいっそう重きをおかなければ、現代人の道徳的行動、とりわけそのもっとも脆い形の行動を悩ます無能力を語ることはできない。そうすると各人の力量は、その運用よりも安定しているかのようである。運用は理論的には、当の力量に比して不足しているものであるから。

この点から、道徳社会学という曲がりくねった道をすすむのに、象徴的機能がまとうさまざまな形態について、また象徴的秩序の観念のいろいろな含意についてわれわれが述べたことを、確かな案内役とすることができる。こうした考慮は、違反行為を法律的に罪名決定するだけでなく、被疑者が象徴的秩序に対して位置づけられる適切な等級を、裁く行為そのものに含めることが要請される判事たちにとって大きな助けになりえるが、その点は彼らの英米系の同僚とは違う。その場合、判事は義務を表象するレベルそのものでの欠陥を考慮する必要がある。すなわち、義務の命令に対する感受性の鈍さ、創始の物語との関与性の欠如、道徳生活の英雄たちに感化される力の弱さ、道徳感情を識別する能力の低さ、チャールズ・テイラーが「強い評価」と呼ぶもののエネルギー喪失、など。その企ての認識論的難問の数々を考慮するなら、ここでの私の課題は、こうした診断に着手することではない。それが属する学問に私は並走しているにすぎないのであるから。とはいえ次のことは確言したい。すなわち、すぐれた現象学が収集できた権威の現象の諸特徴を、われわれの道徳社会学が案内役として採用しないかぎり、現代の道徳性の様相が全面的に混乱していることとの中心的震源として、権威の観念の現代的危機を点検するのは不可能だということである。社会学だけが、調査、その他の方法でそれをするのに適格であるのは、社会学が象徴的秩序に属するコードを受容し、伝達し、内面化する仕方を、階層別、性別、年齢別に研究するからである。それは要するにソクラテス学派が〈徳の教え〉と銘うったものの社会学である。その教えは、周知のように、彼らがソフィストに刺激されて慎重に取り組んだテーマである。判事が精神医学者のように考慮しなければならない道徳的無能力についての細かな分析がどのようであれ、事例研究や階層別研究がすべて同じ焦点に、すなわち権威の伝統的源泉に対する信頼性の喪失に収斂しても、われわれは驚かないだろう。この点について、政治の領域にも、法律の領域にも同時に襲っているこの正当化の危機による現代のデモクラシーに課された務めに関して、政治学者や法学者の解釈が一致しないことはすでに述べた。われわれがこの危機への療法について態度を決めるとき、勇気を出して確信に代えて慣習をとるか、あるいは教条主義的でも一義的でもなく、ゆえに意図的に多元的で、伝統と革新を織りまぜようとする別の型の合意を忍耐づよく築き直すかの間で迷っているとき、われわれは行動社会学や道徳経験の現象学からさえも離れているのである。根拠づけの問題に対するこのような態度決定が、私の推奨し実践し始めた道徳経験の現象学の力量を超えるとしても、政治学者や法学者が一定の象徴的秩序に立脚して、「建国の権威」、「自己同定できる制度」、「人々を承認し、再統合する機能」（これらはアントワーヌ・ガラポンの著書『約束の番人』[*9]の章の題名である）といった観念にどのようにして内容を与えるかを問題にするや、この現象学は直ちに働き出すのである。

象徴的秩序に入るという原初的経験の記述をわれわれが前にそこから借用した同じ現象学が、現代の道徳意識の特徴である無能力の診断に続くこの再構築の段階で、われわれを助けてくれるだろう。

実際のところ、われわれは象徴的秩序の観念のあらゆる含意を汲みつくしたわけではない。われわれがついでのように言った、象徴的秩序に入ること――あるいは力量から運用への移行――は、象徴的秩序の観念の原資によって容易になるかもしれない。その観念をわれわれはまだ診断としては明示していなかったが、むしろ治療法に属するであろう私の分析の、この瞬間までとっておいたものである。象徴的秩序の観念の三つの特徴を強調しよう。それらは道徳的で法的な義務の力と脆さの特権的な場である権威の観念の厳格さを補償し、その治療法ともなろう。

少し前に、象徴という語の起源の一つに言及した。すなわち、承認のしるしとしての象徴である。たしかに分かちあえることは、象徴的秩序に属する。ここにきてわれわれは正統的カント主義から遠ざかる。なぜならカント主義は自律の観念の中心に立って、自己と規範の関係のモノローグ版を与えてくれるが、第二命法に乗じて、法則の尊重に、人間性の尊重を付加しないでおくからである。だがそこは、ハーバーマス、アレクシーのような普遍主義的思想家たち、マイケル・ウォルツァーやチャールズ・テイラーのような共同体主義的思想家たちが、普遍的なものと歴史的なものの境界で分裂する前に一致できる点である。

すなわち、倫理的法的秩序の象徴は、共有された理解に属するということである。この意味で、象徴的秩序に結びついた権威は一挙に対話的な様相を呈する。この点に関し、道徳経験のこの公共化を言うのに、ヘーゲルの承認の概念をもう一度取りあげてみることができる。象徴的秩序に入ることができるということは、承認の秩序に入り、象徴的秩序の権威の特質を配分し、共有する〈われわれ〉の内に自分を登録できることなのである。

二番目の位置にくるのは、英語圏の重要な思想家トマス・ネーゲルが倫理的生活の頂点におく概念である。それは公平の概念で、彼はそれを二つの観点をとりうる能力によって定義する。すなわちわれわれの利害の観点と、想像力で他者の見方をとりいれることができ、他のどんな人の人生も私の人生と同じ価値があると明言できる、より高次の観点である。その意味でこの概念は、人格的個別性の観念に関して先に言及した遠近法主義に対応するものを提供してくれる。ネーゲルはこの遠近法主義を否定しない。それどころか彼は、彼にとって重要な「二つの観点」のテーマのために精力的に闘う。われわれは人間として、道徳生活に劇的な緊張感を与える葛藤の場にあって、「二つの観点」説に拠ることができる。その意味で、カントはこの公平な観点に高められる能力を想定していた。というのもカントは道徳的主体に、自分の行動の格率を普遍化のテストにかけることを求めていたのである。彼は言うならば、義務の力を前提にしていた。トマス・ネーゲルが公平の原則の絶対的性格を評価しようとも、私はその原則を、今しがた述べた、共有された理解を補完するものとみなしたい。ネーゲルの原則は道徳的努力の片側だけをなし、一面性に対する勝利をなすだろう。しかしこの英雄的な側面も、それぞれの道徳的主体が同じ象徴的世界の価値を共有するなかで見いだせる支持なしですまされるだろうか。

共有された理解と公平の能力との相互補完性が私に、象徴的秩序に入るための二つの実践的な方式が交叉する点に位置しようという考えを抱かせた。それは共有された理解に対する個々の観点の間の公正な距離という考えである。アントワーヌ・ガラポン同様私も、この公正な距離という考えは、裁判の機能に重点をおく法哲学の概念装置において戦略的な位置を占めると確信する。われわれ二人にとり、この公正な距離という考えは、訴訟で係争中の当事者たちの中間で判事に割り当てられる第三者としての位置を規制することになるとともに、訴訟における事実に対し時間的・空間的に距離をおくことにもなる。後者の場合はその事実を、明らかな苦痛や被害者が表明する復讐の訴えによって直接にひき起こされ、さらにメディアによって増幅される過度の情動から引き離すためである。それはまた、法を宣告する言葉によって確立される被害者と犯人との間の公正な距離でもある。さらにそれは連続した公的空間内で受刑者のために、当人が排除されている社会の他の人たちとの間にとっておかれるべき公正な距離である。この公正な距離という考えは、裁判の領域と政治の領域、より正確には、デモクラシーの諸問題を結びつけるゆえに価値がある。メディアの現代風の好みに合わせた直接的デモクラシーの夢は、代表制デモクラシーの特質である制度的媒介に対する侮蔑を意味すると同じく、メディアが涙と血をたっぷり流させる世論によって促進される迅速な裁きを求める叫びを意味する。この意味で、公正な距離を獲得することは、裁判を受ける人と同時に、われわれ各人の中の市民にも関係する。

序論で述べたことをくりかえして結びにすることができる。すなわち、自律と傷つきやすさとは、逆説的ながら、同じ言論の世界、権利の主体の言論の世界で交叉するのである。ただ次のことをつけ加えよう。思弁的な解決はないので、媒介を実践することに立脚したプラグマティックな解決だけが開かれている。基本的な能力と無能力とを述べたときに、次いで物語的自己同一性の落とし穴や、独自性と社交性の葛藤を述べたときに、最後に、ずっと長く法の支配が表現されている象徴的秩序に入っていく過程で出会った助けを述べたときに、その解決を前もって示しておいたのである。可能性の条件として、ならびに果たすべき務めとしての自律という逆説の両極の間に、さまざまな実践的媒介物が存在している。われわれの行動能力を悩ませる無能力に関連して、その媒介物のいくつかにわれわれは言及した。また物語的自己同一性の矛盾に関連して、他の媒介物についても述べた。その矛盾は、記憶と歴史の間に批判的な関係づけをすることから出てくるのである。

権威の逆説(1)

私はこの講演の題を「権威の謎」または「逆説」とするか、あるいは「権威のアポリア」とするかで迷った。謎と言うのは、権威の観念には、分析した後にも不透明なものが残るからであり、また逆説、さらにはアポリアとまで言うのは、解決されない一種の矛盾が、結局は権威を正当化するむずかしさ、さらには不可能性に結びついたままだからである。

とはいえ概して、この概念を定義するのは比較的容易である。『ロベール仏語辞典』によれば、権威とは「命令する権利、服従を課す（承認された、またはされない）権力」である。したがって権威は一種の権力、命令する権力である。こうして命令する人たちと服従する人たちを対決させる概念の非対称的で、位階的な側面が一挙に強調される。しかし権利、命令する権利にもとづく奇妙な権力であり、その命令す

(1) このテクストは一九九六年十一月リヨンで行われた講演である。これは次の書に収録。*Quelle place pour la morale?*, Edité par les soins de la Ligue de l'enseignement, du journal *La Vie* et des Cercles Condorcet, Paris, Desclée de Brouwer, 1996, p. 75–86.

る権利は正当性の要求を含意している。現に存在する権力がすでに正当と認められているかぎり、面倒な問題は起きない。彼らは権威を行使していると言われるどんな人の場合もそうである。せいぜいのところ、彼らがこのような権威、すなわち服従させる能力をもつことだけが求められる。たとえば権威に欠ける公務員が話題になるだろう。しかしわれわれはこの能力の問題の背後に隠れている正当性の問題を避けて、個人心理学、あるいは社会心理学に逃げこんでしまう。最高に権威を賦与されている個人でさえ、どこから、誰からその権威を得たのかと訊かれると、とたんに口ごもり始める。たいていの場合、彼は自分より高位の権威を名指して答えるだろう。すなわち、彼より高い地位にあり、そのために権威と呼ばれる個人や制度である。権威という言葉で、すでに確立された権力の諸機関の全体、すなわち、立法の権威、行政の権威、司法の権威、軍隊の権威などを意味する。そうすると権威という語が指し示すのは、権力をもった当局に具現される、現に存在する「実定的」制度、すなわち制度の名のもとに権力を行使する人たちである。それゆえにその人たちは、まさに政府当局と呼ばれるのである。さらにまた、公的権威の行為が強いる強制的な力は無視して、法の権威について語るなら、われわれは権威の定義のすべてをほぼ一巡したことになろう。換言すると、その定義は権威という語の一貫した多義性の全体をなすもろもろの意味なのである。おおよそのところ、こうした定義は、通常何らかの制度的権威や、その権威を具現する擬人化された権威をまとう公務員には十分である。公務員自身も命令することができる。なぜなら彼は服従しており、彼の上位にはそのものずばりの権威が、つまり最初の定義にある、「命令する権利、服従を課す〈承認された、またはされない〉権力」が君臨しているからである。それでも、意地悪ではないにしても、次の問いがこっそりと思いうかぶ。〈結局のところ、権威はどこから由来するのか〉。

実のところ、われわれは実詞から動詞へ、すでに確立し制定された実詞的権威から、権威を与える(autoriser)行為へ、いつのまにか移ってしまっている。それは興味ある移行である。というのはその移行は、同義語の視点から、accréditer（信頼するに足る）という動詞に含まれる本質に導くからで、その動詞をわが国の辞書はすべて動詞 autoriser に連結する。どうしてこの移行が興味あるのか。それは視線を権威の定義の盲点に向けさせるからであり、その盲点は権力、命令する、服従するといった語にはなく、……の権利という語に存するからである。しかもその盲点は、『ロベール仏語辞典』の欺瞞的な括弧の中に、服従を課す承認された、またはされない権力、として隠れているのである。

命令する＝服従するの対は、相互作用の一定の構造を示すものとして、事実から権利へ移行させるもう一つの対と二重になる。一方でわれわれは命令する者の側から、……する権利をもっており、それは単に服従させるという能力を超え出る権利である。というのもその権利は、それなしには服従させる権力も単に支配するだけの事実に還元されてしまうような正当性を与えてくれるからである。他方でわれわれは何を見いだすか。上司の命令する権利に対し、部下が与える承認である。『ロベール仏語辞典』をもう一度見ると、「承認された、またはされない権利……」とある。この「またはされない」で、定義のまん中に、疑いが入りこんでくる。正当性と承認の両極性を、今度は、信頼の語彙に転写してみよう。少し前に、動詞 autoriser の定義「権利を与える、信頼するに足る」によって、それを暗示したわけである。以後われわれの興味をひく対の語は、信頼するに足る＝信頼する（accréditer）であり、そこで信頼（crédit）の語が軸になる。

事実この信頼するに足る＝信頼するの対が、われわれを謎の深みに引き入れるのである。このように命令する側の信頼性と、服従する側の信頼の両方を照合しなかったら、権威というものが暴力なのか、納得ずくなのか区別できないだろう。そのことに、ハンナ・アーレントは「権威とは何か」*What is Authority?*という疑問符のついた題の論文の冒頭で言及しており、後でそれをもう一度とりあげよう。たしかに権威は服従を強いる権力として、暴力と境を接している。とはいえまさに権威を暴力から区別するものは、少なくとも正当性を名乗る性質に結びついた信頼性であり、それに対応して、私に服従を課す上司（制度であれ、個人であれ）が保持する権利を承認するしないに結びついた、信用、信頼である。権威を納得することの果たす役割には、いっそう微妙なニュアンスがある。というのは、信頼性を伝達するなかには納得が、したがってレトリック的な要素があるからである。しかし納得は「平等を前提とし、論証の過程を通して働く」とアーレントは述べる。しかし権威は、命令する者と服従する者との間に、何ほどか位階を、非対称的な上下関係を保っている。したがって優位を承認することは、支配を緩和することであるが、それは支配を暴力から区別するとともに、納得からも区別することによってである。

今やわれわれの議論は、信頼可能性と信頼または信用との対がもたらす明確さによって枠組みができた。この対は、部下に服従を課す権威の権力を、部下が承認するかしないかを決めるものである。われわれはこうして正当化の過程の堅い核に、あるいは不透明な中心に入りこむことができる。権威はその正当化を利用して、信頼が権力を受け入れるかどうかの条件づきで、権力を信頼させるのである。

そうするとなぜこの信頼可能性と信頼との間の信用関係が厄介な、面倒な問題になるのか。なぜならわれわれが部下であろうと、重責を担っていようと（あるいはいわゆる権威をおびていようと）、権威が何を権威づけるのか、もうよくわからないからである。おそらくその問題はつねに存在していたのだろうが、今日われわれは正当化の危機、言うならば権威、制度や権威筋に対する信頼不可能性の危機のただ中にあると感じている。その危機は、信頼させる、つまり服従を課す事実上の権力を授けられている個人であれ、制度であれ、誰に対しても優位を認めることへの一般的な黙秘によって強調されている。その感情はとても強く、ハンナ・アーレントの論文なども、次のような文章で始まる。「誤解を避けるには、権威とは何か（*what is*）ではなく、何であったか（*what was*）、もはや何でないか（*and what is not*）という表題で問うのが賢明であったろう」[2]。それに続けて彼女はこう記す。「権威は現代世界から消失した（*has vanished*）」。それでもよい。だが権威はもはや過去のものだとして、暴力と、多少とも欺瞞的な納得ずくとの混合物が、それにとって代わったのかもしれない。しかしほんとうにそうなのか。権威は、かつてもっていた何かを保持しつつ、むしろ変貌したのではないか。この第二の仮説を私は模索しつつ、それを主張してみたい。

それに首尾よく成果を挙げるには、まずもって失われたものは何かについて同意する必要がある。その問題を解決するためとはいわぬまでも、少なくとも問題を正しく提起するために、私はジェラール・ルクレールの著作『権威の歴史』[3]に助けを見いだした。彼もまたこう書き出す。「権威はかつてのようではなくなった。かつて権威は言説を正当化する原則であった。今日それは合法的権威の存在様式を意味する」（p. 7）。ここから次の作業仮説に注目しよう。それによると、正当化には二つの焦点があり、その一つは著者が発言の権威と呼ぶもので、もう一つは制度的権威と呼ぶものである。そこから「文化的発言の付与と信用の系譜」という副題が出てくる。そこで一方には象徴的権力がある。すなわち、発言者の、「著者」

（2） Hanna Arendt, « What is Authority ? », *Between Past and Future*, Penguin Books/Viking Press, 1961（rééd. 1977）.

（3） Gérard Leclerc. *Histoire de l'autorité, L'assignation des énoncés culturels et la généalogie de la croyance*, Paris, PUF, coll. « Sociologie d'aujourd'hui », 1986.

の象徴的権力で、信用をうみだし、納得をつくりだす。また文書や発言の象徴的権力で、納得させ、信用をうみだす。他方には制度に結びついた権力がある。すなわち「権力が指導すると主張する人々に服従を課す、個人または集団が行使する合法的な権力」である。これはまさしくわれわれの最初の定義の枠内にある。われわれはただ正当化の過程の起源を二分しただけである。すなわち一方には、象徴的権力の源泉である言説があり、他方にはその枠内で権力を行使する人々にとっての正当性の源泉である制度がある。しかしながらもし、言うならば書かれたものの権威から、著者のいう、もはや哲学的概念でなく、社会学的概念となった権威へと領域を移してしまったら、ジェラール・ルクレールのテーゼは有効であろうか。

権威に本来政治的な概念を見て、その起源をはっきりとローマに、すなわち古代ローマ帝国に位置づけるハンナ・アーレントの助けをかりて、私は次のような考えを提案したい。歴史的に起こったことは、もっぱら言説にもとづいた権威から、もはや制度的でしかなくなった権威へと、全面的な非正当化のリスクを冒して交代したのではなく、言説的と制度的の組み合わせで決定された歴史的形態が、同じ組み合わせの別の形態に交代したのである。消滅した権威では、言説で告知する権威が優勢であったとするルクレールのテーゼは正しい。しかしいまだかつて制度的権威のない、もっぱら言説的なだけの権威があったことはなく、今日でも、言説的な種類の象徴的な協力や支持のない、もっぱら制度的なだけの権威もない。これが私の提案したいことである。

かつて存在したが、今日ではもはや存在しない、言説が優勢な権威という理念型は、中世のキリスト教世界の理念型である。それを受け継ぎ、それにとって代わると主張した理念型は、〈啓蒙主義〉*Aufklärung*、より正確にはフランス啓蒙主義（Lumières）の理念型である。事実これは中世キリスト教世界の理念型と同じ言説的地盤に立っていた。しかし現代のわれわれの危機は、啓蒙主義時代の理念型がその信頼性の多くをうしなってしまったのだから、いっそう複雑である。それを証言するのは、ポストモダンの現代的論説である。したがって危機は二重である（あるいは二重底、二段階と言ってもよい）。つまりキリスト教世界の理念型の信頼喪失を引き起こしたものの非正当化の危機を経由して、われわれは中世キリスト教世界の理念型の信頼喪失の危機を、いわば再経験しているのである。この複雑な歴史に関与する前に、次の一点を強調させていただきたい。私は年代づけられた歴史的形態としてのキリスト教世界を、キリスト教そのものと同一視しない。というのも、われわれがキリスト教世界と名づける、きわめて特殊な歴史的形態をうみだす中にあっても、キリスト教は枯渇しなかったし、とりわけその宗教的な信頼性を消尽しなかったからである。キリスト教世界については、その理念型は実現したと同じだけ夢想されたものだった、とあえて言おう。それだからこそ私は正確に理念型と言うのである。その理念型はもはや存在しないというだけでなく、歴史的にはその理想通りにはけっして存在しなかったと言うべきであろう。のみならずキリスト教世界の理念型を、その没落直前に、したがってディドロ、ダランベールの『百科全書』という別の権威の資料体の出現直前に取りあげるなら、そのモデルはすでに死にかけており、それ自体の硬直性によって予告された死刑囚であったことを認めねばならない。

キリスト教世界の理念型に結びついた権威は、優先的に言説的権威であったこと、それは〈聖書〉に、また〈聖書〉に立脚した伝統に与えられ、認められた権威からも明らかである。しかしこのモデルがフィロゾーフたちの陣営から来る打撃には脆いことを示すいくつかの特徴は、強調するに値する。要するにそのモデルは、それ自身が導入された歴史を忘れてしまったモデルとして、すでに制度化されたものとして機能しているのである。そういうわけで、〈聖書〉の列聖化はすでに起こっていた出来事、そして昔から既定のこととされた出来事であり、そのことは、権威ある注釈つきの聖典と、その他の世俗文学との間のはっきりした断絶を意味していた。〈聖書〉の権威について言えば、それはすでに、そして永遠に〈聖霊〉の霊感と同一視されている。神自身がその作者とみなされているのであるから。新たな言説はすべて、前もって正統と異端に分類されてしまっている。そのうえ異教の古代文明に由来する古典のリストはすでに作成されていて、聖典に対して従属する関係におかれている。聖典はそれ自体、権威づけられた〈権威〉*Auctoritates* なのである。

さて、この〈聖書〉とそれに依拠した権威は、〈教会〉の制度的な権威と絡み合っており、〈教会〉は十七・十八世紀にはそれ自体権威として確立し、いかなる正当な異議申し立てからも免れていた。教会の教導権は伝統の発展を統制し、伝統の権威が〈聖書〉の権威に加わった。同様に教導権はいかなる新たな言説も統制し、それの正統性の度合いを評価した。大学とその聖職者たちの制度的ネットワークを通して、〈教会〉は思想を統制し、支配的な言説で神学を制定した。それとの関係で、アリストテレスのような異教の師の言説や他の権威筋 *Auctoritates* の言説は、教会の権威によって権威づけられたのである。

以上、すでに確定した特徴を戯画的に強調してみた。その特徴によって伝統の観念は、やがて啓蒙主義哲学者たちの批判の標的となる。しかし共どもにキリスト教世界のほとんどノスタルジックな理念型をとなっていた言説的権威と制度的権威を、われわれは公平に見て、化石化したモデルとして提示することができる。前述のように、それは自らの発生の歴史を忘れ、いわば消してしまい、また啓蒙主義者による理念型の敵対的な検討をのりこえて再興させられるような、創造性の本来の資源を圧殺してしまったのである。実際にはそうした資源のいくつかは、啓蒙主義の批判によって実際に解放された。すなわち、〈新約聖書〉の形成や〈原始教会〉の誕生に結びついた意味の貯えとか、抹殺された多元主義に結びつき、さらには言説的とも、制度的とも呼んだ権威のレベルで起きたあらゆる種類の変質による富などである。とはいえここで今力説したいのは、こうした面でなく、むしろ次のような面である。以上で描いたような、言説的権威と制度的権威と呼んだものが、唯一で同一の層から発生したという図式の重要な修正を今度はおこないたい。教会制度が〈聖書〉そのものに基礎をおいていると宣言され、今日でもそう宣言され続けているのであるから、ある意味でそれは真実である。とはいえ歴史において実際に形成されたままの〈教会〉の制度的権威が、はたして聖書的権威と異なる起源の恩恵を受けなかったかどうかが問題になる。

まず教会制度と聖書との間に樹立された循環的な関係を重視する必要がある。というのも、聖書の正典の枠を定め、そして以後は、正統または異端とみなされねばならないように権威をもって決定し続けたのは、やがて〈教会〉となるべき制度であったからである。したがって象徴的権威の本拠である伝統を、至上権をもって管理したのは制度的権威である。しかしもっと重大なことがあり、そこでハンナ・アーレントの論文「権威とは何か」をここで参照したい。教会の権威もまた、権威の本来政治的な起源、すなわちローマ帝国の起源を継承し、またその恩恵を享受しなかったかどうか、アーレントにならって問うことができる。この問いは重要である。なぜなら、もしそうであるなら、またまさにローマ・カトリック教会と呼ばれる〈教会〉が、その権威をいく分か政治的モデルから引き出しているということが真実なら、次のように問うことができよう。本来聖書的な権威の衰退、換言すれば、聖書やその著者たちの信頼性の衰退は、ローマ帝国が〈教会〉の本来宗教的な権力との結びつきから解放されるや、ローマ帝国から発していた権威の一部も空位のままにしてしまったのではないか。そしてこの権威の一部はそのために、他の永続的な対象にとっても利用可能になり、そのおかげで、今日われわれは神学的政治時代の終わりにいるのではないか。そのことを私はこの講演の最後で示唆したい。

政治的権威が明確な根源をもっていることは、主権の歴史全体によって証明される。ポリスの側からの権威の要求は、プラトンであれ、アリストテレスであれ、古代ギリシア人の政治哲学の核心にある。人々を統治するには安定性、持続性の要因が必要で、個々の人間の変転する生活をこえて、世代交代を管理できなければばならない。人と財の安定と安全の源で、法を有効に執行する能力をもつ、これが *politeia*（市民国家）でなくてはならない。ところがそれはローマならぬギリシア思想にとっては逆説的にならざるをえない。その逆説は、自由人の間にも位階づけをしようとする企図にある。この逆説はギリシア人の全政治哲学によって極点にまで高められた。それゆえに権威にまつわる事柄も言葉も、ギリシアでなく、ローマのものなのである。ギリシア人は平等な人々の間の位階という逆説を言い表すのに、隠喩しかもっていず、それらはいずれも不適切である。すなわち、水先案内人、奴隷の主人、医者、家長、演説者、陶工、賢者、など。アリストテレスは『政治学』で、「いかなる政府も統治者と被統治者とから成る」と言明する。だが彼はこの承認された考えを、次の別の主張と調和させる術を知らない。「国家は平等な人たちの、潜在的には最良である生のための共同体である」。政体は、政府が一人に属するのか、それとも数人にか、多数の人々にか、に従って異なることはありうる。しかし命令する権力の起源は「政治的生」（*bios politikos*）の謎のままである。アーレントが書いているように「ポリスの頽廃を阻止し、哲学者の生活を保護することのできるような権威の概念を見つけ出すためのギリシア哲学の壮大な試みは、政治的生の領野で直接的政治経験にもとづくような権威についての自覚（*awareness*）がなかったという事実につまづいた」（*Between Past and Future*, p. 105）。この自覚、この「直接的政治経験」をもったのはローマ人のみで、都市《ウルブス》の建設、ローマの建設（*ab urbe condita* 都の建設以来）という建国の聖性の形象においてであった。こうして、いくつものギリシア都市が、さらにはディアスポラの全都市までもが存在したが、ローマは唯一つしかなく、ウェルギリウスやティトゥス・リウィウスは、その独自で独特の聖性を祝福した。建国とその過去とを結ぶ絆は、これらラテン詩人たちによって、まさに *religio* と名指された。アーレントはティトゥス・リウィウスの『年代記』四三巻一三章を引用している。

私が昔の出来事（*vetustas res*）を記したとき、どんな関係（*quo pacto*）によって、私の精神が昔のようになったか（*antiquus fit animus*）は知らないが、何かの *religio* が私の精神を捉えた（*et quaedam religio tenet*）。

建国のエネルギーの経験と呼べるようなこの経験の密度に比例した謎の深さがこれでわかるだろう。建国はそれ自身と、その古代性とを、いわばみずから権威づける。権威の伝統は、建国そのものの起源以来、建国の出来事の伝達（transmission）という意味の伝統（tradition）の権威と同一である。このように正当化するのは神話的であると非難されよう。そうかもしれないが、まさしく問題はいかなる権威も創建の神話、モーセ、リュクルゴス、ソロンのような擬人化された創建者の神話に結びついた、創建の出来事の神話から発したのではないかどうかである。そうすると権威の逆説は、先在性と逆説性と優越性とが積み重なったものとして出てくる。ギリシア語にはそれに匹敵するものがない、ラテン語の *auctoritas*（権威）は、その語源において、この創建のアウラのようなものを媒介している。というのは動詞 *augere* は「増大する」を意味するからである。増大する力をもつもの、それは創建のエネルギーである。たとえばティトゥス・リウィウスは *conditores*（創建者）を *auctores*（権威者）として語る。この増大といわれるものは、キケロが『法律について』*De Legibus* 3. 12-38 で引用している有名な文言に見てとることができる。「力（*potestas*）は人民に（*in populo*）あるのに対し、権威（*auctoritas*）は元老院に（*in senatu*）にある」。この元老院という言葉で、古代人は創建のエネルギーの伝達者を指した。*Auctoritas majorum*（元老院の権威）は普通の人々の現在の条件に、その重み、その威厳（*gravitas*）を与える。

権威は過去においてその唯一の源泉として、啓示宗教が援用する聖典も、〈聖書〉に立脚すると宣言する教会制度さえもたなかったが、明確な政治的源泉はもっていたという考えを提起しようとして、われわれはこれまで十分に語ってきた。それはわれわれ西洋人にとっては、ローマ的源泉である。それは宗教的でもあるが、ただし創建のエネルギーを媒介する伝統に内在する信頼の絆という意味においてである。そこから西ローマ・カトリック教会自体がローマ的であるという仮説が由来する。それは使徒ペトロのゆえだけではない。ペトロは、帝国（*imperium*）の本拠、制度的権威の政治的起源の本拠であるローマに連れてこられたからでもある。それで歴史的キリスト教世界の挿話は、ローマ建国の *auctoritas* と、〈聖書〉において創建されたとみなされて制定された〈教会〉の権威の融合としての意味をもつ。この合体のおかげで、ローマ教会はその歴史を通して、原始キリスト教的信仰のもつ反政治的・反制度的傾向を抑制することができるようになるのである。のみならず、ローマ帝国が蛮族の攻撃を受けて崩壊してしまうと、ローマ教会が〈帝国〉の遺産を救いだし、そしておそらくそうと知らずに、まさしく啓蒙主義時代をのりこえてそれを保持することができたのは、教会内の事件以外の事件のためであり、キリスト教世界の理念型の宿敵が、今日見られるように衰退の時代に入ったためである。こうしてキリスト教世界の理念型の二つの起源説は、このキリスト教世界の衰退だけでなく、それに頑強に敵対していた啓蒙主義、より正確には、『百科全書』で反聖書的として言明されていたフランス啓蒙主義の衰退をも教えてくれる。

今度は啓蒙主義の理念型についてみると、『百科全書』の哲学者たちは、衰退にさしかかっていたローマ・カトリックの正統教義の擁護者たちと幻想を共有していた、とまず言わねばならない。すなわち戦うべき権威はすぐれて言説の権威だったのであり、権威と戦うべきは主としてこの象徴的基盤においてなのであった。本来政治的な領域でアンシァン・レジームの制度的権威に挑むのがフランス革命の思想家たちの仕事であった。それゆえ人民の力が脅かされて、その増強を、その権威（*auctoritas*）を求めるようになった時代に、ローマモデルが再興したのは偶然でも、奇妙なことでもない。

制度的権威に二つの根源があるという仮説を正当化するのは、中世には一元性が夢想されたけれども、王権と教権の二元性がのりこえられなかったという事実であろう。最善の場合は、二つの権力とそれに対応する二つの権威は互いに助け合った。一方の教会的権威は他方に聖油で聖別し、政治的権威のほうはその返礼に、前者に世俗的権力による承認を与えた。聖油プラス承認、この対の語は分裂した神学的政治の実践的機能をもっともよく果たすことができた。

しかし啓蒙主義の理念型については、まさに権威の原則のところで、しばし足を止めてみよう。ボシュエに体現された正統教義と、ディドロやダランベールの『百科全書』の普及と結びついたこの正統教義打倒との間に、共通なものは何もなかったと考えてはならない。ジェラール・ルクレールは権威の歴史についての著書で、象徴的・論弁的・文書的権威、要するに言説的権威に中心をおいたアプローチの範囲内で、権威の危機に長い二章を当てている。そこには「再発見され、次いで再び見失われた古代人」(p. 139) の歴史が語られる。すなわち、エラスムス、モンテーニュ、宗教改革、デカルトとデカルト主義者たち、パスカルとポール・ロワイヤル、スピノザ、『アウグスティヌス』をめぐるジャンセニウス事件、新旧論争、など。すべては発言、文書、印刷、読書の領域で起こり、前述の教会の聖別、政治的承認という二つの領域を避けていた。その意味で長い間そこは手つかずのままのように見えた。キリスト教会の理念型は、防御側にいる優勢な正統教義の支持者たちの目には、不変不動のままと見えていた。

それゆえ、啓蒙主義――少なくともフランスの啓蒙主義――の理念型と、十八世紀末のキリスト教世界の理念型とを、一対一に対立させるのは見当違いなどではない。注目すべきは、『百科全書』が二種類の権威、すなわち一方の政治的権威と、他方の「言説と文書」の権威との区別を知らないわけではないということである。そのことを指摘するルクレールは、ディドロの署名のある政治的権威の項目は、自然権の政治理論の記述であると記している（p. 219）。ただしルクレールはすぐにこうつけ加える。「だがそのことはわれわれに直接の関係はない」（*ibid.*）。彼がこのように区分するのは一部正しい。というのも『百科全書』にとり、肝腎要の舞台は「言説と文書における権威」にあるからである。そしてたしかにこの平面で、言説的権威の新しい形が形成されるのであり、それは聖典のように他の言説や世論に対して絶対的に超越していることで権威があるのでなく、その権威はひたすら著者の信頼性に尽きるのである。ジェラール・ルクレールが着目する『百科全書』の「権威」の項目の何行かを、以下に引用しよう。

言論の権威という言葉で私が意味するのは、語ることが人に信じられるという権利である。そこで、語ることが信じられる権利をもてばもつほど、権威があるということになる。その権利は、語る人に認められる学識や誠実さの度合いにもとづいている。学識は当人が間違うのを防いでくれ、無知から生じるかもしれない誤謬を斥けてくれる。誠実さは他者を欺くのを防ぎ、悪意から信用させようとする嘘を抑える。それゆえ言論の権威の真の尺度となるのは、啓蒙主義であり、誠実さである。これら二つの質は何よりも必要である。最高に学識をもち、賢明な人といえども、あの人は腹黒いとなると、ただちに信用に値しなくなる。もっとも敬虔で、聖潔な人といえども、自分の知らないことを語りだすや、同じようになる……（p. 215）。

もっと根本的には、権威という語の意味が、教会の権威にとり囲まれて伝統と同一視されるのに応じて、それに真っ向から対立するものが立ちはだかり、そこでは理性——理性の権利——が権威に反対する。このようにして両方の理念型を一対一に対立させることができよう。神学に支配されている中世の知識の位階に対立するのは、アルファベット順に無秩序に並べられた辞書の各項目の分散状態である。厳密に神学的な項目は用心深く正統教義的であるが、「語、言表、知識の相互テクスト関連性」(G. Leclerc, p. 217) による照合作用によって、水平化されてしまう。この照合作用というものの背信的巧妙さは、『百科全書』の項目で、ディドロ本人によって認められているのである!

必要とあれば、それら項目はまったく反対の効果を産み出す。それらは諸概念を互いに対立させる。それらは諸原則を対立させる。それらはけっして表向きには軽蔑しないが、何らかのばかげた意見を攻撃し、ゆさぶり、ひそかに覆してしまう……(G. Leclerc, p. 218)。

以上でわかるように、権威は変動することができるし、またそうしなければならないが、他方、権威は信頼の絆として、堅固なままでいなくてはならない。信頼性と信任の対についてのわれわれの最初の定義は、たえず表面に立ち帰ってくる。それを結論で想起しなければならないだろう。

以上述べたところから、政治的権威に関する論争は別の舞台でなされねばならないだろう。すなわち、思想、表現、出版の検閲と自由という舞台である。ヨーロッパの啓蒙主義全体が、キリスト教会の「教会一致」運動の予型成就である、カントが *Öffentlichkeit*「公開性」と呼ぶもののための闘争に巻き込まれてしまった。この別の舞台とは本来的に制度的な権威の舞台、すなわち国家の舞台である。

フランス大革命は実際にどのように権威の問題を扱い、この点についてどんな遺産がわれわれに残されたか。そのメッセージは混乱したままであると率直に認めねばならない。一方でわれわれは権力の唯一の源泉しか認めないという強固な意向をもっている。すなわち、人民の権力、主権をもつ人民のこの意志、唯一不可分の意志とみなされる人民の権力である。そしてフランス大革命はそれを考えるための思想家たちをもった。ピエール・ノラがその浩瀚な編著『記憶の場』を、暦をゼロ年から再び始めさせるという彼らの狂気じみた着想で始めたのは正当である。彼らはすべてを抹消し、無から再開する。ハンナ・アーレントの用語によれば、それは古代人の権威を欠いた人民の権力である。あるいはそのほうがよければ、それは権力から発する権威で、それ自体、一般意志と同定される。哲学の用語では、それは道徳面での自律に、政治的に匹敵するものである。自由はみずからにその法則を与える。契約主義的モデルに訴えるのは、そこから由来する。そのモデルの機能は、やはり権威を権力に吸収してしまうことである。この点に関し、人民がみずからに権威を与える、自己言及的な権威づけということが言える。しかしそれを道徳的自律と並行させるのは有効であろうか。道徳的自律はそれ自体難解な問題を負わされているのではないか。そのことは、ア・プリオリな総合判断の基礎づけを「理性の事実」(*factum rationis*)として扱わざるをえなかったカントの困惑が証明している。すなわちそれによって自由が法則をみずからに与え、法則が自由から発する、というア・プリオリな総合判断である。

理性の事実に政治的に匹敵するものは何であろうか。この難問に、政治的権力とその主権の起源についての契約主義的理論はすべてつまずく。

歴史的に言うと、主権の自己基礎づけを実践する条件は、きわめて厳しいことがわかる。つまりルソーが『社会契約論』でそうしているように、唯一にして不可分の一般意志を、個々の意志の総和と区別しなければならなかった。のみならず、この一般意志を、啓蒙されているだけでなく、絶対に無謬で、ゆるぎないものとみなさねばならなかった（そのためフランスではつい最近まで、絶対無謬の人民の名においてなされる重罪院の判決を超えた訴訟はなされなかった）。しかしながら何にもまして大革命は、革命権力に安定と持続を与えることのできる憲法の形で、この無歴史的な社会契約に歴史的等価物を与えることには成功しなかった。これこそヘーゲルが『精神現象学』で、恐怖政治を法則なき自由として非難し、告発したことである。ルソー自身も、創建の立法者の姿に訴えて歴史時代に社会契約を登録することのむずかしさを自覚していた。その原則を正当化することと、その正当性を事実として登録することとは別である。それはマキァヴェッリ以来知られていることである。マキァヴェッリは正当化の問題にではなく、創建の問題、より正確には、この権威の語用論の軸である、創建者の問題に興味を奪われていたのである。そしてここにおいて、古代人の権威の問題が再び現れる。フランス大革命の最中に、共和制ローマや帝政ローマの形態がモデルとして、範型として立てられ、大挙してもどってくるのは、けっして偶然ではない。権威の歴史は明確で、累積する源泉として働いているかのようである。その源泉は、束の間の、脆い、はかない現下の権力に対し、新しさはそれに確約できないが、権威の過去の歴史のみが賦与しうるアウラを与えることができるように見える。エマニュエル・ル＝ロワ＝ラデュリーが雑誌『コマンテール』[4]に掲載した論文で好んで引用する現代の著者グリエルモ・フェレーロ[5]は、権威の古さのみが権威を与えるという説を大胆にも主張する。事実、権力獲得闘争に勝ち残った革命、確定した革命が継続していけるのは、その

（4） Emmanuel Le Roy Ladurie, « Sur l'histoire de l'État moderne: de l'Ancien Régime à la démocratie. Libres réflexions inspirées de la pensée de Guglielmo Ferrero », *Commentaire*, n° 75, automne 1996, p. 619–629.

（5） Guglielmo Ferrero, *Pouvoir, les génies invisibles de la cité*, Paris, Le Livre de poche, 1988.

革命がみずからの古さを権威の論拠に変換したゆえにである。私としても、権威の前史を自分に有利なように資本化することに成功しなければ、いかなる権力も安定と永続性を確保できない、と考えるのにやぶさかではない。

議論をそこまでにとどめられるか。古さの神話となった創建神話は、正当化の合理的な必要にとって代わることができるか。承認の要因のおかげで、権力の信頼性が信頼させる行為と弁証法的に均衡させられるなら、権威の定義から承認の要因を取り除くのを甘受できようか。ところが、支配の位階的な関係の中心で、権威と暴力の究極の違いをなすのは、この信頼という性質をもった絆なのである。そうすると結局何を信頼するのか。権威それ自体か、権力の古さか、権威の伝統に等しい伝統の権威か。エマニュエル・ル＝ロワ＝ラデュリーが伝えるタレイランのシニカルな告白にもかかわらず[6]、正直いって私自身決めかねている。それともラディカルな解決として、クロード・ルフォールとその学派のように、われわれが自己権威づけ、自己言及的権威づけと呼んだものに内在するあらゆる弱点をかかえたデモクラシーの運命として、創建の空隙を引き受けねばならないのか。ここでも私は抵抗するし、譲歩はしない。それとも信頼の観念にいっそう信頼して、後期のロールズにならって、宗教的で世俗的な、合理的でロマン主義的な諸伝統の多元的基礎づけ、多様性を認めるべきなのか。その多様性は「重なり合う合意」と「合理的な不一致の承認」という二つの原則の後援のもとに混ぜ合わされるにふさわしいものとして、互いに承認しあうのである。この二つの原則の枠内で、〈聖書〉の権威と教会制度の権威に対して、ある役割が再発見されうるだろう。しかしそれはキリスト教世界の失われたパラダイムに再び活力を与えるようにではないだろう。むしろ問題は、キリスト教共同体が、異質の伝統と開放的に競合しつつ、それ自体もやはり守られなかった約束によって再活性化され、共に創始するための役割をこだわりなく引き受けるところにある。最後に

——そして最後のコメントだから意味に乏しいというわけではなく——〈不一致《ディセンサス》〉に、また既存の権威に対する信頼性の申し出に対して信頼することの拒否で応答する権利に、場所がとっておかれねばならないだろう。場所と役割とが、まずまずの周辺的地位にも認められるような、この計算されたリスクは、結局、信頼の——信頼させる——観念そのものの一部をなしているのである。

（6）「正当な政府は［…］つねにその存在、その形式、その行動様式が長い年月の継続によって、そしてあえて言えば、古くからの掟によって強化され、確立されたものである。［…］国家権力の正当性は、古代の所有状態の結果である」（« Sur l'histoire de l'État moderne... », art. cité, p. 620）.

翻訳という範型《パラダイム》[1]

翻訳する行為が提起する問題に入っていくには二つの道がある。「翻訳」（traduction）の語を、ある言語から別の言語へと言葉のメッセージを転移するという厳密な意味にとるか、それともこの語を、同一の言語共同体内部で、意味作用全体を解釈することの同義語として広い意味にとるか。

これら二つのアプローチには、それぞれ道理がある。アントワーヌ・ベルマンがその著『他者という試練』[2]で選ぶ第一の道は、言語の複数性、多様性という圧倒的な事実を考慮する。ジョージ・スタイナーが『バベル以後』[3]でとる第二の道は、著者が「理解することは、翻訳することとなり」と要約するような包括

（1）一九九八年十月パリのプロテスタント神学部での開講講義。*Esprit*（« La traduction, un choix culturel »）, juin 1999, p. 8-19.

（2）Antoine Berman, *L'épreuve de l'étranger*, Paris, Gallimard, 1995.〔『他者という試練——ロマン主義ドイツの文化と翻訳』藤田省一訳、みすず書房、二〇〇八年〕

（3）George Steiner, *After Babel: Aspects of language and translation*, Oxford University Press, 1992.（*Après Babel*, Paris, Albin Michel, 1998.）〔『バベルの後に』亀山健吉訳、法政大学出版局。上巻一九九九年、下巻二〇〇九年〕

的現象を、直接に扱う。私は第一の道から出発することを選んだ。それは自国固有のものから異国のものへの関係を前面に押し出す。そして次に、ある言語から他の言語への翻訳によってひき起こされる難問や逆説に導かれて第二の道に進んでいくのである。

そこで、言語の複数性と多様性から出発し、第一の事実に注目しよう。翻訳が存在するのは、人々が異なる言語を話すからである。それはヴィルヘルム・フォン・フンボルトの書名をくりかえすなら、言語の多様性という事実である。ところがこの事実は同時に謎でもある。なぜたった一つの言語ではいけないのか。なによりもなぜたくさんの言語があるのか。民族学者によると、五千語から六千語あるという。生存競争における効用性と適応性といういかなるダーウィン的基準も、ここでは敗退させられる。この数えきれない複数性は無用なばかりか、有害でもある。たしかに共同体内部の交換は、個々の言語の統合力によって確保されるとしても、言語共同体の外部との交換は、スタイナーが「有害な豊富さ」と名づけるものによって、極端な場合は、実行不可能となる。しかし謎となるものは、後で言及するバベル神話が地理的な面で「分散」と名づけ、コミュニケーションの面で「混乱」と名づけるような、コミュニケーションの乱れだけでなく、やはり言語活動に関係する他の特徴との対比もそうである。第一に言語活動の普遍性という無視できない事実がある。「人はだれでも話す」。それが道具、制度、墓と並んで、人類の基準である。言語活動という言葉で次のことを意味しよう。事物自体ではないが、事物に相当する記号の使用、対話における記号の交換、共同体的一体化の面での共通言語の重要な役割。ところがこの普遍的な言語能力はそれぞれローカルな言語運用によって否認され、普遍的な能力は、その実践が分裂し、散在し、分散することによって否認されてしまう。そこから、その分散＝混乱の起源を問うときに、まず神話の面で、次に言語哲学の面で、思弁が発生してくる。この点で、バベル神話は文学的手法において短すぎ、混沌としすぎているために、この迷路を迷わず進むための案内役になってくれるよりも、推定される失われた楽園の言語という夢想に、回顧的に駆りたてる。そのとき、分散＝混乱はどうしようもない言語的災厄と認められてしまう。私は人間の普通の条件について、もっと好意的な読み方を、すぐにも提案しよう。

だがその前に私が言いたいのは、言語の複数性という第一の事実を覆い隠してはならない第二の事実があるということである。それは、人はつねに翻訳してきたという、同じく無視できない事実である。職業的通訳者の出現以前に、旅行者、商人、外交官、スパイがいた。それが多くの二言語を話す人、多言語を話す人を産み出したのだ！　ここにおいて、嘆かわしい伝達不可能性と同じ程度に、注目すべき特質に出会う。すなわち翻訳という事実であり、それはいかなる話し手も、自分の言語以外の言語を習得し、使用する能力があることを前提とする。この能力は言語活動に関してもっと隠れた他の特質と連携していると思われる。それらの特質は、筋道をたどっていくと最後に、言語内翻訳の仕方の近辺にわれわれを導いていくだろう。それは、先取りして言うなら、言語活動の反省能力であり、言葉について語り、言葉に対し距離をおき、それによって自分自身の言語を諸言語の一つとして扱うことなどをつねになしうる、あの可能性である。さしあたって、この言語活動の反省性の分析は後にとっておき、翻訳という事実だけに集中しよう。人々はいろいろな言語を話しているが、母語以外の言語を習得することもできるのである。

この単純な事実がおびただしい思弁を生じさせた。それらの思弁は有害な二者択一に閉じ込められてしまったが、重要なのはそこから脱け出すことである。その麻痺させてしまう二者択一とは次のようである。言語の多様性とは、根源的な異質性を表わしているのか——そうすると翻訳は理論的に不可能である。言語というのは、一方の言語を他方の言語にア・プリオリに翻訳できないものとなる。あるいはまた、事実として捉えた翻訳は、翻訳の事実を可能にする共通の基盤によって説明づけられる。だがその場合、その共通の基盤というのを再発見できなければならないか（それは原言語 langue *originaire* を追跡すること）、それとも共通の基盤を論理的に復元しなければならないか（それは普遍言語 langue *universelle* を追跡すること）である。原言語であれ、普遍言語であれ、この絶対言語はその音韻、語彙、統辞法、修辞法一覧表で証明されることができなければならない。この理論的二者択一をくり返してみよう。言語の多様性が根源的であるとすると、翻訳は権利上不可能である。あるいはまた、翻訳は事実上なされており、そこでその権利上の可能性を、起源の探索によって、または確認された事実のア・プリオリな条件の復元によって、確立しなければならない。

私が提案するのは、この翻訳可能対翻訳不可能の理論的二者択一から脱け出し、翻訳の実行から出てきたもう一つの二者択一、実際的二者択一をそれに換えねばならないということである。それは忠実さ対裏切りの二者択一である。その場合、翻訳の実践はつねにその理論を求めている冒険的な作業であることを認めるのに吝かではない。言語内翻訳の困難さは、この承認した厄介さを確認することになるのが、最後にわかるだろう。私は最近、解釈についての国際学会に出席し、そこで分析哲学者ドナルド・デイヴィドソンの「理論的に難しく、困難（*hard*）、実践的に易しくて容易（*easy*）」と題する発表を聞いた。

それはまた、言語外、言語内という二つの斜面での翻訳に関して私の打ち出すテーゼでもある。すなわちこれから述べる忠実さ対裏切りという高価な代償を払って、理論的には理解不可能だが、実際には実践可能というテーゼである。

忠実さ対裏切りというこの実践的弁証法の道に踏み入る前に、私は翻訳不可能と翻訳可能とがぶつかり合う思弁的な袋小路の理由をごく簡潔に述べたい。

翻訳不可能のテーゼは、ある種の民族言語学――B・リー・ウォーフ、E・サピーア――のもたらす必然的な結論である。それはさまざまな言語体系が立脚しているいろいろな構成区分の重ね合わされえない性格を強調することにこだわる。その構成区分とは、音韻体系（母音、子音など）を基盤にした音声や調音の区分、語彙体系（辞書、百科事典など）を支配する概念の区分、いろいろな文法を基盤にした統辞法の区分など。実例には事欠かない。フランス語で bois と言うと、木材や林の観念を一つに集める。しかし別の言語では、この二つの意味はばらばらになり、異なる二つの意味論体系に集めなおされる。文法面では、動詞時制の体系（現在、過去、未来）が、ある言語と他の言語では異なることは容易に見てとれる。時間内の位置を示さずに、行為が完了か、未完了かの性質を示す言語がある。動詞時制のない言語があり、そこでは時間内の位置は、「昨日」「明日」などに相当する副詞によってのみ示される。たとえばギリシア人が存在論を構築したのは、繋辞としても、存在の断定としても機能する動詞〔フランス語の être に相当〕をもっていたからであると言って、それぞれの言語学的区分は世界観を押しつけるという、私には支持できない考えをそれにつけ加えるなら、ある言語の話し手の人間関係全体が、別の言語の話し手が世界と自分の関係を理解しつつ自己理解する人間関係の全体とは、重ね合わせられないことになる。そうすると了解不能は当然であり、翻訳は理論上不可能であり、二言語を話す個人は分裂症にならざるをえない、と結論せざるをえないことになる。

そこで、われわれは向こう岸に打ち上げられる。翻訳は存在しているのだから、それはまさに可能でなければならない。もし翻訳が可能なら、言語の多様性の下に、隠れた構造が存在する。その構造は、失われて再発見すべき原言語の痕跡を保持しているか、それとも復元できなければならないア・プリオリなコード、普遍的またはいわゆる超越論的構造であるか、のどちらかである。第一の説、すなわち原言語説は、種々のグノーシス説、カバラ、あらゆるジャンルの秘法《エルメティスム》によって主張されてきたが、ついにはいくつか有害な産物を産み出すにいたった。たとえばアーリア言語と称するものの弁護で、それは歴史的に豊穣な言語と宣言され、逆に不毛と評されるヘブライ語と対比された。オランデールは「アーリア人とセム人——摂理のカップル」という不気味な副題をもつ著書『エデンの園の言語』で、彼が「学問的神話」と呼ぶものにおいて、この陰険な言語学的反ユダヤ主義を告発する。しかし公平を期すには、原言語へのノスタルジーは論文「翻訳者の使命」を書いたヴァルター・ベンヤミンのような力強い思索を産み出したことも言う必要がある。そこでは「完全言語」「純粋言語」——これは著者の表現——が、翻訳する行為のメシア待望的な地平として姿を現わす。すなわちもろもろの固有言語が詩的創造の頂点に達したとき、それら言語の収斂点がひそかに確保されて、姿を現わすのである。遺憾ながら翻訳の実践は、終末論的期待に転じてしまったこのノスタルジーから、何の救いも受け取らない。そして酩酊から醒めて、まったく謙虚に「翻訳者の使命」を引き受けるには、おそらく直ちに完全性の願望を断念すべきだろう。

もっと頑強なのは、単一性の探求に関わる説である。それはもはや時間における起源の方向でなく、ア・プリオリなコードをめざしての探求である。ウンベルト・エーコはその著『ヨーロッパ文化における完全言語の探求』で、この試みに役立ついくつかの章を書いた。哲学者ベーコンが力説するように、問題は自然言語の不完全さを除去することであり、自然言語こそは彼の言語の「イドラ」と名づけるものの源なのである。ライプニッツはこの要求を、普遍記号法という観念によって肉づけする。それはまさしく単純観念の普遍的語彙集を構成することをめざし、真の思考原子間の全合成規則集によって完成する。

さてそこで信頼の問題に行き着かねばならない——そしてそれはわれわれの省察の転換点となろう。なぜこの試みは挫折し、必ず挫折することになるかを尋ねなければならない。

たしかにチョムスキー学派いうところの生成文法の側には部分的な成果があがっているが、語彙論や音韻論の側は完全な失敗である。それはなぜか、なぜなら破門されたのは自然言語の欠陥ではなく、その働きそのものなのであるから。高度に専門的な議論を極端に簡略化して、二つの障害を指摘しよう。第一に、合成される原始観念の語彙のレベルで、完全言語を特徴づけるものは何かについての一致はない。この一致が前提するのは、いかなる恣意性もなく、記号と事物との間の、より広義には、言語と世界との間の完全な相同《ホモロジー》である。このことは、特権的に切り取ったものが世界像だと宣言されてトートロジーとなるか、あるいは話されているすべての言語の網羅的な目録は存在しないのであるから、検証できない主張となってしまうかである。第二の障害はずっと恐るべきものである。後で述べるような奇妙さをすべてそなえた自然言語を、どうして推定される完全言語から派生させることができるか、誰も言えない。普遍的言語と経験的言語との間の、ア・プリオリなものと歴史的なものとの間の隔たりは、とうてい越えられないものと見える。ここにおいてわれわれが最後におこなう同一の自然言語内での翻訳の作業についての考察は、諸言語の無限の複雑さを明るみに出すのに非常に役立つと思われる。その複雑さは、自国語も含めて、言語の働きをそのつど学ばねばならないようにするほどのものである。翻訳の不可能性を結論せざるをえない現場の相対主義と、翻訳の事実を立証可能な普遍的構造の上に根拠づけるのに失敗する書斎の形式主義とを対決させる戦闘の、簡略な総括は以上の通りである。たしかに次のことを認めねばならない。ある言語から他の言語へ、その状況はまさに分散と混乱の状況である。それでいて翻訳は「にもかかわらず」の連綿たる反復に繰り入れられる。われわれは兄弟殺しをしながら、普遍的兄弟愛のために戦っている。固有言語間の異質性にもかかわらず、二言語使い、多言語使い、通訳、そして翻訳者がいるのである。

そこで、彼らはどうするか

先ほど、私は方向転換を告げた。翻訳可能対翻訳不可能の思弁的二者択一を離れて、忠実さ対裏切りの実践的二者択一に入ろう、と言った。

この転換に手がかりを与えるために、バベル神話の解釈を再検討してみたい。私はこの神話を、人間の成功を妬んだ神が罰として人間に言語の大災厄をもたらした、という見解で閉じてしまいたくない。逆転できない状況を重視する他のあらゆる始まりの神話がそうであるように、この神話も原初の分離を非難せずに確認するものとして読むことができるのである。創世記の冒頭で混沌《カオス》から秩序を発生させる宇宙の四大の分離から始まり、無垢《イノセンス》の喪失と楽園追放が続き、そのことは成人し責任ある年齢に達したことを示すが、次に——これはバベル神話の読み直しにとって大いにわれわれの興味をそそる——兄弟殺し、アベル殺しに移る。それは兄弟愛自体を、もはや単なる自然の与件ではなく、倫理的投企とする。私が釈義家ポール・ボーシャンと共有するこの読解の方針を採用するなら、バベル神話で宣告された言語の分散と混乱とは、分離というものを言語行使の中心にもたらして、言語の分離の歴史を仕上げるようになる。こうしてわれわれは現状のようになり、こうしてわれわれは分散し混乱して存在しながら、いったい何を要請されているのか。何と……翻訳をである！〈バベル以後〉というものがある。それは、はじめに触れたヴァルター・ベンヤミンの有名な論文の題をまた出すなら、「翻訳者の使命」によって定義される。

この読み方をもっと強力にするために、私はウンベルト・エーコにならって、次のことに注意を喚起しよう。すなわち創世記一一章一—九節の物語に先立つ創世記一〇章の三一節と三二節では、言語の複数性が単に事実上の所与とみなされているようである。その二節をシュラーキのごつごつした訳文で読んでみよう。

これらが氏族、言語、地域、民族ごとのセムの子孫である。

系図を民族ごとにまとめたノアの氏族は以上のようになる。洪水の後、彼らから地上の民族が分かれ出た。


以上の節は数え上げる調子で述べられ、そこには事柄を好意的に見る、単なる好奇心が表現されている。そうすると翻訳とは、義務的に拘束する意味の使命ではなく、ベンヤミンの友人ハンナ・アーレントが『人間の条件』で語っているように、人間の活動が単に継続していけるためになすべきことの意味で、使命なのである。

そこで、「バベル神話」と銘うたれた物語はこう続く。


世界中は唯一の言語を同じように話していた。

東のほうから出発してきた人々は、シンアルの地に峡谷を見つけ、そこに住みついた。彼らはそれぞれ同胞に、さあれんがを作ろう。それを焼こう、と言った。彼らに、れんがは石の代わりに、アスファルトはしっくいの代わりになった。

彼らは言った。町と塔を建てよう、その頂は天にまで届くだろう。そしてわれわれに名をつけて、われわれが全地に散らされることのないようにしよう。

ヤハウェ、主は、降ってきて、人の子らが建てた町と塔を見た。

ヤハウェ、主は言った。彼らは唯一の民で、皆が唯一の言葉を話している。だから彼らはこんなことをし始めるのだ。彼らがしようと企てるすべてを阻むものは今やなにもない！

さあ降りていこう。彼らの話すのを混乱させ、隣人の言葉がわからないようにしよう。ヤハウェ、主は彼らをそこから全地に散らされたので、彼らは建設をやめた。

そういうわけで主はその町の名をバベル、混乱《バラル》と呼んだ。なぜなら主は全地の言葉を混乱させ、そこから、ヤハウェ、主は彼らを全地に散らされたからである。

セムの系図は次の通りである。セムが百歳になったとき、アルパクシャドが生まれた。それは洪水の二年後であった。

セムはアルパクシャドが生まれて後、五百年生きて、息子や娘をもうけた。


これでおわかりのように、いかなる不平も、いかなる嘆きも、いかなる糾弾もない。「ヤハウェ、主は彼らをそこから全地に散らされたので、彼らは建設をやめた」。彼らは建設をやめた！　そういうわけで、というのである。何と、何と、ベンヤミンの口癖、そういうわけで、なのだ。この生の現実から、翻訳しよう！

翻訳の使命について効果的に語るために、私はアントワーヌ・ベルマンの『他者という試練』とともに、翻訳する欲望というものに言及したい。この欲望は束縛も実利ものりこえる。束縛はたしかにある。事を始めたい、旅したい、取引したい、さらにはスパイしたいなら、他者の言語を話す伝達者を自由に使えなくてはならない。実利のほうは明らかである。外国語の習得を節約したいなら、翻訳書を見つければ足りる。結局われわれは皆このようにして、悲劇作家を、プラトンを、シェイクスピアを、セルバンテスを、ペトラルカやダンテを、ゲーテやシラーを、トルストイやドストエフスキーを読むことができるのである。束縛、実利、ともによろしい！　だがもっと抜きがたい、もっと深い、もっと秘めたものがある。翻訳欲望である。

この欲望はドイツの思想家たちを鼓舞したのである。大作家ゲーテ、すでに名をなしたフォン・フンボルトから、ロマン主義者ノヴァーリス、シュレーゲル兄弟、シュライアーマッハー（プラトン翻訳者の彼を忘れるべからず）を経て、ソフォクレス悲劇の翻訳者ヘルダーリンにいたるまで。そして最後にヘルダーリンの後継者ヴァルター・ベンヤミンがいる。しかもこの錚々たる人物群の背後に、〈聖書〉の翻訳者ルターがいる（ヒエロニムスのラテン語のとりこになっていた聖書を「ドイツ語化」しようとする彼の意志）。

こうした翻訳の情熱にとりつかれた人たちは、その翻訳欲望から何を期待したのか。彼らの一人が自国語の地平の拡大と呼んだもの、また皆が教養（*Bildung*）と呼んだもの（すなわち形成であり、また教育でもある）、そのうえに、いうならば自国語と、その未開発の資源の発見である。次の言葉はヘルダーリンのものである。「自国固有のものは、異国のものと同様に学ばねばならない」。しかしそうするとどうして翻訳欲望は、あの二律背反、忠実さ／裏切りの二律背反という代価を支払わねばならないのか。なぜなら、よい翻訳の絶対的基準はないからである。そのような基準を手に入れるには、出発点のテクストと到着点のテクストとを、前者から後者へ循環すると想定される同一の意味をもった第三のテクストに比較できなければならないだろう。同じことはどちらの側でも言える。『パルメニデス』〔イデア論〕の著者プラトンにとって、人間のイデアと個別の人間（ソクラテスの名を挙げずとも！）との間に第三の人間はいないように、原典テクストと到着点のテクストとの間に第三のテクストはない。そこから、ディレンマより前に、逆説が出てくる。すなわちよい翻訳は、論証可能な意味の同一性にはもとづいていず、推定される等価性をめざしうるのみである。同一性なき、等価性である。この等価性は、探求され、練り上げられ、推定されるものでしかありえない。そして翻訳を批判する唯一の仕方（それはつねに可能である）は、別のよりよい、あるいは異なると推定され主張される翻訳を提案することである。それに、それこそ職業的翻訳者の現場でおこなわれていることである。われわれの文化の大著作に関して、おおよそのところわれわれは際限なく手がけられる再翻訳を糧にして生きている。〈聖書〉の場合がそうであり、またホメロス、シェイクスピア、先に挙げたすべての作家たちの場合も、また哲学者ではプラトンからニーチェ、ハイデガーにいたるまでそうである。

このように再翻訳という甲冑をつけたわれわれは、忠実さ／裏切りという二律背反を解決するために、よりましな武装をしたことになるのか。まったくちがう。翻訳欲望が自ら招くリスク、そして自国語の中で異国的なものとの出会いを試練とするリスクはのりこえがたい。私の同僚ハンス＝クリストフ・アスカニが「翻訳問題の証人」（彼のテュービンゲンでの大著の書名をそう訳させていただく）とみなしたフランツ・ローゼンツヴァイクは、この試練に逆説の形を与えた。翻訳することとは二人の主人に仕えること、と彼は言う。すなわち異国的なものの中にいる異国人と、それを自己同化したいと望む読者である。彼以前に、シュライアーマッハーはその逆説を二つの文に分解した。「読者を著者のもとにつれて行く」。「著者を読者のもとにつれて行く」。私としてはこの状況に思い切ってフロイトの用語を適用し、翻訳の作業に加えて、フロイトが想起の作業と喪の作業について語った意味で語ってみたい。

翻訳の作業は、われわれの言語的アイデンティティへの脅威と感じられる異国的なものへの恐怖さらには憎悪によって動機づけられた内面の抵抗にうち勝って獲得されるものである。しかし完璧な翻訳という理想そのものの断念に適用される、喪の作業でもある。たしかにこの理想は翻訳欲望を、時としては翻訳の幸福を養ってきただけでなく、ヘルダーリンのような人の不幸ももたらした。彼はドイツ詩とギリシア詩とを、固有言語の差異がなくなってしまうような超－詩に融合しようとする野心に打ちのめされてしまった。しかもそれは結局のところ、原言語へのノスタルジーを、あるいは普遍言語の観点から、言語活動を支配しようとする意志を抱えこんだ完全翻訳の理想ではないのか。完全翻訳の夢を放棄することは、自国のものと、異国のものとの間ののりこえられない違いを認めることである。残る問題は異国的なものの試練である。

ここでこの講演題「翻訳という範型」にもどろう。

翻訳は実際に知的、理論的、あるいは実践的作業を課すだけでなく、倫理的問題も提起するように思われる。二人の主人に仕え、あるいは裏切るリスクを冒して、読者を著者につれて行き、著者を読者につれて行くことは、言葉のもてなしと私が呼びたいものを実践することである。この言葉のもてなしは、私がそれに似通っていると見る、他の形のもてなしのモデルとなる。もろもろの宗派や宗教は相互に外国語のようなものではないか。つまりそこに入りこむためには、その語彙、文法、レトリック、文体論を学ばなくてはならない。そしてその聖体秘蹟的もてなしは、同じ翻訳＝裏切り（traduction-trahison）のリスクをもって、しかしまた同じ完全翻訳の断念をもって引き受けるべきものではないか。私はこうしたリスクをともなった類推をするに、疑問符を打つだけにとどめておく……。

とはいえ翻訳の問題のもう半分をなおざりにしてはならない理由を述べずには、終わりたくない。覚えておられるだろうか、それは同じ言語共同体内部での翻訳の問題である。私はきわめて簡潔に少なくとも次のことを示したい。すなわち完全で普遍的とみなされる言語と、人工言語でないという意味でいわゆる自然言語との隔たりが越えがたい深い理由が明らかになるのは、同一言語のそれ自身への作業においてである。すでに示唆したように、なくしたいとされる隔たりは、自然言語の欠陥ではなく、自然言語の驚くべき破格な働きそのものにある。その隔たりを示すのは、まさにこの内部翻訳の作業である。私の考えはここでジョージ・スタイナーの書『バベル以後』全体を支配している次の宣言に一致する。バベルの後では「理解することは翻訳することとなり」。ここで問題になっているのは、考えることは魂のそれ自身との対話である、というプラトンの格言にしたがった、外的なものの単なる内面化以上のものである。プラトンのいう内面化は、内部翻訳を外的翻訳の単なる付属にしてしまうだろうから。現に使用している言語のもろもろの日常的な手法を、独創的な探索によって露呈させることが重要である。その手法は、いかなる普遍言語もその無限の多様性を復元することには成功しないほどのものである。それはまさに生きた言語の奥義に近づき、同時に誤解、不理解の現象を説明することである。その現象が、シュライアーマッハーによれば、解釈をひき起こすのである。解釈学はその解釈の理論を作ろうとする。完全言語と生きた言語との隔たりの理由は、不理解の原因と正確に同じなのである。

われわれの言語使用の特徴をなす圧倒的な事実から出発しよう。同じことを別様に言うことはつねに可能である。それはわれわれが一つの語を、同じ用語集の中の別の語によって定義するときにおこなっていることである。どの辞書もそうしている。パースは彼の記号学でこの現象を、言語活動の自己再帰性の中心におく。だがそれはまたわれわれが理解されなかった議論を言い直すときにしていることでもある。それを説明してみましょう（expliquer）、つまりそのしわ（pli）をのばしましょう、とわれわれは言う。ところで、同じことを別様に言う——換言すれば——は、外国語の翻訳者がついさっきおこなっていたことである。こうしてわれわれは言語共同体内部で、同一のもの、同じ意味作用についての同じ謎を再発見する。すなわち同じ意図の二つの言い方を等価にするとみなされる、発見されえない同一の意味という謎である。それだから、よく言われるように、これには際限がないのである。しかも説明することで、しばしば誤解を深めてしまう。同時に、内部翻訳（と私は呼ぶ）と外的翻訳との間に橋が架けられる。つまり同じ言語共同体内部で、理解には少なくとも二人の対話者を必要とするということである。その二人はもちろん外国人ではないが、すでに他者であり、言うならば近しい他者である。そういうわけでフッサールは他者認識について語るとき、日常接している他者を *der Fremde*（外国人）と呼ぶ。どんな他者のうちにも外国人の部分がある。定義し、言い直し、説明し、同じことを別様に言うには、いくつかの仕方があるのである。

スタイナーが繰り返し言及してやまない、あの有名な奥義にもう一歩近づいてみよう。われわれが話し、他者に向かって言葉を発するとき、何をもってそうするのか。

三種類の単位をもってである。語、すなわち辞書の中に見いだされる記号。文、これに辞書はない（フランス語で、あるいは他のいかなる言語ででも、どれだけ多くの文が言われたか、また言われるだろうか、誰も言えない）。そしてテクスト、すなわち文の連続体。第一の単位はソシュールによって、第二の単位はバンヴェニストやヤコブソンによって、第三の単位はハラルト・ヴァインリヒ、ヤウスや他のテクスト受容理論家たちによって、それぞれ照準を合わせられたが、これら三種類の単位の取り扱いは、推定される完全言語との隔たりの源であり、日常の用法における誤解の源であり、そこから多様で競合しあうもろもろの解釈を産み出す機会となる。

語について一言。われわれの語は、辞書に見られるように、一つ以上の意味をもつ。それを多義性と呼ぶ。意味はそのつど用法によって範囲を定められる。用法とは要するに、文の他の部分と合致し、表現され、交換に当てられる意味の統一のために、それと協力するような語の意味の一部を選別することである。語がこれこれの言語状況でとった意味をいわば決定するのは、そのつど文脈であり、そこから言葉についての言い争いはきりがなくなる。それはどういう意味だったのですか、など。ものごとが明確になったり、もつれたりするのは、そうした問いと答えのやりとりにおいてである。というのは明示された文脈だけがあるのでなく、隠れた文脈が、そして〈暗示的な意味〉とわれわれが呼ぶものがあるからで、その暗示的意味はすべてが知的ではなく、感情的なものもあり、すべてが公的ではなく、ある階層、ある階級、ある集団、さらにはある秘密クラブに特有の意味もある。こうして検閲によって、禁止によって隠蔽された全余白、隠されたもののあらゆる比喩的形象によって跡づけられる、〈言われざるもの〉の余白がある。

このように文脈に訴えることで、われわれは語から文に移った。この新しい単位は、実際には言説《ディスクール》の第一の単位であって、まだ言説ではなく記号の単位に属している語は、文の単位でもって両義性の新しい源泉をもたらす。その両義性は主として語の概念と、いわゆる語の指示対象との関係に関わる。指示対象とは、それに関して語られるもの、要するに世界である。広大なプログラム！と誰かは言う。ところが完全な記述などないのだから、われわれは視点、見地、部分的な世界観しかもたない。だからこそわれわれは自分の考えを説明し、語や文で説明し、われわれと同じ視角では物事を見ない他者と説明しあうのをいつまでも続けてきたのである。

それからテクストが参入する。この文の連鎖は、テクストという語が示すように、言説を長短のシークエンスに織り上げる織物（*textures*）である。物語はこうしたシークエンスのもっともすばらしいものの一つで、とりわけわれわれの主題にとって興味をひく。というのも、筋書きをいろいろに変えて別様に話を物語ることはつねに可能であることをわれわれは習得したからである。しかし物語る以外のことをする別の種類のテクストもある。たとえば道徳について、法律について、政治についてなどを論じるテクストである。ここに介入するのが、文体、比喩、隠喩その他の文彩を伴ったレトリックであり、無数の戦略に役立つあらゆる言語ゲームである。その戦略のなかには、説得するという真摯な意図を犠牲にした誘惑や威嚇などがある。

　そこから翻訳を論じて、思想と言語、霊と文字の間の複雑な関係について、また意訳か直訳かの果てしない問題について、議論百出した。ある言語から他の言語への翻訳をめぐるこうした厄介な問題のすべては、その起源を言語の自己再帰性にもっており、それがスタイナーをして「理解することは翻訳すること」と言わしめたのである。

　しかし私は、スタイナーがもっとも執着するものに、そして異国的なものの試練の方向とは逆の方向へ全主題を転換させかねないものにたどり着く。スタイナーは言葉の用法を、真実や現実以外のものがめざされる領域に、好んで探求しようとする。すなわち明白な虚偽、つまり嘘――いかに語ることは、騙ること、隠すこと、ごまかすことであるとはいえ――だけではなく、現実とは異なるものに分類できるもの、言うならば、可能的なもの、条件法的なもの、希求法的なもの、仮説的なもの、ユートピア的なものである。常軌を逸している――という言葉がぴったりする。それは同じことを別様に言うだけでなく、現にあるものとは別のものを言うことである。プラトンはこれに関連して、ソフィストなる人物像を提起したのだった――しかも何とも困惑しながら！

　しかしわれわれの主題とするものの秩序をもっとも攪乱しうるものは、この人物像ではない。それは言語活動の謎へ、技巧へ、秘法《エルメティスム》へ、秘密へ、要するに非コミュニケーションへ向かわせる傾向である。そこから由来するのがスタイナーの極端主義と私が名づけるもので、それは彼をして、饒舌、慣習的用法、言語の道具化に対する憎悪から、解釈をコミュニケーションに対立させるようにしむけるのである。そうすると「理解することは翻訳すること」という等式は、自己と自己自身との関係について、忠実さ／裏切りの対のために斥けたとわれわれが信じていた翻訳不可能なものを再び見いだす秘密に再び閉じこもってしまうことになる。この翻訳不可能なものにわれわれはもっとも極端な忠実さの願望への途上で出会う。しかしその忠実さは、誰に対して、何に対してなのか。秘密を裏切ろうとする言葉の傾向に反して、秘密を保存しようとする言葉の能力に対する忠実さである。したがって他者に対するより、自己自身への忠実さである。パウル・ツェランの高貴な詩が、二言語間の隔たりと同じ程度に、彼自身の言語の中心で、まず言い表せないもの、名づけられないものに沿いながら、翻訳不可能なものに沿って進んでいるのはほんとうである。

　この一連の転換から、何を結論すべきか。正直のところ私は当惑している。私が異国的なものの門から入るのを特権化したのはたしかである。われわれは人類の複数性の事実と、固有言語間の伝達不可能性と、にもかかわらず翻訳するという二重の謎によって始動させられたのではなかったか。そしてまた、異国的なものの試練がなかったら、われわれは自国語の異国性を感じたであろうか。最後に、この試練がなかったら、自国語の書物とだけの気難しいモノローグに閉じこもる惧れがなかっただろうか。だから、言葉のもてなしに栄光あれ！

　しかし私には別の側面、言語のそれ自体への働きの面もよく見える。外へ（*ad extra*）の翻訳の難しさを解決する鍵を与えてくれるのも、この働きではないか。もしわれわれが言い表しえないものの不安な領域に接していなかったら、われわれは秘密の感覚、翻訳しえないという秘密の感覚をもっただろうか。そして愛と友情におけるわれわれの最良の交換は、近さのなかにも距離を保つこと、この慎み深さ――秘密と慎み深さ（discrétion）――を保っただろうか。

　そうなのだ、翻訳の問題に入るにはまさに二つの道がある。

第二部　読解

オットフリート・ヘッフェ『法の諸原理』(1)

『法の諸原理』は、フランス語で出版されたオットフリート・ヘッフェ[*10]教授の四番目の著作である。一九八五年出版の『カント実践哲学入門』はフランスで好評を博した。著者はこの著作で、カントの法哲学、歴史哲学、宗教哲学の側面を見落とすことなく、主題と方法を全面的に考慮したうえで、カントの実践哲学の全体にわたる読解を提示した。続いて一九八八年には、英語圏の政治哲学の批判的紹介が『国家と正義　ジョン・ロールズとロバート・ノージック』という表題で翻訳された。この著作は、一九九一年にフランス語に翻訳された壮大な体系的研究『政治的正義』を補完するものであった。議論のなかでカントの名は表だって挙げられていないものの、論証の過程で終始一貫して隠然たる存在感を放っている。本書では、カントの超越論的視点を主題的に展開すると同時に、その視点を、カント哲学にとって最大の敵対者であり、現代の法政治思想の主流とも目される功利主義と対決させる。それに続いて超越論的視点と対決

(1) Otfried Höffe, *Principes du droit*, préface de Paul Ricœur, traduction de l'allemand par Jean-Christophe Merle, Paris, Cerf, coll. « Passages », 1993.

させられるのは、カント的視点と不可分な諸々のテーゼを否定しておきながらさまざまな度合いでカントを引き合いに出す諸体系である。ドイツ語の副題「近代の対位法」*Ein Kontrapunkt der Moderne* は、カントを全面的に擁護するのではなく、カント的視点に控えめだが揺るぎない地位を要求するという、筆者の意図をうまく言い表している。「対位法」という語は、考察対象となっている戦いの場――カントだけ、というのはおしまい！――で働いている諸力を評価することの必要性を認めると同時に、ある確信も表現している。その確信とは、カントの敵対者であれ、彼の思想の自由な継承者であれ、各自の計画をうまく成し遂げようとすると、必ず自律と定言命法に関するカントの主張が正しいと認めざるをえないということである。少なくとも、論者が法もしくは国家に関する理論に道徳的基礎を与えると主張するならば。

だが、カント主義は、「近代派」との論争において「定言的原理」の名の下で何が擁護されるに値するのかをしっかり見定めるために、おのれ自身を、再評価の、さらには再定式化の対象とするのでなければ、現代の法文化が奏でる交響曲において先ほど言及した地位を要求することはできない。カントの実践哲学の核心部において序列化と選別を厳密におこなっている点にこそ、ヘッフェのこの新著と『カント実践哲学入門』との相違点がある。また、こうした序列化と選別の作業のおかげで、『国家と正義』、とりわけ『政治的正義』が発端となって始まった議論は、新たな対話者を相手に、カント的であることがより明白な論証を伴って再開されうる。対位法を二者択一にまで先鋭化できないのは、論敵と和解に入るための条件がすでにカント自身のうちに含まれているからである。著作全体が次の事実を示すことを目的としている。それはつまり、*Kategorische Rechtsprinzipien*（定言的法原理）というドイツ語の見出しに表れているカントの「定言的」契機は、非定言的なもの、すなわち現代の法文化の経験的 - プラグマティックな構成要素と結びついてのみ機能する、ということである。かつては経験的 - 功利主義的傾向がカントの言説のうちに維持していた対位法の役割は、今後、実践哲学の方法と主題の全面的理解に基づき、実践哲学内部の超越論的なものによって維持されることになる、そう言っても過言ではないだろう。

本書の論述の順序は、何が定言的と見なされるに値するのかを見定めるという関心に沿ったものである。第一部は根拠の問題に割かれている。第二部は、有名な「事例」――自殺や嘘の禁止、守るつもりのない約束の禁止、他人を援助する義務、自分の才能を陶冶する義務――をまとめ直している。第三部は、カントから出発しながらもカントの思想を革新しようとした論者を取り上げている。

私は序列化と選別という二重の戦略について言及した。前者は本書の第一部、後者は第二部と第三部の全体を占めている。ただし、選別するためには序列化しなければならない。この点に関しては、第一の道徳哲学（『人倫の形而上学の基礎づけ』と『実践理性批判』の基礎的倫理）と第二の道徳哲学（『人倫の形而上学』）とを区別することが何よりも重要である。また、定言命法一般（後でこれを『法論の形而上学的原理』における法的命法と対立させることになるだろう）に注目する第一の道徳哲学からして、意味論と呼びうる水準と規範倫理の水準とを区別することがやはり何より重要である。前者においては道徳概念（善意志、理性をそなえたすべての存在に妥当する義務、われわれのような有限の存在に対する命法）の意味が扱われ、後者においては、まずは普遍化可能性の規則から派生する一般法則の根源的形式のもとで、次いでカントの三種の命法として知られる三つの下位形式（sous-formule）のもとで、道徳の基準が扱われる。第二の道徳哲学内部における一般部門と特殊部門との区別も劣らず重要である。本書における議論の中心を占めるのは一般部門である。それは、単数の法的命法（これが『法論』の全体を占める）を含み、それと並んで単数の道徳的定言命法（『徳論』の全体を占める）をも含んでおり、両者は等しく絶対的な力強さを備えている。特殊部門は、一方で法的な（たとえば守るつもりのない約束の禁止）、他方で道徳的な（自殺の禁止など）、複数の定言的（catégorique）諸原則を含んでいる。

したがって、一般部門の、第二の道徳哲学の冒頭には、いかなる拒絶や修正の企てに対しても擁護するに値する、単数の法的な定言命法が位置している。この定言命法は、法的倫理と呼ぶに値するものの強固な核をなしている。『人倫の形而上学』という名称は、法的倫理を冒頭に据える第二の道徳哲学と関連しているのだが、この著作は、厳密には徳の倫理と同じ方向性を示しており、まさに非‐経験的な場所を指示している限りにおいて擁護されるべきものである。しかし、その場合、叡知的人間に関する理論的で非実践的な付け足しの部分は『人倫の形而上学』から除去するべきであるし、また、その延長線上に神、不死、現実的自由に関する諸要請を位置づける『実践理性批判』の弁証論の問題系を、まったく別の問題領域に属するものから切り離さなければならない。周知の通り、選別は事柄の差異化から始まるのである。

だが、重要なのは、法的倫理とその単数の定言命法を正確に位置づけることだ。この定言命法のみが、それに先立つ意味論的分析に支えられて、最大多数の最大幸福の推進を旨とする功利主義の原理に対抗しうるはずである。逆に、定言的なものの内部での差異化は、実質的でありながら定言的な諸原理の域にまで達する点で、アリストテレスとのある種の合致が正当化される。その意味で、ヘッフェの著書は批判の批判に属する。それは、語の否定的ではない意味での批判であり、カント自身のおこなった第一段階の批判が妥当性を有する範囲については評価し、同時にその限界もきちんと見定めるという作業である。ヘッフェがおこなう第二段階の批判はカントに反するという非難があるとしたら、それは、ヘッフェがあまりに高い目標をめざし、排他的な立場を主張したため、望んだ対位法を不可能にしたのと同時に時代錯誤との非難を招いた、ということである。「対位法それとも時代錯誤？」という本書第一部の表題はそこに由来する。ヘッフェが懸命になって斥けるのは、この二者択一である。この点でヘッフェは、カントが自らの研究計画を妥協なく実行するに当たって人間学的な要素を定言的な契機とうまく組み合わせていることをよく理解しており、そこがヘッフェ教授の著作のもっとも際だった成果の一つとなっている。

この序文では、法的倫理に直接関わる部分だけに話題を限定しよう。法的倫理がカントの理論構成において占める位置については、単数の定言命法の定式化と同様、先に言及した。

単数の定言命法は、『法論』の序論の段落で次のように定式化される。

いかなる行為であれ、その行為が、あるいはその行為の格率に従った各人の選択意志の自由が、何ぴとの自由とも普遍的法則に従って両立しうるならば、そういう行為は正しい。

この命法に三つの限定が含まれていることに気づくなら、道徳至上主義であるとの非難は払拭できる。まず、自由は行為の自由を意味する、それゆえ、自由は相互行為の領域に介入する能力を意味する。さらに、原理は、「両立しうる」という動詞が気づかせてくれるように、外在的法律だけに及ぶ。最後に、義務の意味論という点から、原理は適法性のみを要請する、つまり、厳密な道徳性——義務による義務への服従、言い換えれば心術（*Gesinnung*）——ではなく、規則との一致だけが要請されている。ただし、この三つの限定は「普遍的法則に従って」という定式が表現している超越論的条件そのものには何ら影響しない。求められているのは、あらゆる個人の選択意志に等しく適用されうるということを意味しているにすぎない。この要請は、普遍性が個々人の自由の共存にしか及ばないことがわかれば、同じC項で言われている「究極的には証明され得ない」要請の形而上学的地位、つまりは非‐経験的な地位について確信が得られる。それに続く一歩はおのずと決まってこよう。すなわち、拘束の正当化は個々人の諸自由の共存という条件に分析的に含意されているのである。拘束がとりわけ自由の妨害に対抗するものであることを理解すれば、制約の正当化と複数の自由の共存とのこうした結びつきはすぐに見てとれる。したがって、法による義務と拘束の正当性という二つの契機は関係がない。諸自由の間の合意が相互的なら、拘束の正当な実行も相互的である。拘束と自由という二つの契機の結びつきはきわめて強固なので、外的拘束の可能性の原則は、義務の意識——心術（*Gesinnung*）——が厳密な意味での道徳の次元において動機として占めているのと同じ地位を法的次元において占めることになる。こうして、『人倫の形而上学の基礎づけ』においては反対概念（contre-concept）でしかなかった適法性は、法的秩序の統制的原理となっている。

法的領域が大きな広がりを持っていること、そして複数の法的諸原理には限界が内在していることを心に留めておくなら、法哲学を道徳至上主義であるとして非難する理由はもはや存在しない。ニクラス・ルーマンが「もはや失われた」と宣告した「パラダイム」を、ヘッフェは勇敢にも、自分が「新たに解釈し直した」のであり「再発見」したのだ、と宣言しているのである！　そのパラダイムとは、道徳至上主義を伴わない法的道徳のパラダイムであり、また、逆説的になるのを怖れずに言えば、道徳性なき法的道徳のパラダイムである。適法性と道徳性がこのように隔てられているために、法的な定言命法は、ヘッフェが提案する用語に従えば「第二の形而上学」に帰属することになる。

超越論的契機と対位法をなす人間学的契機に関して言うと、カントのテクストにおいてすら、完全には理性的ではないばかりか義務よりも傾向性を優先しがちな存在として人間を規定するときに、この人間学的契機はこっそりとしのびこんでいる。人間学的要素を交えずに人倫の形而上学を構築するという『人倫の形而上学の基礎づけ』で示された野望にもかかわらず、そうなのである。だが、法の哲学においては、この人間学的契機は、個々人の諸自由の共存という場面で実践理性を検証する根源的状況を通してはっきりと表明される。だからためらうことなく次のことを認めるべきだ。人間学は法的道徳を汚染しているわけではなく、ヘッフェの巧みな言い方によれば、人間学とは、それなくしては道徳的命法が機能しない、道徳的命法への挑戦のことなのだ。つまり、人間学こそが道徳的命法それ自体を開かれたままにしておくのである。

著者は『カント実践哲学入門』における格率の入念な分析によって、何が告白と呼ばれるに値しないかをすでにわれわれに教えてくれていた。普遍化可能性の規則は実際のところ、慎重に練り上げられた行動の計画にだけ適用される。もっとも、そうした計画は、道徳の敵となるばかりではなく道徳的「形式」を与えられる「質料」として働きもする傾向性に根ざしたものではあるが。法の哲学はこの枠組みを免れていない。自殺の禁止の代わりに生への嫌悪、守るつもりのない約束の禁止の代わりに個人の窮状、人助けの命令の代わりに他者の困窮、自己の涵養の命令の代わりに怠惰といった、〔矛盾に満ちた〕典型的諸状況に、徳論は向き合わねばならない。法論は、社会的関係に由来し人間の共存という目標をおびやかす難題、たとえば、交換や契約の場面あるいは「私のもの」を拡大する所有権の場面での他人の権利を侵害しかねない状況に関わっている。

以上の事実は、本書第二部において、定言的なものの第三の地平つまり複数の法的命法に分類したくなる有名な「諸事例」を用いて、生き生きと記述されている。それらの命法は、より上位の命法に劣らず定言的であるが、それが複数であることにより、超越論的要素と人間学的要素をきわめて正確に区別してくれる。人間学それ自体は、単数の法的命法が要請する一般人間学とは区別される、法に特化した人間学という形態を取っている。「ますます豊かになっていく経験的次元」(ヘッフェの表現)が、法的判断にしたがう格率の形成に浸透していく。それでもやはり、法的倫理は社会生活に見いだされる逆境と折り合いをつけざるをえない。人間は互いに影響を与え合うこと、個々人の行為の自由は他者の自由と折り合わねばならないこと、多少なりとも希少な財をめぐっての競争が存在することなどは、法的領域における人間的条件(*conditio humana*)がもつ諸特徴の一部である。

このように、超越論的なものと人間学的なものとの間で必然的に交渉が生じることから、前者が後者に妥協するのだと結論づけるべきではない。「自由の普遍的法則に従って」ある者の意志と別の者の意志が互いに調和する条件は、経験的条件と相容れない。いわゆる「人権」は、行為の諸自由をいかなる人の間でも普遍的に両立させるよう命じるのである。両立可能性の要請に含意されている平等な制限と平等な保護を強調する点に、人権と法的命法の一般形式との違いが存する。この点に関してヘッフェが次のように主張しているのは正しい。すなわち、カントにとって交換の観念は分配の観念に勝る。彼にとって、正義とは、分配的である前に交換可能なものであり、また、分配的であるためにも交換可能であるのだ、と。

結局、法的倫理の根拠の問題をめぐる現代の大論争において、カントの構想は、統合的な側面を自らの利点として主張できる。ルーマンが展開したような「システム論的」諸理論は、その統合的側面を誤解しているか、あるいは、自らを法的倫理の諸根拠からの帰結であると誤って主張しているのである。同じ傾向として、ヘッフェの計画が、司法の「脱道徳化」のさまざまな企てに対抗しているのと同様に、ポストモダニズムの際限ない多元主義的漂流に対しても歯止めをかけようとしていることが見てとられるだろう。だが、カントによる反撃がもっとも成功しているのは、功利主義に対してである。彼は、人間学を援用して、対位法の対位法という役割を功利主義に割り当てている。

本書の第三部でヘッフェは、カントを超えると称しながらカントを援用する現代の理論家と議論をおこなっており、読者は興味を持たれるだろう。議論の対象になっているのは、ロールズ、アーペル、ハーバーマスである。

対位法の概念は次のような戦略において新しい意味合いをおびる。すなわち、功利主義の現代版が数多く存在することを考慮して、功利主義を主要な標的とするのではなくカントと敵を共有する同伴者とする戦略である。学派内での論争の戦略は、論戦の最前線での戦略とはまったく異なる。後述する違いも含めて、先に名前を挙げた三人の思想家を分ける重大な差異がいったん理解できれば、二つの議論が、相互に関連する三つの章に現われるのがわかる。一方では、三人のカント改革者が、法的かつ定言的なものについてのカントの記述を正確に捉えていないとして非難される。他方で、ヘッフェは次の事実を明らかにしようと努める。それは、カントによる基礎づけに取って代わろうとする基礎づけの試みが、対抗者に屈服するまいとして、カントのそれを前提してしまっている、という事実である。これらの二つの議論は序列化と選別という骨の折れる作業を首尾よく果たすために設けられており、この作業によって、カント主義を、控えめだが妥協しない立場として確立できるのである。

この二つの議論がロールズに向けられるとき、それらはもっとも明確な形を取る。自らの理論を「政治的だが形而上学的ではない」と特徴づけるとき、ロールズはカントの実践的形而上学の意味するものを取り違え、また同時に、法的にして定言的なものについての厳密な内容に関しても思い違いをしていたのである。無知のヴェールのもとで、同一の普遍的目標により、公正な原初的状況から諸原理の最終的な確定へと議論が進んでいく限りで、その定式化は確かにカントに近い。だがそれでも、契約の場面で問われているのが平均効用最大化の探求である限りで、この普遍性の目標は疑わしい。また、ロールズの論証そのものが、ヘッフェに言わせると、平均効用最大化の計算とほとんど変わらない。熟慮に基づく合理的な選択を道徳的選択へと変える定言的で普遍的な契機が欠けているのである。ヘッフェは、結局のところ、法的―政治的問題領域から経済的問題領域への移行にこそ、定言的なものと功利的なものの間でロールズの立場が定まらないその原因があると考えているようだ。そうはいっても、ヘッフェのロールズに対する最終的な評価にも含みがあることは否定できないだろう（p. 222）。

カール＝オットー・アーペルに関する議論は細心の注意を要する。今日、誰が彼より精力的に超越論的なタイプの思考を擁護しているだろうか。ハーバーマスを除いて、誰がもっともみごとに大陸的伝統とアングロ・アメリカ的思考様式との交流を成し遂げていようか。ヘッフェにしても、アーペルと「多くの共通点」があることを満足げに長々と論じてはいる。しかし、アーペルが意識から言語へのパラダイム転換と見なす言語論的転回によって、定言命法をよりよく基礎づけられるのか。ここでは、対話原則の名のもとにカントに向けられる独白的な基礎づけだという非難だけを取り上げることにしよう。対話原則は、理想的なコミュニケーション共同体の目的のうちに、また、討議によるコンセンサス確立の探求のうちにも含まれている原則である。ヘッフェによれば、このことは、コミュニケーション可能性は普遍化可能性というカントの定める規則にも潜在的に含まれており、このことは、判断力の批判的な使用には公開性が要請されるという、別の文脈での主張と同様の内容である。しかし何より、コミュニケーション可能性は、さまざまな領域における自由な行為の共存を可能にするものとして、法の原理の中心に位置している。逆に言えば、理想的なコンセンサスという概念によって共通の意志と普遍的な意志を区別できるかどうかは、疑わしいのである。それゆえ、アーペルが言うところのカントとは別の選択肢なるものは、それ自身が、カント的基準に忠実なのである。いっそう意外なのは、コミュニケーションの共同体に全知全能を認めようとするアーペルの企てに対して、それは幸福と徳の両立の探求という問題領域の排除であるとしてヘッフェが向ける傲慢さ（*hybris*）というほのめかしである。その排除は『実践理性批判』のさんざん非難された「弁証論」でカントが取り組んでいる定言的なものの探求、つまり幸福と徳の両立の探求とは実のところまったく異なるのである。

考え得る最善の意志によっても、コミュニケーションの共同体が、実践的純粋理性の弁証論というキータームでカントが定式化した作業を遂行するのは不可能である。(p. 241-242)

つまり、学派内の言い争いにしても、迫力や辛辣さを欠いているわけではないのだ。

最後はハーバーマスである。ヘッフェはすでに『政治的正義』において彼に論争をしかけており、彼の方も反論している。したがって、ハーバーマスに割かれた記述は、進行中の議論の一コマとして見るべきである。ヘッフェは、ハーバーマスに対し、コミュニケーション行為の理論に関する大著に投じられた経験論的でプラグマティックな知識の量に圧倒されたことを、まずは正直に認める。〔だが、そのうえで次のように問う。〕コミュニケーション行為という概念を議論の中心に据えたことで、定言的なものが、さまざまな社会諸科学のなかに、さらにはさまざまな仕方で参照される社会諸科学の基礎論のなかにまぎれて、見えなくなってしまう危険はないのか？　社会病理学の様相を帯びた押しつけがましい説明を導入することで、アーペルが評価しなおした最終的な根拠づけという問題が、放棄されるとまでは言わないまでも、先延ばしにされてしまわないか。このような疑問を発端として、ヘッフェの批判は、微に入り細をうがちつつ、今なお一般社会理論を志向する企てを前にして、それが厳密な意味で批判的な思考たりえているかに関して不安を表明する。一般理論を志向するという企てのなかでは、アーペルの超越論的でプラグマティックな基礎づけは、ますます穏健な立場として位置づけられるよりほかない。ハーバーマスが討議倫理に関心を集中させるまさにそのとき、ヘッフェは節度のある著作を相手にしているのだと理解しており、そこでは普遍化可能性が「両者を架橋する原理」としての地位を得ているのである。扱いにくいカントの後継者一族の面々に向けられた二つの議論は、より的確に限定された領域に適用される。最終的にハーバーマスが非難されるのは、アーペルに向けられた批判とは逆に、その過度の謙虚さ、いわば超越論的な謙虚さのゆえである。声高に断固として「法の定言的原理」を表明せずして、討議倫理に懐疑的な論敵のプラグマティズムに潜む矛盾をどうして暴き立てられようか。社会科学と対話するなかで、全面的な妥協とも過大評価とも距離を取りつつ、定言的原理を断固として公言することで初めて、超越論的契機は対位法の意味を保持していると主張できるのである。

こうした粘り強いカント擁護が、ヘッフェの最新の著作に、主題的、方法的な統一性に加えて、論調の統一性を与えている。

マックス・ウェーバー社会学の基本的カテゴリー(1)

ピエール・ブーレッツ[*11]は著書『世界の約束』で、マックス・ウェーバーの思想の全体像を提示したが、本講演での私の意図はもっと限られている。『経済と社会』(*Wirtschaft und Gesellschaft*)所収の「社会学的カテゴリーの理論」第一部第一章の最初の数節と、第三章「支配の類型論」(*Die Typen der Herrschaft*)の最初の数節を対象にしたテクスト解読にとどめたい。実を言うと、広範にわたるこの読解を私が提起するにあたっては、導きの糸がある。われわれは、ウェーバー自身の注釈に基づきヴィンケルマンによって見事に編集された完全に信頼の置けるテクストをここで利用できる。私を導く糸は二重の関心、すなわち、主題についての関心と方法についての関心である。主題的観点から言うと、議論の構成は支配‐正当化(*Herrschaft-Legitimität*)の対を争点としている。(*Herrschaft* の訳は迷うところだろう。フランス語では、『精神現象学』における主人と奴隷のヘーゲル的弁証法を思い起こさせるように、「支配 domination」の訳

(1) このテクストはブルガリアのソフィアで一九九九年三月におこなわれた「マックス・ウェーバー学会」での講演で、これは次の書に収録。*Divinatio*, Maison des sciences de l'homme et de la société, Sofia, 2000.

が採用されてきた。）方法論的観点から言うと、私の関心はウェーバーの概念化の作業を辿ることにある。この点についてには、大規模な〈歴史〉の合理化に関してハインツ・ヴィスマンが提起した問題に対し、私は性急に判断を下さない。比較的短いテクストにおける概念化の作業を問題にする。この作業は、二つの方式を交差させるという論証上の戦略に基づいている。一方は線的な方式で、支配の概念の段階的な概念規定に関わる。これは正当化の概念規定と対になっており、そこに信念（*Vorstellung*）の役割を付け加えるなら、これらの概念規定は三つ組をなして機能することになる。もう一方の方式は、放射線状の方式を直線的な方式に結合して、諸概念を類型学的に配列することからなっている。この複雑な戦略が支配という主題にうまく適合していることを、これから示そう。

第一節から第六節までの最初の部分から始めよう。それは三段階に分けて展開される。最初に、解釈による理解（*bedeutendes Verstehen*）を目標とする科学としての社会学の企図が定義される。解釈と説明のこの組み合わせを強調すべきである。

社会的活動を解釈によって理解し（*bedeutendes Verstehen*）、それによって活動の展開とその結果を因果的に説明することを目標とする科学、それを社会学と呼ぶ。

ここにこそ、説明と理解を対立させるディルタイとの相違点が存する。ウェーバーは、説明と理解を対立させることにより生じる袋小路から抜け出す手助けをしてくれる。ウェーバーによれば、因果的な要因は解釈の動きに含まれている。そして、社会学が因果的な説明を作り出しうるのは、それが解釈を用いるからなのである。確かにテクストの後のほうでは、解釈が因果性と対立させられることもある。しかしそれは、*Deutung*（解釈）との結びつきを絶たれた因果性との対立である。それはさておき、何についての解釈があるのか？　行動（*Handlung*）についての解釈、である。（現代の主流の歴史学と社会学が好む用語法にならって、私は活動（activité）という語ではなく行動（action）という語を選ぶ。）この文脈で行動が単なる振る舞い（comportement）と対立させられるのは、行動が行為者としての人間にとって何らかの意味を持つのに対し、単なる振る舞いが空間における運動の全体である限りである。

われわれが活動という言葉で意味するのは、一人もしくは複数の行為者が主観的な意味を活動に伝える限りでの、人間の振る舞いである。

これに続くのは、活動の定義に、活動が行為者に対して有する意味の概念が含まれることを述べる決定的段階である。しかし同時に、第三の契機として、活動は他の主体との関連においても意味をなすのでなければならない。活動はこのように主観的であると同時に間主観的である。社会的活動の概念は主観的なものと間主観的なものとのこうした相互作用から発生する。

一人あるいは複数の行為者がめざす意味に応じて、他者の振る舞いと関係し、他者の振る舞いへ向かって展開していく活動を、われわれは社会的行動（*soziale Handlung*）と呼ぶ。

間主観的な要素はこのように最初から姿を見せている。社会学は、その対象が一方で主観的意味を含意し、他方で他者を動機づけるものを考慮している限りで、解釈的である。解釈的理解（*Verstehen*）とその固有の対象すなわち有意味な行為との相関関係は強固である。これらの三つの要素を、因果性一般とではなく機械論的で決定論的な因果性と対立する動機づけモデルの観念でまとめてみたい。ここでウェーバーに倣い、社会的活動という概念を特定する数多くの細部に立ち入ることができるだろう。これらの細部は、とりわけ、*Herrschaft* の類型学で応用される能動的参加と受動的参加の区別に関わるものである。不作為、もしくは行為の領域からの退去といった振る舞いがそうであるように、行動しないこともやはり行動である。他の重要な諸規定のなかに時間的規定を置くべきである。時間的規定は、たとえば、他者から期待される振る舞いに関わるというように、社会的活動の方向づけに関係する。そこに、活動の三つの方向づけを論じたアルフレッド・シュッツの分析につながる特徴がある。三つというのは、同時代人、先行者、後続者への方向であり、そこから、単に歴史一般の次元だけでなく、より正確に言えば世代横断的な次元が導入される。

この最初の三つ組の後に、たった今実際にその働きを確認した理念型の概念を導入する中間部が続く。理念型の概念は、有意味な行動を構成する限りでの意味の概念に適用される反省的思考から成り立っている。行為者にとっての意味、それは、社会学者にとって反省的に意味をなすもの、つまり類型を構成する可能性でもある。確かに、理念型は方法論上の構築物であるが、恣意的なものではない。確かに、この概念の認識論的確実さを問題に付すことはできるし、それについての他の解釈を提起することもできる。差し当たり、行為の諸形式を同定し、目録を作り、分類するための方法と、類型学のために分散空間を開く手続きとが問題なのだと言っておこう。この点に関しては、概念の直線的展開のなかに、また、類型学の放射状の再配置のなかに、理念＝型（idéal-types）、理念的類型をきちんと位置づけることが必要である。ウェーバーにとって実在的なものはつねに個人であるということから始めなければならない。だから、もろもろの理念型は、ウェーバーのいわゆる方法論的個人主義から切り離されるべきではない。社会的行動の観念は間主観性を含意する以上、人はつねに他の個人に従って〔行動の〕方針を決める個人を相手にすることになる。この点に関して、ウェーバーは、『デカルト的省察』における《間主観的関係の共有化communalisation》（第五省察）という問題点についての、フッサールのテーゼからそれほど遠ざかっていない。

テクストのこの局面においてこそ、最初の類型学が直線的展開に姿を現す。（実際、最初の十五の節では、程度の差はあれ一致する複数の類型に出くわす。〔類型の〕不一致は類型学的手法で対象を扱う処理ほど重要ではない。）この最初の類型学は、社会活動（activité）の概念に関係しており、支配の正当化の類型の観念に先行している。

> 社会的活動は他の活動と同様に規定されうる。活動は、目的合理的な（*Zweckrational*）仕方で、すなわち、外部世界や他の人間たちを対象とする期待を介して規定される。活動は、価値合理的な（*Wertrational*）仕方で、すなわち、成功の見込みとは関係なく、倫理的・宗教的・審美的その他の振る舞いの内在的価値への意識的な信念によって規定される。活動は、情感性（とりわけ情緒）に従って、すなわち、情念や固有の感情によって規定される。最後に、活動は、伝統に従って、すなわち、年来の習慣によって規定される。

ここでは四つの類型が、他の場所では三つの類型が区別される。それゆえ、概念的な厳密さはなく、予備作業としての性格が強い操作である。ある道具立てが試され、それはやがて正当化の体系に導いていく。目的合理性（*Zweckrational*）が最初に命名され、官僚制的なタイプの体系が最終的にそれに対応するのは偶然ではない。こうした類型学の効力は、認識論的な面での概念構造と、主題的な面での権威または支配と正当化の連関との、強固な相関関係をしかるべき場所に配置するところに発揮される。実際、最初の表がすでにして正当化（*Geltung*）の表であると言える。このテクストとその役割に関して興味深いのは、それが正当化から始めるのではなく、順を追ってそこに到達する点である。

まずは、意味への志向性、他者への志向性、社会的行為の観念という三つ組を媒介する概念を順に位置づけよう。三つの中間概念が、*Herrschaft* の観念が舞台に登場する前に提起される。

最初に秩序の観念がある。ドイツ語の *Ordnung* という語は命令以上のものを意味する。*Herrschaft* があってはじめて命令、要請がある。秩序のもっとも根本的な概念は、固有の安定性を有する組織体もしくは組織を指し示す。*Ordnung* の概念は、正当性を付与する述語による補足を求める。つまり、秩序は秩序であるために正当化されることを求めるのである。実際、*Ordnung* に関する一節は、まさに正当性を対象とする新たな類型学を提示している。次第に核心に近づく *Geltung* の概念は、何よりも承認を要請する。ドイツ語の *Geltung* は、要求、権利請求、権利の主張（prétention）、あるいは英語で言う *claim* の能動的性格を帯びている。*Ordnung* という表題のもと、正当性のこうした要求は保証という概念のもとで明確な形を取る。秩序は情緒（affects）によって、感傷的（sentimental）秩序の放棄によって保証される。あるいは、価値、もしくは価値の妥当性への信頼に基づく合理的な仕方で保証される（*garantiert*）。あるいは、宗教的な仕方で、もしくはたとえば何らかの利害関心が働く状況においてある種の特に外的な結果への期待に応じてもっぱら保証される。ここでまたもや、類型による分類の作業が、絞り込んだり、漸次確定したりして概念を生み出すために、非常に変動的であることが明らかとなる。正当性の問題が秩序の問題を介して導入されることは、依然として重要である。その意味で、われわれは、いわゆる高所からの視点ではなく、地上の視点、すなわち、最後に再び言及することになるごく最近の他の研究との比較を先取りして言えば、社会的行為者の視点をとる。秩序に正当な妥当性を与えうるのは行為者である。その妥当性付与は、伝統、情緒的秩序への信念、諸価値への合理的信念、平等を肯定する傾向に基づいてなされる。ここでもまた、諸々の類型学間の不一致は大して重要ではない。互いに複雑に入り組んでいる予備的分類のみが問題である。

第二の中間的概念は、*Ordnung* すなわち秩序の、統合的かそれとも単に連合的かという二種類の機能の間の差異に関する概念であり、これは、正当化への途上に位置づけられる。機能上の差異というのは次の通りである。一方では、行為者が共通の集団への帰属感を持ち、ゲマインシャフト（*Vergemeinschaftung*、共同体形成という名詞を用いてもよい）を形成する。他方では、行為者は相互の絆を契約上の関係と見なす。その絆はゲマインシャフトのそれより外面的で、より個人的でない仕方で行為者を巻き込む。これがゲゼルシャフトである。ここでわれわれは、ウェーバーと同時代のドイツ社会学における古典的な区別であり、不幸にも悲惨な結末をもたらした区別に再び出くわす。そのような結末はウェーバーの意図したところではなかったが、ナチ派の社会学者は連合（association）に対抗して共同体を讃美した。これこそまさに、テンニースによって提起された有名な二項対立の悪用である。この点に関して、ウェーバーが、ゲマインシャフトよりは著作のタイトルになっているゲゼルシャフトの側に与していることは間違いない。実際、連合的関係に対する好みは、ホッブズ、ルソー、カントのもとでの契約に関する法的伝統に由来する。マックス・ウェーバーのその後の著作に見られるように、これらの概念はすべて、経済的領域、法的領域、政治的領域を同時にカバーするよう作られていることも思い起こすべきである。宗教の領域とまではいかなくとも、少なくとも三つの領域をカバーするのに十分なほど強力な操作概念が実際に必要である。

契約の形式に加えて重要なのは、ゲゼルシャフト的紐帯とゲマインシャフト的紐帯の間の対立的性質であり、前者においては行政体制がその頂点をなす。これら二つの概念の結合は、ハンナ・アーレントがそうであったように、社会的な紐帯の産出、共に生きることへの願望の産出を理解する上でもっとも生産的でありうるということを、心に留めておこう。

次に来るのは、人間同士のつながりの概念としての閉域（clôture）という概念である。この概念は、集団もしくは集団形成（*Verband*）の緊密さの度合いを示す。ここで集合的アイデンティティが問題になるのは、このアイデンティティが、そこに個人が所属しているかどうかを決定するのに、境界、領土、その他の存在に依存する限りにおいてである。ここで私が連想するのは、マイケル・ウォルツァーの著書『正義の領分』である。この著書は「メンバーシップ」と題された章から始まり、集団のアイデンティティ構築にとって等しく重要な意味を持つ包摂と排除とを規定する諸規則を主題としている。この点については、集団の団結力の強化が、動機づけの概念空間で続けられる。（「団結という動機」を参照せよ。）

第三の中間概念はヒエラルキーの概念である。この概念は、閉じた集団内部での指導する者たちと指導される者たちとの差異化から生じる。「秩序は、権力保持者である集団内の一部の特別な者たちによって強化される」。これが政治的領域の始まりであることは確かである。ただし、指導することと指導されることとの区別は、経済的・法的・政治的という三つの水準で働く。指導するという行為は、指導する本人すなわち指導者より前に命名され、*Herrschaft* 概念の特殊性と結びつけられる命令行為より前に命名されるという事実に留意すべきである。この点で、承認をめぐるヘーゲル的問題設定は依然として正当性の問題の背景にある。このヘーゲル的問題設定こそ、あらゆる指導的地位に対して従属的地位から向けられうる異議を通して予想されるものである。それと同時に、正当性の問題と暴力の問題が一体化していることが明確になる。いかなる指導的権力も形式的規則のみに基づいて確立されはしない。それどころか強制的に確立される場合もある。力の行使による脅迫は、権力の問題の地平にいつも存在する。ウェーバーはここでしばらく本題を離れ、強制的な規則なしに社会が成立しうるだろうかと問う。政府という形態がすべての個人を満足させるということはありそうにないと彼は述べる。個々人の間で利害関心、年齢などが異なるからだ。少数意見は多数意見に従うべきであるという前提は、強制権（coercition）の要素を再び導きいれる。強制力が存在しないのは全員一致体制の集団のなかだけであるとも考えられようが、かえって、そのような集団こそがもっとも強制力に満ちているという可能性はある。全員一致の原則は多数決の原則よりも危険である。というのも、多数決の原則だけが少数意見をそれとして認識し、そうして少数派の権利を規定できるからである。ジョージ・オーウェルのたとえを用いて、次のように言えよう。一七九三年の全フランス国民は平等であった。ただし、他の人々よりも平等であった人々、すなわち断頭台に送られた人々という例外を除けば。多数決の原則を尊重するマックス・ウェーバーの論証は確信に満ちている。

あらゆる参加者の自由で個人的な期待によって確立されたのではない規則はすべて、（われわれの用語法では）押しつけられたものであり、それは少数意見が従わねばならない多数意見の決断に基づくものである。そういうわけで、多数意見が下した決断の正当性はしばしば承認されてこなかったのであり、長い間問題を含んだものであり続けたのである。

背後にある承認の概念がここで姿を現わす。だが、自発的な合意さえいくらかの押し付けを含んでいることもまた明らかになる。

要点を整理しよう。ここまで、社会的行為、連合‐統合の二者択一、集団の団結、権威の構造を含み持つヒエラルキー、というように概念の系列をたどってきた。ここに到って初めて、ウェーバーは *Herrschaft* を、完全に独特の概念——ここは正確さがとても重要なのだが——命令‐服従関係の概念として導入する。幾人かの翻訳者、とりわけパーソンズは、*Herrschaft* を「権威」と訳し、別の翻訳者は「命令による統制」(contrôle impératif) と訳している。だが私は「支配」(domination) の訳語を維持する。すでに明らかにしたように、いくつかある理由のなかでも、ヘーゲル的な問題設定との近さがその主な理由である。引用してみよう。

支配 (*Herrschaft*) とは、ある特定の内容をもった命令が特定の集団によって従われるであろう蓋然性(確率)を意味する。

このように命令と服従の観念が中心にある。*Herrschaft* は、他者が服従することへの期待として規定される。それゆえ、権力の体制は、所属する成員の服従を当てにできるというある種の信頼を確保しているのでなければならない。しかし、物理的強制の問題がたえず正当性すなわち *Geltung* の問題といつも対になっている。この点は強調しなければならない。なぜなら次に引用するテクストだけがあまりに頻繁に言及されるからで、そこではウェーバーは国家の定義を、その目的にでなく、その唯一の手段に結びつけているかのようだからである。それはやがてレーニンが『国家と革命』でおこなうことでもある。

政治機構、また国家ですら、その活動が服している目的に基づいて定義することは不可能である。そういうわけで、ある機構の「政治的」性格を定義できるのは、政治的性格に固有の手段、すなわち力の行使によってのみである。この手段は、政治機構に特有のものであり、その本質という観点からして不可欠のものである。ある状況下では、その手段は目的そのものにまで高められる。

だが、それを当該の文脈の中に置き直してみれば、依然として重要な述語は「正当な」である。先の箇所では次のように述べられている。

国家権力の構造は、諸規則の適用において、正当な物理的強制の独占を要求し、その獲得に成功することに依存している。

これに続く箇所は、*Herrschaft* の問題設定が、終始一貫して、暴力を行使するという脅迫に関連する正当化の問題であることを証明してくれるだろう。したがって、われわれは、支配、正当性、暴力、信念という四つの項からなる体系を手にする。

ここで立ち止まって、ある種の理念型のこの箇所での用いられ方に、改めて注意を向けてみよう。非歴史的とは言わないまでも、コロンブス以前の社会や、アジア的社会、その他の社会も含め、あらゆる社会に妥当するという意味で歴史横断的な概念を援用することには異論があるかもしれない。この異論には差し当たり次のように答えることができよう。歴史主義にとどまる見方では、われわれの社会とは異なる機構を概念的類推に基づいて同一視できなければ、その機構について語ることはまったく不可能だろう。その概念的類推によってこそ、別の文化環境で作り上げられたものをわれわれの言語世界において説明することが可能になるからである。差異のイデオロギーが望むように完全な無差別状態が出現したら、差異は完全な無差別と化すどころか、われわれはそれを名づけることすらできないだろう。人々は別の批判を口にするかもしれない。その非歴史的性格に加え、理念型の諸概念は、純粋に記述的な価値しか持たないのか？　批判的価値も隠し持っているのではないか？　フランクフルト学派は暴力－正当化の対に焦点を当て、理念型を告発しつつ、この断層に突進していくだろう。

こうした疑問は留保して、著作の長大な第三章「要求の正当性 *Legitimität der Geltung*」に進もう。正当化はこの章で請願、権利請求、権利要求（*claim*）という形をとる。そこでの中心的主題は、あらゆる権力は同意を要求するということ、そして、この要求は自らの正当性の主張であり、その意味でわれわれの信念に訴えるということである。章の冒頭、ウェーバーは正当性請求の概念を構成するのに必要な諸概念の要約から取りかかる。それらの諸概念こそ、われわれが概観してきたものである。*Ordnung* すなわち秩序、共同体形成（communalisation）と社会形成（socialisation）との区別、開放性（ouverture）と閉鎖性（fermeture）の対立、暴力の行使という脅迫である。これらに続いて正当性要求の検証が来る。このテクストできわめて興味深くまた最後に驚かされるのは――そしてそれが、理念型の観念を単なる分類機能を超えたものとして位置づけるようわれわれをつねに導くのだが――次のことである。すなわち、正当性請求に行為者が応答する際に依拠する信念が、代補（supplément）――ただしジャック・デリダが練り上げたカテゴリーである限りでの――として提示されることである。ところで何の代補なのか？　動機づけというよく知られた形式への代補である。「慣習に、そして信頼性という個人的もしくは厳密には情感的な利点に、正当性への信念を補足する要因が付け加わる」。正当性への信念は何かそれ以上のものを指し示しており、こうした意味の剰余こそがわれわれの頭を悩ますに違いない。ある意味で、これから示される類型学は意味の剰余と関係があるのだ。引用した箇所に加え、少し前には次のような記述がある。「いかなる支配体制も、自らの永続が、厳密に実質的あるいは厳密に情感的な動機によって、もしくは厳密に理念的な動機によって支持されることに満足しない。これは経験が示すところである」。ここでは社会的行為を保証する三つの事例が列挙されている。「さらに（*zumal*）、あらゆる支配体制は正当性への信念を呼び起こし維持することを求める」。経験はこの事実を示しているとマックス・ウェーバーは語る。あれほどの的確さでもって練り上げられた根源的諸概念からも、この要素は導き出せないかのような口ぶりである。正当性への信念は、経験から派生する無条件の事実として扱われるべき代補なのである。この事実は謎であり続けることを運命づけられているのかもしれない。信念は何かを付け加えるのだが、それは、権利要求が、この *Geltung* すなわちこの要求を履行する人々自身によって、理解され、容認されることを可能にする。ここから分かるように、人はつねに承認の諸問題に関わっているのである。私はガダマーのとてもすばらしいテクストのことを考えている。彼はそこで、権威への服従はすべてその権威の卓越性（*Überlegenheit*）の承認に基づいていると述べている。実際に、私が権威の卓越性を信じなくなったら、権威はただちに暴力へと逆戻りする。私は別のところで、ここにマルクス主義の *Mehrwert* すなわち剰余価値の観念に似た何かを見いだせないか問うた。ただし、剰余価値に似たその何かは市場への限定を超える広がりを持ち、生きた労働力の先取りのうえに剰余価値を成立させ、そうして資本の蓄積を生み出すのである。もっとも、『資本論』第一巻の終わり「商品フェティシズム」に関する有名な一章に見られるとおり、マルクスはこの資本蓄積のメカニズムを謎と見なし、神学の残滓を疑っていた。権力はよく知られた動機づけに剰余が付け加わるときのみ機能するが、これと同じように、つねに欠乏する恐れのある価値に剰余価値を求めるところに、イデオロギー現象の根がある。この点に関してアルチュセールは、支配の象徴的制度の理論において重要な貢献を果たしている。

この謎の上に正当な支配の諸類型の有名な三つ組が展開される。

正当な支配には三つの類型が存在する。この正当性の妥当性は次のものに基礎づけられうる。1．合理的な動機。すなわち、定められた諸規則の合法性と、この規則によって権威を行使する地位にある者たちの命令権の合法性への信念。2．伝統的な動機。すなわち、太古からの伝統の神聖さへの信念と、その手段（伝統による権威）によって権威を行使する地位にある者たちの正当性への日常的信念。3．カリスマ的動機。すなわち、ある個人および、彼自身（カリスマ的権威）により啓示されるか制定された秩序のもつ、例外的な神聖さ、英雄的な美徳、模範的資質への崇拝。

ここでは提示の順序が重要な意味を持つ。上から順に透明さは失われ不透明さが増す、という順序である。理念型がその指示対象の潜在的合理性と合致している点で明晰さの順に並んでいるという特徴は、理念型の機能と最終的には関係しているはずである。この順序を上から順に下っていこう。ただしこれは、歴史的順序とはまったく異なる。歴史上は、逆の順序、つまり、カリスマから伝統、伝統から合理性という順に継起したと考えるもっともな理由がある。確かに、ウェーバーの社会学の骨子には、歴史神学ではないにしても歴史哲学的、あるいは逆転した歴史神学の考察に動機づけられたのではと疑わせるところがある。しかし、ここでは依然として類型学の枠内にあり、合理性の低下する度合いに即して順序づけられた類型学なのである。もっとも明確に理解できるのは、正当性への信念に依拠する合理的動機づけである。伝統を超えてカリスマとなると、われわれはもっとも不透明なものと関わることになる。実際、もっとも長く論述が展開されているのは、諸規則の合法性への信念や、命令を下す権利への信念に依拠する権威についてである。五つの基準が提示されるが、第一の基準のみ考察しよう。

いかなる法的規範も、適時性もしくは価値による合理性を理由として、あるいはその両方を理由として、組織の成員相互の同意か、押し付けによって確立されうる。

ここで考慮されているのは、信念の形式的構造のみである。他の基準の説明になると、今度は合理性が低下していく順序で進む。組織のもっとも非人格的な側面から始まって、もっとも人格的な側面へと進む。ただしそれは、形式化への信念が、この正当性要求を実行する人物の資質への信念でもあり続ける限りにおいてである。ここで次のように問うことができる。支配の個々のシステムにおいて、伝統的なシステムの中にはカリスマ的なシステムの徴候が、合法的なシステムの中には伝統的なシステムの徴候が、いわば残滓として存続していないか、と。官僚機構のシステム全体を特徴づけるいわゆる行政的管理との結合のみを強調するなら、官僚機構のシステムは、類型学の平面においては、合法性に基づく合理性の極点を表すと言える。ここで、類型学が本当に価値評価を免れているか、つまり本当に価値自由 *wertfrei* であるかどうかを問うことができる。つまり、何かを合理的と見なす先入見の存在を疑うことができ、それは権威の機能においてもっとも明瞭に現れるのである。マックス・ウェーバーはたしかに、彼が統制と呼ぶものの行使に執着する人物やカリスマについての問いが重要であることを十分承知している。実際、カリスマもしくは伝統の痕跡が、現存する官僚機構システムに行使される統制の権力から完全に消えうせたとしても、その問いは絶えず立てられる。こうした統制は、自分の上司ではあるが専門性を欠いた大臣よりも最終的にはしばしば優位に立つことになる専門家に対して、非専門家の側が、きわめて限定された仕方でのみ行使することが可能だという。この一節は注目に値する。誰が官僚機構を道具として制御するのかという問いが、専門家と政治家との関係のすべてを要約している。類型学を読み解くに当たり、私が立てている仮説は次のようなものである。合法性の理念型は、権利要求の他の二つの構造が何らかの形で垣間見える限りにおいて支配の形態をとり続ける。というのも、合法性には、伝統による支配とカリスマによる動機づけという残滓を隠蔽しようとする傾向があるからである。ここでわれわれはノルベルト・エリアスの見解に与していると言えよう。彼によると、力による脅迫や暴力の使用が禁じられると、象徴化の働きで暴力を隠す象徴的秩序の確立を許すことになる。ここにはピエール・ブルデューの社会学との類似も見いだされる。しかし、われわれは、マックス・ウェーバーに同意して、抽象的で中立的な純粋類型学の平面にとどまろう。フランクフルト学派とは異なり、ウェーバーには類型学の純粋さを疑う気配がない。慎重に次のように述べておこう。いかなる権力も単一で他から隔絶した類型に基づいて機能することはない。また、現実の権力体制はすべて、法の要素、伝統の要素、カリスマの要素を、それぞれ異なる割合で間違いなく含んでおり、法的類型は、それ自身のうちに存続している伝統的類型とカリスマ的類型に基づいてのみ機能する。

比較的よく知られた伝統的類型と、カリスマ的類型にさっそく取りかかろう。支配の正当性が、旧権力の古さに結びついた神聖さ（*heilig*）という特徴のおかげで要求されたり容認されたりするとき、その支配は伝統的と性格づけられる。合理的性格と比較して伝統的という不透明な性格は、神聖さという用語によって際立つ。類型が機能する手段に関して、細かい点は省略する。分類全体における、合理性が低下し減少するという特徴だけを強調しておく。最後に、カリスマによる支配の正当性がたどる過程を定義しておこう。その過程は、神聖さ、英雄の力、ある人物の模範的性格、あるいはその人物によって啓示されるか創造された世界秩序の模範的性格、そうしたものへの過度な依存に基づいている。

カリスマから伝統への移行を明らかにするために、ヘーゲルの『法哲学の原理』の契機を照合することを私は提案する。そこでは、政体（*Verwaltung*）の観念と結びついた合理性は、君主制とは関わりのない君公という人物像に行きつくのだが、この合理性はどんな権力構造においても盲点となる。権力構造とはつまり、決定を下す能力であり、それは権力体制においてつねにある程度は主観的なものにとどまるということである（『法哲学』二七三節）。権力の個人集中という現象も考えうる。この現象は、エリック・ヴェーユの『政治哲学』においてヴェーユがヘーゲルと似た用語体系を用いて取り組んだ対象であり、次のように説明される。「国家は歴史的な共同体が組織したものであり、国家へと組織されると、共同体は決断を下すことが可能になる」（三一節）。決断を下す能力は、何か伝統的なもの、カリスマ的なものとつねにかかわりがあるのではないか？　このように、問題の総体は終始一貫して、信頼性の問題なのである。ウェーバーの最後のテクストを引いておこう。「権威に従う人々による承認は、カリスマの妥当性を決定づける」。承認について語られる段落でカリスマが主題となっていることは注目に値する。権威を行使し命令を発するのが誰であろうと、その権利要求の *Geltung*（妥当性）の全領域を、承認は問題として扱う。

結論を述べるに際して、導きの糸であった、概念構築の行程にかかわる主題的関心と方法論的関心との関係について再度触れたい。支配とその正当性およびその信頼性をめぐる諸問題に関する論証の戦略が適切であったかどうかをここで問わねばならない。一方では直線状に、他方ではツリー状に展開された概念構築は、支配／正当性の主題そのものと深く密接な関係があるのではないか？　権力行使の現象そのものに付随する非合理性の残滓を、社会学的合理性によって制御できるかということが、隠れた争点なのではないだろうか。正当性の類型学が、合理性が低下していく順序で構成されていることに注目した。この順序は、代補として姿を見せたものを前にしての、合理性の低下に反比例する不透明性の増大ではないのか？　この代補とは〔慣習や信頼性という動機づけの形式に対する〕信念の *Zumal*〔さらに〕であり、そこが承認の謎の逃げ込む場所である。合理化の作業とは、言ってみれば、概観してきた諸概念の不透明性の増大とは逆方向へ、信念のこの最終的な残余にまで進もうとする努力ではないか。

こうした問いに直面して、権威の現象を上から下への図式で解釈することにさほど拘束されない他の社会学者の解釈から、どういうヒントが得られるだろうか。もっとも、カリスマ現象から始めて、下から上へ向かう解釈は、ウェーバーの類型学につねに透けて見えるのであるが。上から下への図式をとる解釈のなかでは、ノルベルト・エリアスの著作が、象徴的暴力へと変貌した物理的暴力を独占的に利用する国家体制が命令を通じて自らを認めさせる、そのやり方を扱っていた。エリアスによれば、権力体制の側での〔従う者たちへの〕敬意の進歩と、個々人の機能面での知的・実践的・感情的自律との相関こそが重要である。

そこで、上から下への図式と下から上への図式を同時に扱うような、混合的解釈をおこなうことが必要だろう。その際、社会的行為者に発議の決定的権力を回復させるような、取引、適応といった戦略と出くわすだろう。ここで私は、カルロ・ギンズブルグ（『チーズとうじ虫』、『十六世紀の製粉業者の世界』）、ジョヴァンニ・レヴィ（『村への権力』）といったイタリア人たちのミクロヒストリーの諸著作、あるいは、リュック・ボルタンスキーやローラン・テヴノの著作（『正当化について——偉大さの経済』）といった、行動社会学のいくつかの著作を念頭においている。われわれは彼らから、行為者が多様な都市や世界において自らの行為の正当化を追求する事実を学ぶ。この事実は、もはや権威への服従というモデルによってではなく、社会的行為者自身が実行する正当性の論証という類型によって語られる、新しい種類の類型学を要求する。こうした社会的行為者は、名声の都市、霊感の都市、商業的交換の都市、産業の都市、市民権の都市と、あちこちの都市で活動する。マイケル・ウォルツァー（『正義の領分』）においても同じく、正当化の多様な秩序、交渉や妥協といった、支配と服従との単純な関係に還元されないさまざまな戦略に向けられた関心を見いだしうるだろう。さらに、ミシェル・ド・セルトーやベルナール・ルプティとともに、社会の当事者が活用している規範に適応するための多様な戦略を研究することで、社会的紐帯の構築と集団的アイデンティティの探求の空間を拡大できるだろう。これらの著作はすべて、適応と一体化の多様な手続きを利用した社会的紐帯の構築に関心を有している。

われわれはウェーバーと正当的支配に関する彼の理論から完全に遠ざかってしまったのだろうか。私はそうは思わない。異なる種類の相互行為にそのつど適合した多数の戦略によって貫かれた社会空間に、彼の分析を位置づけたにすぎない。このように多様化した行程で、『職業としての政治』あるいは『職業としての学問』のように、社会的政治的紐帯の形成の研究に対してウェーバーが別の貢献をしていることも見いだされたかもしれない。その過程でわれわれが断念したのは、おそらく、『経済と社会』における社会学の根本的カテゴリーの理論が断固として主張していた価値論的中立性だろう。

ピエール・ブーレッツの『世界の約束——マックス・ウェーバーの哲学[1]』

ピエール・ブーレッツの著作『世界の約束』に力強さと独創性を与えていると思われるものについて読者に語らせていただくのは、私にとって大きな喜びである。「理解的説明」という混合的概念における説明と理解の関係、また、集合体を人間の相互行為から派生する構造体へと還元する方法論的個人主義、そのいずれを主題とするかはともかく、これまで多くの優れた著作が社会科学の認識論へのマックス・ウェーバーの貢献を論じてきた。他方で、「価値論的中立性」という名目で、認識論に隣接した倫理を強調する著作もあった。ブーレッツは、ウェーバーが打ち出したこれら二つの重要な革新よりも、彼が成し遂げた他のすべての革新に伏在していると見た問題、すなわち世界の脱呪術化という問題を、重視する立場を取った。こうしてマックス・ウェーバーは、ホッブズ、マキァヴェッリ、カント、ヘーゲル、マルクスといった偉大な政治思想家たちの一群に位置づけられることになる。基本方針をいったん決定した著者は、自分の主要な仮説を、経済、政治、法と三つの領域に移し入れて、順々にその仮説を「検証する」ことに専念

(1) Pierre Bouretz, *Les Promesses du monde : philosophie de Max Weber* (Essais), préface de Paul Ricœur, Gallimard, 1996, p. 9–15.

した。三つの分野で集められた成果が相互に関連し、また収斂するところから、彼はそれが、記述的な政治科学における検証ならびに反証に相当する哲学上の等価物――これだけが利用可能である――を提供してくれることを期待する。証明の装置を補強するために、著者は、ウェーバー社会学あるいはこの偉大な著作に伏在する哲学についての、フランス語ならびに他の言語で書かれた主要な解釈と進んで対決する。それゆえ、一連の批判的考察において著者がとる立場は明確である。近代的合理性の命運に関してウェーバーが下した「懐疑的」診断を大筋において受け入れながらも、著者は、ウェーバーの新ニーチェ主義が導き出す「ニヒリスティックな」誘惑には頑として抵抗する。ウェーバーによる近代の分析は、ある種の思弁的脱呪術化のために、今日においてもなお解放の手段となりうるはずの合理性の能力を犠牲にしてしまう。そして、本書の哲学上の争点が、合理性が脱呪術化の犠牲になるその要因を特定することにある以上、著者の態度はまさに抵抗と表現しうるものである。緻密で分析的な本書に悲壮な調子が含まれているのはそのためである。世界の脱呪術化という主題に個人的には痛いところを突かれながらも、理性に絶望しないための強力な理由を求める一人の思想家の姿が露わになる。エピローグのなかの最後の言葉が、*Rettung*、救い（salut）、救済（sauvetage）を歴史哲学のキーワードとしていたベンヤミンという予期せぬ訪問者に向けられているのは偶然ではない。著者はそこでわれわれにこう語っているように思われる。ウェーバーが記述において正しいとしたら、どうして価値論的には間違っているなどと言えるだろうか、と。哲学者トマス・ネーゲルなら「死活的に重要な問い」と言うだろう……。

世界の脱呪術化という主題が本当にウェーバーの著作を理解するための鍵だとして、その主題に否応なく出くわすのは、フランス語では一九六五年にジュリアン・フルンドによって編集された『科学理論についての論集』ではなく、宗教社会学の著作においてである。実は、脱呪術化の源泉を見いだすべき場所は、行為の宗教的動機づけの領域内部なのである。脱呪術化の観念そのものは、その中で人間が調和を保ち満ち足りた生活を送っている世界、すなわち呪術と儀式の世界を背景として浮かび上がる。こうして合理性の約束と脱呪術化の遥かな起源とを同時に導きいれた結果、この満ち足りた世界とは断絶したユダヤ教の預言思想が帰結する。道徳的命令による倫理的生の合理化に新たな生きがいを見いだせなくなった上に、呪術化された楽園の喪失が付け加わるという意味では、これは二重の脱呪術化である。合理性の自己への向き換え〔自虐〕(retournement contre elle-même) が、合理性の勝利と機を同じくするということ。これこそウェーバーの変わることのない主題だろう。著者はその向き換えが起こる瞬間を正確に特定する。それは、中近東の偉大な弁神論の誕生と機を同じくしている。それらの弁神論は問う、この世界が全能にして善なる唯一神の作品だとしたら、世界の不完全性にどうして我慢できようか、と。こうした落胆が二者択一への道を開く。世界外への逃避かあるいは世界内での禁欲主義かである。アングロ・サクソンのピューリタニズムとともに勝利するのはこの第二の選択肢である。この契機の重要性はいくら評価してもしすぎることはない。『プロテスタンティズムの倫理と資本主義の精神』からわかるように、それは、カール・ヤスパースの表現を借りるなら、基軸的時間である。そこでは、近代経済を支配する動機が、将来的に両義性を帯びることになる強力な宗教的動機づけに関連しており、その両義性は世界の合理化という主題と緊密に結びついている。こうして、マルクスの唯物論的説明との対決が論争の主要な動機ではなくなる。主要な動機は、合理化と脱呪術化の展開に合わせてプロテスタンティズムの倫理と経済的動機づけを同時に措定することであり、これは宗教的なものと経済的なものの結合に重い意味を与える。だが、この段階からすでに、宗教的人間像を経由して経済の諸問題との合流点に至るウェーバーの考察とは別の仕方で解釈できないのか、と問いうる。最終的には著者が取ることになる観点、すなわち、世界の合理化の自己への向き換えという主題が引き起こしたニヒリズムへの抵抗という観点に立てば〔それは結局ブーレッツの観点だが〕、次のように問うことができる。宗教的現象についての自らの包括的解釈が一義的であるか否かという問題を、ウェーバーは一貫して避けてきたのではないか。また、彼は、きわめて問題の多い包括的解釈のために、研究者の価値中立性という名目を不当に利用したのではないか、と。その包括的解釈とは、世界の脱呪術化という主題を理性の狡知というヘーゲルの主題と同じレベルに置くような解釈である。弁神論は本当にユダヤ的預言思想に結びつくもっとも重要な問いを提起したのか？　劫罰のおそれがないことを保証し安心を与えてくれるものを見いだすことへの関心は、キリスト教だけの、より限定して言えばピューリタニズムだけの宗教的動機づけだったのか？　求霊予定説という過大評価された命題と比べて、恩寵による救済、保証なき信仰についてはどうなのか〔宗教的モチベーションだったのか〕？　ブーレッツが何度もその両義性を指摘する著作において、ウェーバーが、大規模な文化現象についての解釈の多義性という問題に直面していたかどうか、興味深いところである。

経済的側面については、宗教的現象に関する解釈と対をなす問いが立てられよう。ウェーバーが、資本主義的企業を生み出す合理的な動機、すなわち企業家精神に支えられた資本蓄積という動機を、現世での天職に信仰を傾けるという宗教的な動機に結合させるとき、彼が再構成するこの組合せの後者の項目に、問いは関係している。その問いとは次のようなものである。この動機は経済的合理性を生み出す唯一の源なのか？　交換や取引や、モンテスキューが見抜いた「イギリス的自由」と呼ばれるものと結びついた諸々の徳はどうなのか？　多義性についての繰り返される問いは、プロテスタンティズムの倫理と資本主義の精神という、等号で結ばれた二項に関しても立てられよう。

宗教社会学というロイヤル・ゲートから、社会科学の認識論という召使口に引き返しつつ、われわれは、レイモン・アロンやアンリ・イレネ・マルーの時代にそう思われたほど事態が認識論的に明白かどうかを問いうる。社会科学の対象の同定において、社会的行為者にとっての生きられる意味に訴えることと、ウェーバーが主張している価値中立の態度とをいかにして両立させるか？　確かに、こうした行為者にとっては何が意味を持っていると見えるのかということについて、公平な理解は可能だろう。しかし、その生きられる意味が、チャールズ・テイラーが『自我の源泉』のなかで「強い評価」と呼ぶものであることが明らかになったとしたら、その同じ不偏性は維持されるだろうか？　ところが、意味についての問いが、世界の合理化が歴史的に進行するその全行程を対象とするときには、強い評価が主題になるのである。労働、富、享受の経済世界において問題となるのも強い評価である。さらに、ブーレッツが最後に、脱呪術化、〔精神の〕硬直化、人間性の喪失、〔人間性へ加えられた〕屈辱の進行によっても損なわれることのなかった意味の諸源泉を見誤ったとしてウェーバーを非難するとき、支配の正当化に役立つ服従の主要な動機という形で、政治の領域においても強い評価が問題となる。理解社会学はその認識論的立場において、脱呪術化と見なされたものを免れているのかが問われうる。その脱呪術化は結果のみならず前提でもあるのではないか。脱呪術化は、言うなれば意味の意味、反省的意味だけに関わるのであって、行動の直接的意味には関わらないと言い張ることもできよう。しかしながら、ウェーバーの認識論が、価値論的中立によって、ニヒリズムから受けた刺し傷に対する免疫を得ることにどの程度まで成功したのか、という問題が残っている。そういうわけで、『科学理論についての論集』を他の著作から完全に引き離した上での系統だった批判的読解により、他の著作が生み出したニヒリズムの汚染からこの著作を保護することが必要になるだろう。(2)

（2）　服従の動機の類型学において合理的という形容詞が特別扱いされている（価値合理的 *wert-rational* など）のは驚きである。ちなみに、脱呪術化の中心をなすのは合理化の進行である。

ここで、「脱呪術化への道」と呼ばれる経済、政治、法の各領域が一つにまとまり合う程度に応じて、新たな一連の問いが提起される。実を言えば、合理化への道は未だなおちぐはぐである。「資本主義の精神」によって立てられた諸問題がどのようなものであるかはすでに見た。支配の諸問題の優越性がいったん認められると、政治は特有の問題を提起する。ウェーバーの考えでは、暴力の契機が政治の最初と最後、そしてその中間を占めることは明白である。われわれは暴力を、最初は権力の母胎として、中間においては国家によって簒奪された力として理解し、そして最後に政治史では、暴力はある種の決断主義として再び現われる。正当化に関しては、暴力は服従の動機でしかない。だが、服従は、ヘーゲルが『法哲学の原理』で最終的に政体によって保証されるとした承認には昇格しえない。ウェーバーのもとでは、こうした問題設定は決して姿を見せないように思われる。彼の分析においては、「目的合理性」つまり道具的理性が一貫して「価値合理性」を覆い隠していたが、この「価値合理性」だけが正当化とは異なる諸問題を提供できただろう。ハーバーマスが価値合理性の隠蔽を残念に思うのはもっともだ。目的合理性の優位からの帰結として、権力が合理化すると同時に、合理化に逆行するものへと変貌していくその先には官僚制の現象のみがある、ということになる。（たとえば、ウェーバーの『経済と社会』第三章の二「官僚制国家の諸理由」を参照せよ）。こうして官僚制の現象は「強制を客体化する論理」に、それゆえ支配に、じかに接木されるのであって、正当性の合理化の諸相に接木されるのではない。こうした合理化の諸相は、法治国家によって提供された解放のための手段と同じものであると期待されている。したがって、ブーレッツが官僚制の現象を「現代世界における、経済、政治、法の脱呪術化された合理主義」（原書 p. 317）という表題の下で分析したのは当を得ている。

したがって、考察された三種類の諸現象の収斂は、理解可能な特徴ではなく、解きがたい謎である。謎というのは、合理化が頂点に達するのと、その逆方向への展開とが、まさに同一の審級（instance）あるいは同一の瞬間（instant）に属しているという点に存する。ピューリタニズムの分析に際して見られることの奇妙な重なり合いはすでに注目を集めていたのだが、そのピューリタニズムは世界内での禁欲の極端な合理化とその向き換えの始まりとを示すものだったのである。けれども、その時々に応じてパラドクス、謎、向き換えなどと呼ばれ、また、初めにヘーゲルの理性の狡知と厳密な対称をなすと言われてきたこの現象については、まったく解釈がなされていない。合理化と意味喪失のこの正確な重なり合いは何を意味しうるのだろうか。あるプロセスが歴史のなかでいったん始まると最初の動機づけが力を失った後も存続し、それがもとの正当化による制御から外れて悪影響を及ぼすという慣性現象が問題なのだろうか。ウェーバーが自分の企ての包括的意味に関して言う「暗闇」、「秘匿」、「沈黙」に、著者が何度も立ち戻るのも、もっともなことである。

世界の脱呪術化という文脈でウェーバーの著作を解釈するときに生じるこうした困惑は、ウェーバーが近代の推移に対して下す懐疑的診断に含まれる「ニヒリスティックな」挑発を懸命に取り除こうとするブーレッツの再構成の作業にも反響を及ぼしている。問題は次のようなものだ。著者は、ウェーバーを分析する一連の諸命題のどの局面に抵抗線を設定するのか。ここで私が抵抗のための論拠と呼ぶものは、三つの平面に分類されるように思われる。

最初の平面において、著者は、合理化の過程を自己への向き換えと見なす一義的読解に反対している。この点に関して、記述された現象を強化する分析を、自己満足として、それどころかその現象への加担であるとして非難するレオ・シュトラウスに、彼は近い。もしそれが事実なら、その留保は社会科学の認識論の平面で採用された価値自由（*wertfrei*）の態度にまでさかのぼるべきだろう。われわれは先に、価値論的中立性は、ニヒリズムへの転回による著作全体の汚染をどの程度まで免れているかを問うた。支配という政治現象あるいは法治国家という現象と同様に、ピューリタンの現象の分析に際しても、解釈の多義性を問うことが可能であった。その問いは開かれたままだ。多義性を再開するためにどこまでさかのぼるべきか？「鉄の檻」「神々の闘争」「最後の人間」「呪術化」「脱呪術化」といったウェーバーの重要な隠喩が生み出す眩惑の効果に抵抗しようとするなら、この問いは本質的なものと思われる。

第二の平面において提起される問いは、非道具的理性、「価値合理性」をいかにして救出するかというものである。これは本書のハーバーマスに関わる側面である。しかし、ブーレッツ自身は、ハーバーマスの道徳的認知主義、そして討議倫理の諸原則に基づく合意のレベルで倫理を基礎づけようとする彼の試みを、どこまで引き受けるのか。これと同じ平面においてこそ、ロールズ、少なくとも『正義論』のロールズに訴えることが正当化される。ハーバーマスとロールズ、ポパーとハイエク、いずれが主題になろうと、問題は、非道具的理性の弁護が、著者が引き受けているように思われる懐疑的診断と両立しうるかどうかである。分断線は懐疑論とニヒリズムの間に走っているのか、それとも、懐疑論を生じさせる諸々の議論を横断するように走っているのか。ハーバーマスとロールズは、著者が認めているよりもずっと前の段階で、ウェーバーと距離をおいているように思われる。

最後に第三の平面において、争点はやはり、『経済と社会』の冒頭の命題が位置する水準で思考と行動のカテゴリーを再構築することは可能か、というところにある。この平面でこそ、ヘーゲルの人倫からの借用（そこでは相互行為という関係性を物象化せずにいかに客体化するかが争点となっている）、あるいはフッサール『デカルト的省察』第五省察の最後の数節とウェーバーの社会的カテゴリーとの関連から借用された議論、もしくはハンナ・アーレントから借用されたさまざまな語（共通感覚、公共空間、ともに生きようとする意志）が再構成される。「重なり合う合意」（*overlapping consensus*）、「合理的な不一致」（*reasonable disagreement*）といった後期ロールズの用語からの借用、あるいは、倫理‐政治の中間領域で正義の諸規則が物語として産み出されていくという見方をとる『法と解釈』のドゥオーキンからの借用もまた、この第三の平面に属するものだろう。そして最後に、何よりも、結論たりえないエピローグにおいて著者が真に悲壮な現実に向き合うのは、この平面においてである。不意の客として先に呼び寄せておいた人物ヴァルター・ベンヤミンが、反論の口火を切ってくれる。ブーレッツの声を通して「二十世紀からの目覚め」を呼びかけるのは、間違いなくパウル・クレーの描く「歴史の天使」である。

アントワーヌ・ガラポンの『約束の番人[1]』

アントワーヌ・ガラポンの著作はちょうどよいタイミングで登場した。よいタイミングというのは、現在、裁判がフランスの集団生活に対して影響力を増しつつある一方で、合法性の喪失（délégitimation）という危機が生じている――民主主義国家において何らかの形の権威を行使する組織のすべてがこの危機に直面している――、そうした矛盾が明白になっているときだからである。本書の主なテーゼは、裁判と民主主義は同時に批判され改良されるべきだ、というものである。こうした意味で、判事によって書かれた本書は、政治の書たらんとする。

問題の診断からしてすでに、法の視点と民主主義の視点は密接に関連づけられている。ガラポンは、「法に捕らえられた民主主義」について語るフィリップ・レイノーとともに、極端な「公的な生と私的な生の裁判化 juridisation〔状況の制御を裁判にゆだねること〕」は、訴訟好きのアメリカ人気質の単なる汚染にす

(1) Antoine Garapon, *Le Gardien des promesses, Le juge et la démocratie*, préface de Paul Ricœur, Gallimard, 1996, p. 9-16.〔『司法が活躍する民主主義――司法介入の急増とフランス国家のゆくえ』河合幹雄訳、勁草書房、二〇〇二年〕

ぎないという見方を拒絶する。つまり、彼は民主主義社会そのものに、病理的現象の根源を見てとるのである。多くの重要人物やジャコバン国家自体がこれまでは訴追の対象となることを免除されてきたが、その免責特権が終了した理由は、何よりも民主主義の構造そのものに探し求められるべきなのである。というのも、政治の領域においてこそ、下は数多くのさまざまな裁判の場によって、上は上級裁判所によって蝕まれて、国内法の弱体化が生じているからである。それゆえ、判事の役割の変容は民主主義そのものの変容と関連づけられねばならない。またそれゆえ、まずは裁判組織のインフレーションとして現われているものを説明するために、国家が合法性を喪失した理由にまで遡るべきである。ここで言う合法性の喪失は、それ自体が、民主主義的想像世界の源、すなわち政治制度の権威が承認される市民意識の内面に立ち戻って考察されるべきものである。

著者は本書の前半を、司法と政治の命運を結びつける自らの診断の妥当性を論証することに当てている。この診断は、事柄の表面しか見ない者には司法と政治の単なる地位逆転としか思われないところで、両者の命運を一つに結びつける。この地位逆転においては、司法が傲慢にも政治を代理することになるだろう。そして、「弱小判事 petit juge」がこの一方的な地位強奪の象徴となるだろう。司法積極主義が逆説的だとしたら、それはその積極主義が、ひとまとめにされた「司法の民主主義」に悪影響を及ぼすからである。

著者が「司法積極主義」を明白な留保なしには受け入れないのは、彼が、司法と政治の命運を一つに結びつけることに関心を抱いているからである。著者が最初に強調するのは、同業者としての満足でも司法専門職への賞賛でもなく、司法の膨張現象と結びついた逸脱である。判事が新たな聖職者を自認しようと、メディアに取り上げられた人物が「ラテン的想像世界にいつも現われる古い糾問する悪魔」を呼び覚まして公的美徳の守護者を自認しようと、著者のこの姿勢は変わらない。英語圏とフランスとの組織比較が有効なのは、逸脱を指摘するというこの水準においてのみである。もっとも、この比較によって可能になるのは、同一の逸脱がそれぞれの組織において発生しているその様態の区別のみであるが。この点でトクヴィルは、本書では一貫して、政治生活の司法化という現象が今後たどることになるさまざまな道程についての洞察力ある分析者であり続けている。フランスに関してガラポンは次のような厳しい言葉を投げかける。

そこに現代の裁判の両義的な約束がある。弱小判事たちはわれわれからあくどい政治を取り払ってくれるが、強大な判事たちは政治そのものを取り払ってしまう。

政治の凋落と司法の勢力増大という二重の診断を先へ進めるためには、司法の強固な核を構成しているものについて語り、それに向けての司法組織全体の暴走について語ることが欠かせない。本書の鍵概念は、一歩引いたところから捉えられた「裁判の法的基盤」の性格づけである。より正確に言えば、裁判所で達成さるべきことと市民であることの両方をわれわれが少しずつ理解していくための公正な距離の獲得、である。公正な距離をとるというこの主題を議論の出発点に据える主な理由は、メディア組織が養いすっかり作り上げさえする直接民主主義という幻想が、司法と政治をともに標的とする重大な誘惑だからである。こうして、メディアからの重圧の下、直接民主主義という夢想が代表制民主主義をお払い箱にしてしまうという事態が見いだされ、それと同時に、贖罪裁判という古くからの夢にとりつかれた判事たちが新たな聖職者を自認するという事態も見いだされる。裁判が保護区域から追い出され、事実と時間において公正な距離をとることや専門家として公正な距離をとることができなくなるのと、護民官のように機能する宣伝攻勢と選挙を実数の世論調査に還元する世論調査の詐欺によって政治的な熟慮が皮相なものにされるのは同時であり、いずれもつねにメディアの圧力の下にある。メディアの悪影響に対するガラポンの批判の激しさに、読者は驚かされるかもしれない。しかし、法的関係における第三者の地位と政治的関係における制度的調停とが同じ脅威にさらされていることをいったん理解したなら、メディアの見えざるイデオロギーを告発する点において著者がクロード・ルフォールと通ずるところがあっても、何ら驚くべき点はない。

こうした厳しい判断を踏まえて初めて、本書の第一部を独創的なものにしている両義的診断をたどる準備が整う。あらゆる場面にわたって公的ならびに私的な生活が侵害されているということを口実に裁判組織を一方的に非難したくなる、そうした心情に終止符を打つために、まずは民主主義そのものの側にこそ欠陥を探し求めるべきである。さらに言えば、トクヴィルが「条件の平等」と称して賞賛した民主主義にこそ、昨今の逸脱の端緒を探し求めるべきなのだ。「条件の平等」は旧来の階層秩序や自然な伝統を犠牲にして形成されたにすぎないのだが、そうした階層秩序や伝統こそが各人にしかるべき地位を割り当て、紛争が起こるのを抑制していたのである。そこで残る問題は、権威を発明し、人工的に創出し、作り上げる(これらの語はすべてガラポンが用いている)ことである。それらが達成できなかったからこそ、われわれの社会は判事たちに頼りきっている。「もはや共通の道徳を持たない社会においては法が最後の共通道徳となって」おり、裁判の要求は危機的状況にある政治から発せられる。本書を読み進むにつれ、同じ調子の文章が次々に現われる。「民主主義は判事以外の官職を容認しない」。「共通の習俗なき共通の規範……」! こうした厳しい診断が裁判と民主主義の双方に及ぶ治療効果を持ちうるかどうかは、先で問われるだろう。「条件の平等」のさまざまな結果である孤立した個人から、市民たりうる存在である「裁判を受けられる人間（le justiciable）」に達することは、果たして可能だろうか。

著者は、正気を失った民主主義の惨状を大胆な仕方で追跡する。そこでは、共通世界の喪失を糊塗すべく契約が満ち溢れている。司法による統制はもはや何の大義名分でそれをおこなうのか語ることもできないまま、刑務所が弱者を収容する場所として養老院的な機能を強めている。承認された外的規則がないために、規範が内面化される。これらの兆候はすべて、フランソワ・エヴァルトの次の言葉が正しいことを示している。「法律が確実性を失えばそれだけ、社会は否応なくいっそう裁判に頼るようになる」。しかし、上で欠けている調停を下で再び導入するのに裁判が役立つとしても、裁判で個人に要求される賢明さは何を根拠にしているのか。従来の国家形態が崩壊した後の廃墟にかろうじて場所を得ている福祉国家という新しい形態においては、犯罪者に責任があると見なすことそのものが、主体であることへ向けての教育（tutélérisation du sujet）という壮大な企ての長期的目標になっているこのときに。

ここにこそ、民主主義的実践の後退と司法的手段の発展がともに描き出す悪循環の根がある。見落とされているのは、裁判を受ける主体であると同時に市民であるという、二重の能力を備えた主体そのものである。責任は、民主主義擁護の公準であり、その反動としての拡大していく司法化を阻止するための公準でもある。それと同時に、社会的紐帯を再構築しようとするすべての企てが目指す目標でもある。これこそ、司法に関わると同時に政治にも関わる現状が呈している真の逆説である。司法化されていると同時に脱政治化された社会についての診断に割かれた後半の各章において、著者は脆弱さの現代的表現を要約している。実際、民主主義の危機と裁判の膨張が連鎖的に生じるのは、それらが第三の起源すなわち脆弱さという新しい形態に由来するからだと思われる。裁判と政治のあいだでかわされる論争は、「脱政治化、司法化、脆弱さ」という不安を誘うこの三角関係に席を譲る。さらに深刻なことに、司法は解体しつつある政治的諸制度によって最前線へ送られ、実行できるはずのない作業に直面させられている。すなわち、抑止にとって代わる教育的な裁判形態が逆説的にも責任を目覚めさせ、さらには責任をしぼり出す役目を担うことが前提されているのである。

主体を教育するという逆説と、強制と助言の中間にあるこの教育機能に課せられる到底不可能な務め、この二つの視点のもとで、市民と裁判を受ける人をともに再構築するという思い切った試みをなすのに先立って本書が列挙している病理学のすべてを、しかるべく位置づけることができる。

誰もが個人主義の行き詰まりについて語る。ただし法律家はそれについて独自の仕方で語る。紛争における第三者という判事のあるべき姿を見失わない法律家は、被害者への感情的な同一化のうちに、中立的立場が消失してしまう明確な兆候を見てとっている。被害者へのこの感情的な同一化は、犯人を悪魔に仕立てるのに一役買うだろう。極端な形ではそこにリンチの構図が浮かび上がる。リンチというのは直接的行動のことで、それは、司法が象徴的に距離を取ることに完全に失敗したことを明らかにし、旧来の供犠のイデオロギーが力を取り戻しつつあることを明確に示す。被害者側の論理が力を増している現状は、裁判に教育機能を担わせる試みにとって障害と見なされうる。この教育機能が社会の民主主義化の条件と切り離せないことについては後述される。だからこそ、通過儀礼と化した青少年の犯罪行為や他の反社会的暴力が、今日ではアイデンティティの代替機能を果たしていることを指摘してただ嘆くのはよそう。私としては、本書を構成している巨大な逆説に、こうした社会的害悪を関連づけるだけにとどめておきたい。実際、暴漢に襲われることへの恐怖、被害者への同一化、犯罪者を悪魔に仕立てることは、判事が占めていた第三者の地位が消失したことを証言している。「コンセンサスは、もはや共通の価値をめぐってではなく苦痛をめぐって形成される」。主体が被害者であれ告発者であれ、さらには正義の味方を自称する者であれ、一貫して問題なのは主体の脱政治化である。それは、告訴人、被疑者、裁判官という巨大な三角形がひび割れたことを示している。

新たな脆弱性が、政治よりも遠い領域から発して、前代未聞の規模での挑戦となっていることは間違いない。ただ、この脆弱性は、少なくとも政治的に考える材料を与えてくれる。両者に共通の参照項が不在である現状に関係づけるべきは、政治機関の信用喪失と司法による過剰な介入の双方であり、これらは、新たな犯罪に特徴的な、周辺化現象の結果として出現している。そういうわけで、著書の第一部の終わりに見られるのは、勝ち誇った判事の姿ではなく、彼がその保証人でしかないはずの政治機関を復権させる任務を負わされて、当惑している判事の姿である。

こうして、訴訟がより一層増えることで、政治の次元と同様に司法の次元でも、規範的なものの弱さを糊塗できるのだろうかという疑問が提起される。この問いが著書の第二部の全体を覆っている。ところで、司法と政治の双方に施される治療が効果的なのは、司法に与えられている過大評価を司法自身が拒絶する場合のみであり、また、司法がその最小限の機能に立ち返る場合のみである。最小限の機能は同時に司法にとっての最良の地位であり、その機能とは、法を宣言する任務である。その任務は、罰すること、償うことではなく、罪名を述べる言葉を発することである。その発言は言語行為――これは軽罪の罪科決定から十分に審理を尽くした後の判決文にまで及ぶ――を通して被害者と犯罪者を正当に位置づけるのである。「諸制度のなかの制度としての言語への責務」を謙虚に、しかし毅然と果たすことで、裁判は、それ自体もまた発話であり言説の行為であるところの民主主義を手助けするだろう。「判決は人間の祖国すなわち言語の祖国への帰還を意味する」。正当な暴力に権威を与える機能である以前に、裁判は語りであり、判決は公的な語りなのである。過去の浄化、人格の連続性、そして何よりも公的空間の連続性の肯定、これらはすべて、語りとしての裁判から導き出される。次のことを明確にしておこう。判決が公的な言語行為だとしたら、その結果はすべて、排除であるところの禁錮も含めて、追加刑罰（peines additives）であれ、人間関係、家族関係、仕事であれ、いずれも同じ公的空間において展開されなければならない。この弁護は政治的なものである。それが意味するのは、自由を奪われてもなお受刑者は依然として市民であるということ、そして、自由の剝奪の究極目的は、市民に完全な権利を保障する司法の全能力の回復に存するということだ。そこでは、共同体に市民を取り戻すことが約束されよう。

「討議の権威とつねに討議に従属する権威」が、議論の余地なき権威に単にとって代わるだけだとしたら、権威はいかにして「民主主義的契約化を免れた契機」をなすのだろうか。討議倫理が討論の手続きの威信のみに依拠しているのだとしたら、正当性に関する永遠に続く討論はいかにして権威を生み出しうるのだろうか。もはやこうした討議倫理による解決策しか残されていないのだとしたら、判事が「政治的行為を正当化し、主体を構築し、社会関係を組織し、象徴的構成物を調整し、真実に専念する」ことができるとの期待は、第一章で言及された司法による直接行動という幻想に行き着くだけだ。そういうわけで、ガラポンの他の表現同様、彼の次のような表現に、私はいっそう共感する。「権威は起源との関係を保証し、権力は未来への投影を保証する……権威は基礎づけであり、権力は革新である」、「規則は権力を見張り、権威は規則を見張る」、「権力とは、実行することができるものであり、権威とは、権限を与えるものである」。いかなる手続き上の拘束もこれほど高い野望を達しえまい！ 権威の起源はとらえどころがなく、権威はすでに前提された信念を引き継いでおり、批判されることで確実に失権し、入れ替わり、刷新される。私はそう思いたい。さもないと、判事の第三者としての地位は、いかなる暴君より無力な絶対的第三者というものになるだろう。ガラポンはさらにこう述べる。「判事は、民主主義がその喪失を受け容れられない絶対的第三者に、なり代わるべきではない」。まあよい。しかし、失われた愛の対象を何らかの仕方で内面化して、構造的に機能する象徴体系へと昇華させられないような喪の作業とはいったい何なのか？

実は、著書の第二部の残りの部分は、裁判と民主主義の再構築へ向けての最初の実践である。この新しい船出に際し、著者は、「制度を創設した場所から出発して、制度への道をたどりなおす」ことを目指すと述べている。

しかし、このように裁判と言葉の公的使用との関係の維持を主張することから、考察の目標である司法と市民の関係の回復もしくは創設の企てを開始すべきだとしても、その方向性を継続するのは難しい。というのは、政治の分野での調停の制度と同様に、司法の分野での第三者の地位についても、基礎づける機能を担う権威の合法性が否認されていることが裁判と民主主義にとって障害となるからである。公的な言葉の行使と権力の行使は、ともに正当性を欠いていると言われてきた。だとすれば最後の手段として、最後の制度化作用として、裁判を政治に取って代わらせても、それは、政治的な枠組みだけでなくその代替物にも影響が及んでいる正当性の欠如を隠蔽しているだけではないのか？　共通世界の消失が、診断を提示する箇所と同じく治療法を提示する箇所においても、本書のもっとも堅固なテーゼだということが最終的に明らかになる。なぜなら、司法による政治の代替は治癒ではなく、症状悪化を引き起こすかもしれないからである。

裁判の立場は逆説的である。共同体の崩壊という脅威に抵抗しながら、崩壊を早めるのに加担してしまっている。

当惑させるだけでなく拍子抜けさせる本書の副題は、「必要だが不可能な権威」というものである。ここでガラポンはゴーシェの次の主張に無条件で賛同していると思われる。

強制が自明視される体制を脱した社会、つねに個人に先行していた共同体に由来する社会、そのような社会は解放された社会と呼ばれるが、先行の社会よりも多くの権威を必要とする。

「必要だが不可能な権威」という言い回しもまた、ゴーシェ自身の言う「われわれには埋めようのない欠如、すなわち、不可欠ではあるが不可能な引継ぎ」を受けたものだ。率直に言えば、モンテスキューの「師がいないわけではない。自分と同等の人々を師として受け入れればよいのだ」という言い回しに訴えても、この逆説的事態の解決策にはならないと私は思う。同等の人を師と見なすということは、頼りない師であっても自分よりは優れており服従に値すると認めることを前提とする。象徴的な構築物を永遠に作り直すというシジフォスにふさわしい課題に専念するよりも、私としてはむしろ、ロールズの側に立ってこの逆説からの出口を探りたい。ロールズは「熟慮された信念」、「多元的な社会での寛容」、「重なり合う合意」、「合理的な不一致」を次々に語ったが、これらの表現はすべて文化遺産の再活性化を想定したものであり、その遺産は今日では細分化されてしまったが、つねに社会を動機づけている。さらに、『自我の源泉』のチャールズ・テイラーにも言及しておきたい。そこでは、ユダヤ−キリスト教、啓蒙主義的合理主義、十九世紀のドイツ・英米の偉大なロマン主義からそれぞれ受け継いだ、未だ汲み尽くされず、未だ果されない約束について未だ解釈されずに残っている膨大な遺産、それらの相乗効果を引き出す可能性が論じられている。多様で相互に批判し合う遺産なくしては、「基礎となる象徴体系」をいかにして築き上げうるのか見当もつかない。先行性、外在性、優越性、これら三つの刻印を押された象徴体系という資源と、われわれはまだ手を切ってはいないのだろう。フランス革命時の恐怖政治と全体主義の試みは、ゼロから再開して人間を新たに創造すると主張していたが、それが失敗に終わったことが、象徴体系と手を切れないという事実を例証している……。同様にガラポンは、脱呪術化した社会の告白に耳を傾けた後で、次のことを率直に認める。裁判は、それが公正を告げる限りは、象徴的次元を適切に用いることでわれわれに自己同定させる制度であることを正当に自任しうる、と。

この後に続く箇所において、こうした象徴的次元の表明が新たな開始の役割を果たしていることは確実である。裁判は統合する制度としての機能を果たすことが求められるのだが、それが首尾よく果されるためには、法廷での弁論とその演出が躊躇なく受け入れられ、かつ、言葉による儀式が裁判関係者すべての間に公正な距離を設けるような範囲で、弁論と演出が誰の目にもはっきり見える場所にする必要がある。だが、訴訟という儀礼を、勇気をふるって弁護しようとするそのとき、先に言及したやっかいな問題が再び現われてわれわれを悩ませる。どうして今日、「不可欠だが不可能な権威」に関する宣言に従って、象徴体系に基礎づけの経験の反復を要求する、というようなことができようか。ここで、ガラポンは、聖書世界、ギリシア的理性、ローマ法、ユスティニアヌス法典、聖王ルイ、シャルルマーニュ大帝、ナポレオンに言及する。人々が共同体の中でともに生きようとする限りにおいてのみ権力は存続するとハンナ・アーレントが述べたその権力とは異なり、殺された父とどう和解すれば、権威は先行するものの上に基礎づけられるのか。だが、これに続く箇所は「権威は事態を変えるために必要な力である」という前提に依拠している。基礎づけ、反復。ガラポンは、基礎づけと反復を関係づけるという責務をすべて訴訟手続きに負わせようとしているようだ。「枠組みはこうして、現代人にとって伝統の代わりとなる」、「基礎づけの要因に訴えることは、当然、多元主義が勢力を増すにつれていっそう必要かつ死活的なものとなる」。将来の基礎づけという観念は基礎づけとなる出来事という観念がなくてすむものだろうか。「不在の権威」の役割を求めるのは、象徴機能への過大な期待というものではないか。

続く箇所では、法廷内で繰り返される違反や、調停の言葉という名のもとにそれが解消されてしまう、といった光景についての記述が目立つ。心理学的個人を超えた権利主体の形成、つまりその能力が市民としての資格に直接結びつく主体の形成という主題を、それとは離れたところにあるこの場所〔法廷〕の擁護と結合させる著者のアイデアには説得力がある。裁判を受けることができる人間が市民である。権利主体と法治国家。ここではすべてが、苦しみや欲望と同一視された心理学的個人に対する象徴的機能の優位に、したがって共通の言葉の優位に依拠している。そこでライトモチーフのように戻ってくるのは、

世俗化した社会と指針を失った個人に対し、権威を感じる瞬間を確保するという挑戦である。つまり、合法的な力とともに、象徴的次元を巧みに用いること。

これに続いて、拘禁に関する制裁機能と社会復帰機能の歩み寄りが語られる。これは、連続した公的空間における公正な距離という主題からの直接の帰結であるが、この公正な距離が、今度は権利主体の連続性を保証するのである。この点に関して、純粋に精神医学的・治療的なアプローチは、逆説的にも、犠牲者を集団から徹底して隔離してしまう供犠的贖罪観（vision sacrificielle）と似ている。贖罪と治療の間のひそかなつながりは、いまだに存在する。諸々の鈍感さ、抵抗、偏見、不安が、サンクション－刑罰とい

う思想を放棄したうえでのサンクション－権利回復という思想の確立を妨げているのだが、著者はこうした阻害要因を決して見落としてはいない。サンクション－刑罰の思想を放棄するという代償を払ってこそ、刑罰に残留する暴力は正当な政治制度の一部に組み込まれることになるだろう。だが、改革者の役割は、フーコーの懐疑主義にも世間一般の安全保障への強迫観念にも屈しない改良主義に思考をめぐらせ、それに意味を与えることにある。公的言論への信頼は、熟慮された改良主義への確信、社会を動かし得るという確信と完全に重なりあう。主体に社会参加を認めるということは、その主体を、自由な人間と拘留された人間の双方に共通の公的言論の枠内に引き留めるということである。復讐の文化と刑罰なきユートピア世界との中間に、「知的な刑罰」が位置する。そこでのサンクションは、賞賛／非難という語源的意味にしたがい、単なる刑罰以上のものとして理解されるだろう。また、刑罰を認めない改良主義という新たなタイプのユートピアに陥らないように、著者は、専門性がよく表れた緻密な提案を、自分や仲間たちの経験に基づく形で打ち出している。

ところで、ほとんど読書ノートと変わらないこの内容紹介を、本書が民主主義を擁護する側面も備えていることを指摘せずに、終えるわけにはいかない。診断においては、司法積極主義が政治的なものの消失に依存していることが繰り返し確認された。著者が政治と司法という二つの前線で戦闘的姿勢を取るようになったのは、裁判関係者たちの間に公正な距離を取ることで確立される裁判の第三者的立場と、法治国家における代議制の媒介的役割とが、互いに似ており、かつ連関し合っている、という考え方に確信を得たためであろう。本書の最終部では、代議制の媒介的役割を再構築することが改めて確認される。司法に関するユートピアが新たな姿で出現しても、それは告発された司法積極主義を増長させるだけであろう。そうしたユートピアの危険は、政治的代表制の問題に再び取り組むときに初めて取り除かれうる。裁判を受ける人にとって裁判の場を身近なものにしたいなら、そのとき政治的代表制は最大限に脱専門化されねばならない。「新たな裁く行為」は、政治的性質の文脈化、すなわち、連合的民主主義、参加型民主主義の前進を必要としている。司法制度を改善するための鍵を政治家が握っているという現実は、フランスにおいて司法が行政や立法とはっきり区別された権力ではなく一つの権威であるがゆえに、いっそう避けがたい。それゆえ、重要なのは、本書の著者が、贖罪を求める傾向への回帰を避けねばならないのと同様に、司法の独立をひたすら願う行為もまた避けることである。結局、裁判官を作るのも市民を作るのも、同じ判断力なのである。

根源的なものと歴史的なもの

——チャールズ・テイラーの『自我の源泉』についてのノート(1)

私がチャールズ・テイラーの著作『自我の源泉』について寄稿する目的は、この著作が提供する知的資源を余すことなく探索することによって、著作の構成に由来する難解さを解消することにある。その難解さは、構成をこえてその内容にまで達していると思われる。その難解さは、著者が道徳的経験の不可避の、枠組み(*inescapable frameworks*)と見なすものを論じる第一部と、それに続く、近代性の系譜を主な内容とする部分——「近代的アイデンティティの形成」という著作の副題がその内容を強調している——との間の対比に存する。問われているのは、表面的には認識論的断絶の問題であり、それは道徳的自己性(ipséité)の構成において根源的なものと歴史的なものとが競合することからの帰結である。

(1) このテクストは次の書に収録。G. Laforest et Ph. De Lara (sous la direction de). *Charles Taylor et l'interprétation de l'identité moderne*, Paris / Sainte-Foy, Cerf / Presses de l'université Laval, coll. « Passages », 1998, p. 19-34.

I

第一部は、本書において根源的なものの根源と見なされる、非常に重要な相関関係に依拠している。その相関関係とは、言うなれば、倫理性の一般概念と自己性の一般概念と呼びうるものとの関係である。この相関関係がいかにして確立されるかを見てみよう。

まずは、「善い」の形態に立ってみよう。私はたった今、倫理性の一般概念について語った。著者は冒頭からこう異議を唱える。これから問題とされる不可避の枠組みは、義務道徳の普遍的形式（カント）にもコミュニケーションの超越論的語用論（ハーバーマス）のレベルにも属さず、善き生の目標を最優先に設定するアリストテレス的もしくは新アリストテレス的な着想に属する、と。それゆえ、本書を正しく評価するためには、本書が、義務論あるいは超越論的語用論といった普遍性の典型的な形式に対するエポケーを出発点としていることを理解しなければならない。それでもやはり、道徳的経験は、不可避の枠組みという表現を正当化する強力な構造を根源的に提示するものと想定されている。この点に関しては具体的な普遍性について語ることができる。そこで次の問題は後で論じよう。すなわち、近代性の系譜学に固有の歴史概念では構築するのが困難な非歴史的な構造が問われているのか、それとも、第一部以外の箇所で支配的な系譜学的アプローチを用い、歴史横断的構造の特徴を識別することが問われているのか、である。不可避の枠組みの問題は、問いかけ、論証、確信、それぞれの倫理的（あるいは道徳的——この違いは重要ではない）性格を何に見てとるかという問題から発する。その意味で、こうして明らかにされた普遍性の歴史横断的ないし非歴史的意味において、道徳的実存一般の実存範疇のようなものを引き出すことが問題となる。この点に関して、次のような逆説を指摘できよう。生に最も深く根ざし習慣化した傾向性に注意を払う道徳哲学、あるいは、しかじかの方針に従った生き方に注意を払う道徳哲学というものがあるが、こうした哲学においてこそ、自然で生物学的な生存から人間に固有の倫理的条件に従った生存への移行を確実にする倫理的特質に確固たる地位を与えること、しかも理論に頼りすぎずにそれを行うことが緊急の課題となる、という逆説である。単に生きることと善く生きることを媒介するこの倫理的特質こそが、避けられず、無視できず、不可欠 indispensable（英語の *inescapable* を訳すならば）と見なされる当のものである。そして、この倫理的特質こそが、結局のところ非歴史的なのかそれとも歴史横断的なのか、正確にはどちらなのか、と問われる当のものである。

避けられず、無視できず、不可欠であるところの第一の次元は、「強い評価 *strong evaluation*」と名づけられる。評価は二極化（polarisation）と識別（discrimination）を含意する。（善／悪、より善い／より悪い、名誉ある／恥ずべき、値する／値しない、称賛すべき／忌むべき、など）。二極化によって、欲望、傾向性、動物的な反応は、道徳的な意味を付与される。評価という用語を「強い」という形容詞によってより正確に定義してみると、その形容詞が、評価の深さ、力、普遍性という側面を強調していることが分かる。評価の深さとは、欲望や感情的反応が急速に変化するのに比べて、傾向性は単純な情動よりも持続的性格を持つことを指す。力とは、いかなる個人的・共同体的コミットメントも含意しない客観的検証に逆らって動機づける能力を指す。そして評価の普遍性とは、その評価が共有されることへの要求、原則的な伝達可能性である。普遍性がこうした意味を有するのは、いかなる論争においても、倫理的な行為者は自分の信念に固執するだけでなく、他者による承認を求めて自己の信念を開示するものだからである。このように強い評価に訴えることが不可避であると見なすことは、人生そのものに付与された道徳的意味が、投影という仕方で人生に付け足された余分な何かではないと断言することである。道徳理論の領域においては、強い評価が余分な付け足しではないということは、あらゆるタイプの「自然主義」に対抗して力説される。この点で、人生と人間行動は中立的であるという主張は、前述のエポケーが中断していた理論化にすでに属しているのである。つまり、科学的思考に属するモデルを転用することの不当性が問われているのである。この転用は、人間らしく行動することと生きることのそれぞれの特性への無理解に起因する。状況への倫理的な応答は事実上の反応とは別物である。別の戦線、すなわち、啓蒙主義時代の哲学者が想定していた「自然状態」の戦線、ウェーバーの「世界の脱呪術化」に代表されるポスト・ニーチェ主義の戦線でそれぞれ行われた議論は次の主張を補強する。すなわち、強い評価という概念は、古代だけでなく近代の文化的遺産も浸食されつつある現状に抵抗する、という主張である。

強い評価の第二の特徴である識別は、具体的普遍——ここでは手短にこう呼んでおく——への手がかりを与えてくれる。識別は階層序列化を含意する。善く生きることへの願望は、階層序列化という特徴によって、普遍性ならびに公平性の特徴とともに、道徳的義務の領域内にすでに浸透していると言えよう。「吟味された生」へのソクラテスの呼びかけは、確かに、危機的瞬間ないし評価の危機を人にもたらす模範的なやり方である。しかし、そのことは、この危機的瞬間が本来の道徳的経験の外部にすでに位置していることを意味するのか。実際、判断の根拠を外部に求めるよう働く圧力は大変強く、またこの判断は、目的論的観点から義務論的観点への移行を要求してくるだろう。こうした要求に説得力があることは否定しないまでも、評価する用語への批判は、それ自体が評価的含意を持つ言語によらずしてはなしえないと言うべきである。正当化が評価の効力を構成し、より高次の理由は強い評価とつねに一致する。ソクラテスの吟味は、これはあれより善いと判断するとき、われわれはいかなる立場でそう判断しているのかを述べようとする。批判的距離をとることは、このように、評価の一契機をなすのである。それでもやはり、識別のこうした契機を考慮することが、評価という概念そのものの歴史横断的ないし非歴史的性格を強調することになるのに変わりはない。位階の概念によって、テイラーが高位善（*hypergoods*）と呼ぶ概念が明確になる。ある共同体や文化は優先順位の体系をそのつど規定するが、そうした共同体や文化の道徳性を明確にして他との違いを決定するのが高位の善である。〈古代の徳〉論は――そして古典派作家論でさえ――それぞれ当の文化にとっての究極的な評価基準は多様であることを、また、この多様性を秩序づけることにそれぞれの時代が腐心していたことを、よく表している。こうして、正義は多くの道徳的諸概念のうちでも高位に格上げされる。だが、高位善を規定する内容が時代や文化によって変わりうることを強調すればそれだけ、その名に値するいかなる道徳的経験も、道徳的生活全体に階層的形象を与えるこの構造化を免れられないこと、そのことは認めねばならない。

最後の一歩は、道徳的経験の現象学をはみ出るところまでは行かなくとも、その境界にまでは達する。強い評価、階層化、分節化といった観念に、動かす力（force de mobilisation）を付け加えねばならない。この力は、いまなお道徳的生の「不可避の枠組み」のうちにあるさまざまな道徳的源泉に由来するものである。何が行動へと駆り立てるのかという問題、何によって道徳的観念は、フランスの哲学者（フイエ）が「観念－力」（idée-force）と呼んだもの、すなわち、善をなす（*empower us*）力や善き存在であるための力を与える観念になるのか、という問題から、「道徳的源泉」についての考察が生じる。プラトンのエロス、キリスト教のアガペーがこうした観念の役割を担ってきた。道徳についてのどれほど純粋に形式的で手続き的な概念でさえ、この考察を免れられないだろう。たとえば、カントは「動機」としての尊敬の観念に『実践理性批判』の一章を丸ごと割いているのだが、その際に彼は、まったく臆することなく、感性を揺り動かす理性という考えを、高められると同時におとしめられる感性の受動性によって補完する。動かす能力と受容する受動性というこの二極性が、道徳の根本を構成しているのである。その二極性はさまざまな形のもとで現われる。たとえば、眼前の選択に関して法則が先行することに、謙虚な承認の感情で同意すること。下位と判断された善を犠牲にしてでも価値ある理想の優越性に権威を与えること。高位善の分節とその順序づけは、さまざまな仕方で高位善への同意や習熟の条件をなすものでなければならない。道徳的生活の源泉のこうした姿に関しては、葛藤を含んだその性格を、先行する二つのレベルでいっそう強調すべきではないだろうか。葛藤を含んだ道徳の性格は、ニーチェのいう「道徳の系譜」にはっきりと示されている。後でも述べるように、近代的自己は、異議申し立て、懐疑、非神話化などによって、引き裂かれた状態にある。そのため、道徳の源泉は道徳的体験という前理論的な水準に属するという考え方を擁護するのは困難に思われる。しかし、われわれがプラトンのエロス、キリスト教のアガペー、啓蒙期の理性、ロマン主義の天才、ニーチェによるあらゆる価値の転倒、さらには世界の脱呪術化を思い起こす限り、究極的な動機づけという観念が強い評価の観念と同様に道徳的生活の不可避の枠組みの構成要素をなしていないなら、道徳的苦悩など問題にならないだろう。

『自我の源泉』の第一部を読み終えるにあたって、われわれは、この第一部の「アイデンティティと善」というタイトルに表れている重要な相関に言及しなければならない。それは、倫理性（éthicité）の具体的な一般概念と自己性（ipséité）の一般概念との相関である。また、こうした分析は、自己についての見方と善についての見方の結節点にはっきりと位置づけられる「吟味された生」に関するソクラテスの有名な言葉を思い起こさせる。そこでは、「私は何者か」という問いに対する答えは、「何をなすべきか」という問いよりも根源的な「いかに生きるべきか」という問いに対する答えに該当する。

強い評価、高位善をめぐる分節、そして最後に道徳の源泉という順序で述べてきた事柄を、自己と善の結びつきという観点から捉えなおすこともできよう。要するに、これらはすべて、現象学的用語で言えば〈前理論的〉・〈先述定的〉な段階で把握された道徳的述語に関わっている。

時を経てもぐらつかずおのれを維持するというあり方（私はここに立つ！）が、強い評価の観念に対応している。この言葉が、強い評価へのこだわりの時間的次元だけでなく空間的次元をも強調している点に、注目すべきである。その意味では、道徳的空間における方向づけについて語ることができる。方向がわからなくなったとき、あるいは今日好んで言われるように、指標を見失ってしまったとき、かえってこうした方向づけという側面はとりわけ強く感じられる。自己性の時間性（temporalité-*ipse*）と同一性の時間性（temporalité-*idem*）との区別にならって、道徳的空間をユークリッド的な幾何学空間から区別し、自己性の空間について語る必要があるだろう。空間の隠喩は（もっとも、隠喩こそがそのもっとも本源的な意味として空間性そのものを含んでいるのだが）評価する自己から評価されるべき善へ容易に反転する。われわれを方向づける倫理的「指標」がその上に配置されている「地図」、われわれのパースペクティブがそこに向かって開かれるところの「地図」について語ることもできる。彷徨、出立（アブラハム）、故郷への帰還（オデュッセウス）といった概念も忘れるわけにはいかない。脱呪術化の時代であっても、指標の不在はなおも「われわれがそのなかで生活し選択するところの質的区別の空間」（p. 30）を示唆する。「強い評価の対象である善についての問いが生じる空間のなかに存在する」（p. 31）ということが、人間の活動能力の不可避の特徴をなしている。人生や行動を何の方向性も持たない中立的な領域と見なす自然主義的な考え方は、道徳的空間の観念を単なる修辞的隠喩へと不当に還元することによって、人間の活動能力の特徴を消し去ってしまうのである。

私は誰なのかという問いと、私は道徳空間のどこに立っているのかという問いとがこのように等価であることは、強い評価の観念から分節の観念へ――この分節は第二段階の善の階層化と不均質性という二重の性格をもつ――移行し、最後に道徳の源泉の観念へ移るときに、再び見いだされる。空間的隠喩の二つの側面は、対話空間、対話のネットワーク（*webs of interlocution*）といった概念の媒介によって結びつけられる。道徳空間の側面については、分節の概念が空間的位置づけという明確な特徴を示している。そこでは、さまざまな善をいかに関係づけるかということだけではなく、それらが互いにどのような距離にあるのかということも問われている。そうした反省的作業から、われわれが道徳空間に身を置く別の方法が導き出される。そこで検討されるべきは、物語的時間と道徳空間の二方向へ向かっていくというアイデアである。

諸々の高位善の異質性と階層化という概念を通じて、そして何より道徳的源泉という概念を通じて、自己概念と善概念の相互関係のよりドラマティックな側面、すなわち、自己と善の葛藤が増大しつつあり、それが強い評価とアイデンティティに等しく影響を及ぼしている、という状況が明らかになる。こうした構造的な葛藤の試練を経なければ、善、成就、充溢を部分的・断片的にしか目指せないということが、もっとも根源的な道徳的経験の特徴であるように思われる。

道徳的生活の偉大さと脆弱さは、何にもまして、高位善と呼ばれる高いレベルの質的評価を認識できるという点にこそ存する。われわれがさほど重要ではない善について検討し、判断し、採用する際に拠って立つ視点の役割を高位善が果たすということは、道徳的生の不可避の構造の一部をなすように思われる。そしてわれわれの道徳的人格は、道徳空間のこうした分節とかかわり合いながら形作られる。テイラーが「高位善は一般的に葛藤の源である」（p. 64）と言うのは、間違いなく正しい。

近代的自己の形成の歴史的性格にちなんで、われわれの道徳空間内で生じている葛藤の具体的事例を挙げよう。だがその前に、「道徳的源泉」の概念が強い動機づけにまで格上げされるとき、葛藤はその極に達するのだと予め述べておかねばならない。そして次のことを思い起こしておこう。分節の概念が、高次の道徳概念によって実行される秩序づけの機能を強調するとしたら、道徳的源泉の概念は、観念－力(idées-forces)と捉えられた道徳的概念が有する強力な動機づけの側面を強調する、ということを。人を動かすというこの次元においてこそ、葛藤は、分節の概念よりも強力に、道徳的アイデンティティの意味に影響を及ぼす。実際、道徳的源泉としての道徳概念が受け入れられる場は自己である。観念の力に従わせるものの働きにより、自己は受動的立場に置かれる。何らかの高次の善からの命令に従って行動する能力を与えられることに相関して、われわれは、道徳的命令を受け入れられるようになる。熟考された善は、それに従属する善を構成するだけでなく、その善から命令を受ける自己をも構成すると言える。

Ⅱ

ここで、「近代的アイデンティティの形成」を特徴づける歴史性を、善の概念と自己の概念を関連づける無視できない構造と対比してみよう。

本書が展開するある種の「道徳の系譜学」では、近代的自己の特徴をなす不安や苦境(predicament)を確認することが、目的《テロス》とは言わないまでも、地平となっていることは最初に強調しておく必要がある。実際、結論に当たる章には、「近代性の葛藤」という表題がつけられている。つまり、本書の狙いは、中立的な心性史記述にはなく、われわれ自身の文化史を筋立てることにある。古代ギリシアから現代にいたるまでの道のりは、全体を構成する三つの主要なテーマに即して再構成される。その三つの主題が、導入部で言及した根源的なもの（*le fondamental*）と歴史的なものを架橋する役割を果たしている点については、後で述べよう。最初の議論は内面性あるいは「内部への視線 *inwardness*」、第二の議論は「日常生活の肯定」、最後に、第三の議論は「自然の声」という表題が、それぞれ与えられている。第一の議論から見ていこう。

1．反省の概念についてはは歴史を参照せずに述べられるとしても、内面性の感覚に関してはそうはいかない。この感覚は、その出現と発展と、さらには起こりうる衰退までもたどることができる。自己と道徳空間が相互に関係しているという事実は、やはり道徳的経験の不可避の構造をなしている。だが、内部／外部の区別の歴史は、典型的な西洋の歴史である。最初に言及すべきはプラトンである。彼は、道徳の源泉が位置づけられる思想領域を支配的と見なす。魂の地形学という観点において、ロゴスは道徳の原産地として出現する。同時に、理性を優位に置く考え方は、真理の宇宙的秩序、「最高善」と結びついている。「最高善」は〈善〉を高みに置き、われわれは自己反省を通じてのみそれに近づける。

——アウグスティヌスによれば、「内なる」人はプラトンの理性的な魂と共通の特徴を有している。しかし、神と善を同一視し、内面への視線と神についての記憶とを同一視することで、キリスト教のアガペーは一人称の自己に活力を与える。内面を見つめることを通して神に到達しうることを発見したがゆえに、アウグスティヌスは根源的反省の真の発明者なのである。

——デカルトの「距離をおく理性 désengagement de la raison」によって内面性は新たな方向へと転回し、それと同時に、脱呪術化して道具的制御が可能になった機械論的宇宙を対象とするようになる。しかしながら、デカルトが言う「高邁」には新ストア派的な調子があって、そこには古代の名誉倫理の要素がいくぶんか残っている。ロックとともに、何らかの権威の後見から完全に解放された「点的自我」が出現する。この自我は同時に、手続き的理性をはっきりと肯定しながら、外的実在に対する制御の道具化を推し進める。それゆえ、自己支配という道徳上の理想には歴史があるのであって、その歴史を知らずしては、人格的同一性、自己に対する責任、政治哲学における契約説の出現などをめぐる議論は理解できないだろう。

2. 観照的生を実践的生よりも優れているとする見方は、「日常生活の肯定」からの重大な反論にさらされる。それゆえ、キリスト教の修道院制度のみならずプラトニズムにも起源を持つ高位善の階層化もまた、反論にさらされる。宗教改革は、禁欲なき「天職」という思想――その頂点はアングロ・サクソンのピューリタンに求められよう――をたずさえてこの反論に加わることになる。（マイケル・ウォルツァーの著書『聖者の革命』を参照されたい。）「合理化されたキリスト教」としての理神論が、宗教改革の後に続いて出現する。道徳の宗教的起源というレベルで生じたこの改革は、近代に特有の不安を理解するうえで重要である。テイラーは、神の摂理による秩序への信頼に基づき、理神論の宗教的な正統性を強く主張する。彼はその秩序を後期啓蒙主義の無神論と区別する。自己に関する主題は、道徳感情論（近代イギリスの道徳説を練り上げたシャフツベリやハチスン）の詳細な吟味によって充実したものになる。「内的な自然」の文化は、外部から権柄ずくで教え込もうとする態度に対抗し、摂理の世界と調和した恵みを求める自然な傾向性を積極的に評価する。

3. 近代的自己とその苦悩が急速に形成されていく歴史において決定的な段階となるのが、フランス啓蒙主義の無神論的な合理主義と、とりわけドイツにおいて隆盛を極めた哲学的ロマン主義との分岐点である。本書の後半二〇〇ページは「砕かれた地平」という図式を明確にすることに当てられている。この地平においては三つの源泉が衝突する。超越的にして内在的な神的源泉への依拠、絶対的自己措定としての理性の自己肯定、人間存在よりずっと広大な自然の創造的エネルギーの借用、の三つである。そのうち後の二者のみが近代的と呼ばれる。つまり、近代のモデルには二種類あることになる。世俗化に抵抗するアウグスティヌスの思想が根底にあり続ける限り、この二つのモデルの間の衝突は決して解消されない。この点で、著者は世俗化に関して興味深い解釈を提起している。それによれば、世俗化は、科学の進歩や商品経済の発展が原因で起こったのではなく、道徳的源泉のもっとも根源的なレベルで新たな選択肢が出現することによって成立したのである。自律的で自ら意味を産出する理性と自然の声の双方が、道徳空間の内部で、アウグスティヌスの言う内的人間を養うキリスト教のアガペーに占められていた地位を、それぞれ占めるようになる。有神論、合理主義、ロマン主義は衝突し合いながら、近代に特有の「苦境」(*predicament*)をわれわれのうちに生み出す。テイラーによれば、この三者は、それぞれ自らを究極的な基礎であると主張することで、各々の主張の妥当性を弱め合っている。たとえそれら道徳的源泉から互いに遠慮がちに借用することで、道徳的意識の亀裂が癒えるとしても。この点で、彼が描く近代的自己像に関してもっとも衝撃的なのは、その葛藤的性格である。距離をおく理性と自然の創造性との間だけでなく、これら近代の二つの支流とヘレニズムおよびユダヤ－キリスト教の汲み尽くしえない遺産との間でも、同程度にその葛藤は強いと考えられる。

Ⅲ

第一部の共時的側面と、たった今その展開を素描した第二部から第四部にかけての通時的側面、これら両者をつきあわせてもよい頃合いだろう。テイラー自身は、共時的側面と通時的側面を併置して順に前景化するという仕方では問題を立てていないことは認めねばならない。実際、「歴史的説明についての余談」(p. 199-210)という表題の章があるのだが、そこで問題になっているのは根源的なものと歴史的なものの関係ではない。そこで著者が論じているのは、何にもまして、倫理的な概念のレベルと、当該時代を特徴づける経済、社会、政治の諸現象のレベルとのいわば垂直的な関係である。確かに、そこでなされている議論が、観念論への非難――その出自はマルクス主義だけに限定されない――と対決している限りでは興味深い。また、全世界の歴史上の出来事を構成するすべての要素は循環しているという考え方が妥当なのは、倫理的諸概念が歴史の一般的な流れに統合されるのは理念を現実化する実践を通してであるという考え方が妥当であるのと同様である。しかしながら、倫理的概念は実践を通して歴史に場所を得るという発想が、ある時代のある観念に何が力を与えるのかという問いに関わろうと、また、問われている事柄は因果的というより「解釈的」な答えを要求しているということが正しかろうと、そうした指摘は、道徳的概念の発展を通時的に理解させてはくれない。この短い章ではむしろ、下部構造と上部構造といういまだに垂直的な関係が問題となっているが、われわれにとっての問題は、善と自己を一体化する普遍的なものの垂直性と、道徳観念が発展していく縦の過程との関係、すなわち、誕生、変動、移動、超越、衰退といった繰り返し現れる表現が示すところの関係である。諸々の高位善と道徳的源泉の役割を果たす諸概念とに影響を与えている歴史性は、間違いなく、普遍的なものの垂直性と道徳観念の発展過程との関係によって支えられている。ここで提起されている問題は、大まかな時代区分、たとえば古代人と近代人との対立、また、それら二つの時代とポストモダンとの対立といった時代区分と密接に関わっている。こうした時代区分では、問題はあまりに大雑把な言葉で立てられることになり、緻密な分析を施すことはできない。加えて、この時間規模で生じる変化は、短期間の時代区分により近い単位でのより微妙な諸変容の結果である。ここで言う短期間の時代区分は、「より巧妙な言語」という補遺を除くと、「内面性」「日常生活の肯定」「自然の声」という三つの見出しのもとでさらに区別される。

根源的なものと歴史的なものの弁証法的関係を理解しようとするなら、『自我の源泉』の歴史を扱う箇所において解釈の戦略を支配している回顧や先取りの働きに、特に注意を向けるべきである。

第一の項目に取りかかろう。「内面性」（*Inwardness*）という言葉はそれ自体が興味深い。というのも、著者が内面性という見出しのもとで「ある感覚」あるいは「感覚のグループ」（p. 111）と呼ぶものがあり、その感覚の「台頭」（*rise*）や「発展」を理解するために解釈者が構築した概念が問題となるからである。同様の指摘は、第二部の最初の見出しとなっている「道徳的地形学」の概念についても必要である。「道徳的地形学」によって、アウグスティヌス、デカルト、ロックが次々と定立した内在性の原理の「場所」を探求しうるのと同様に、「内的／外的」という対立図式が順々にとる形態を探求することも可能となる。著者はこうした「位置づけ」について、それは「普遍的なものではなく、限定された自己理解の仕方である」（p. 111）と断言している。また別の指摘も必要である。本書でたどられる時系列は十八世紀の転換点を終点として、そこから再構成されたものではないのか、そしてこの十八世紀という終点は、近代を苦境という観点から目的論的に解釈することで意味づけられているのではないか、と問うことができる。この点で、長い第二部を締めくくる「内なる自然」と題された第十一章は、たどられた議論の要約というよりも、（とりわけ原子論的な個人観を前提に打ち立てられた政治哲学が道を切り開いたことをきっかけとして）完全に自律的な主体の出現という終点へ向かう進展を先取りしたものと理解できる。無批判にこっそり導入された目的論は、このように、〝内面性〟という表題のもとにまとめられた「感覚のグループ」全体についての「感覚」を支配しているように思われる。

「内面性」の第二部に続く第三部の表題である「日常生活の肯定」もまた、第二部の表題と同じ仕方で構成されたものである。確かに、宗教改革、とりわけアングロ・サクソンのピューリタニズムによって推し進められた宗教改革が果たした役割を根拠に、日常生活の肯定の起源はユダヤ-キリスト教の霊性にあると言うことはできるし（p. 259）、現世の「天職」に関するカルヴァン派の神学を、「ストア主義を他の手段で継承したもの」（p. 258）と語ることはできる。しかし、フランシス・ベーコンが成し遂げた古い階層秩序の転倒は、やはり「諸価値の価値転換」という用語で特徴づけられる。そこから、自然を道具として制御するという主題が、「複数の要因によって決定されて」（p. 232）現われる。回顧と先取りの相互作用が、章から章へと続けられた結果、時代の分かれ目にいるのはロックであることが判明する。著者は、ロックの理神論とそれに属する感情の文化を、十八世紀フランスとイギリスのラディカルな啓蒙主義の無信仰から注意深く区別するのと同じように、ロックの理神論のうちに、完全に世俗化した理性の兆しのみならず自然崇拝の兆しをも注意深く見てとるのである。このように解釈が回顧と先取りを往復するのにはしかるべき理由がある。これについては後で述べよう。

「自然の声」という表題を持つ長い第四部において、解釈の戦略にいくぶん変化が見られる。まず、近代は何を獲得したかという点が重視される。すなわち、近代性の獲得と呼びうるものが強調される。近代が獲得したものとは、第一に、自律、内観、個人的コミットメントという三つの形態をとる個人主義であり、三形態の政治的な派生命題がそこに加わる。まず主観的権利の定式化。次に、生産労働ならびに家族の重視、最後に、自然との新たな関係である。これらはすべて、「善き生」の新たな意味を構成する。しかし、「人生の基本的善 *life goods*」と呼ばれるものだけが、あらゆる時代を通してその価値が強調される。第一部の「道徳的源泉」の別名である「構成善」に話題が及ぶと、善き生の目標は分裂し始める。その分裂がはっきりと現われるのは自然の観念においてであり、ロマン主義以後は断絶と化す。まさにこの段階において、近代人の魂の内側での正当化し動機づける複数の審級の相互対立という主題が具体化される。理神論とその摂理説が消滅した後に無神論が現われ、その無神論が後に残した空白地帯では、自然的と称される理性と生きた自然が対抗しあって自らの権利を主張しあうことになる。「構成善」を生み出す「道徳的源泉」に属し、それゆえキリスト教的霊性がほぼ全面的に支配している領域に属するこれら二つの審級こそが、世俗化という現象を正しく説明するのである。（この点に関してはp. 310以降に重要な論点が示されている。）繰り返しになるが、〔世俗化の〕決定的な要因となったのは科学的思考の高まりでも市場経済からの圧力でもなく、新たな道徳的源泉が身近なものになったというその事実である。「われわれが理解すべきはそのような文化的変動《カルチュラル・シフト》である」。しかし、道徳的源泉としての理神論が疑わしいとしても、だからといって世俗化された思考がその唯一の代替物というわけではない。その思考こそ自己分裂した帝国である。十八世紀に現代の状況を規定するものが現われ始める。二つの〈戦線〉の対立すなわち、おのれ自身とおのれの外部にある秩序の主人である理性の戦線と、人間本性よりも広く強い自然の深みから湧き起こる表現能力の戦線との対立である。その対立図式を俯瞰することが解釈の主要な戦略となる。現代に特有の苦境と、二世紀以上にわたって存続した変動の詳細な解明との間の往復が体系的に行われるようになる。この戦略は、今度は本書の重要な主張のために用いられる。その主張とは、「あらゆる見解は、諸々の二者択一の領野に存在するというただそれだけの事実によって疑わしくなる」（p. 317）というものである。信仰、理性、自然が、「構成善」の階層秩序の頂点を目指して争っている。著者は、細心に、遠慮がちに、「三つの方向は、互いに対立関係にあるが、同時に補完関係にもあると見なされるべきである」（p. 318）と述べている。

著者はこの後、啓蒙主義的合理主義とロマン主義の概観に進むが、それには立ち入らないでおこう。彼は両者を等しく重視しているが、その理由は間違いなく、道徳的エネルギーを動員する三つの最終審級〔信仰・理性・自然〕が描く三次元空間、それを活気づける欲動間の圧力を等しく維持したいと考えているからだ。最後に、こうした歴史解釈学において働いている歴史性という様式を詳しく見てみよう。

Ⅳ

著者の膨大な歴史的考察を扱った箇所に見てとられた回顧と先取りという戦略の根底にある問題は、不可避の枠組みの基本的構成を特徴づける歴史性という様式において、その戦略はいかなる意味で正当化されるか、というものである。まず否定的にこう言おう。本書の残りの部分では、ある道徳概念が別のものと入れ替わるといった線状的歴史が主題にはなっていないし、また、歴史的交替（*historical supersessions*）という表現からわかるように、乗り越えられたものが止揚されたもの（retenu）でもあるという、ヘーゲル的な弁証法も主題化されてはいない。歴史に固有のこうした時間性は、きわめて特異な種類のものである。痕跡の永続性とでも呼びうるものが、道徳概念の歴史的性格と、倫理性における普遍的なものの歴史横断的性格を確実に結びつける。同一性（mêmeté）と自己性（ipséité）という私が立てた区別が、ここでは新たな使われ方をしている。実際には、いかなる見解も同一性という意味において同じであり続けない。もっとも、それは、動機づけの新たな諸源泉の競合に直面して、最も尊敬すべき源泉さえもが問いに付されるのを余儀なくされるという場合に限ってであるが。ところが、約束を守るという概念によって私が別のところで説明した自己性が、ここではまったく異なる仕方で表現されている。道徳的秩序において過去がその後に残すのは、死に絶えた痕跡やがらくただけではない。休眠状態にある活力、〔果たされた約束というよりは〕むしろ果たされざる約束――これは、ポール・ヴァレリーが過去にとっての未来（futur du passé）について触れつつ語ったような、記憶の根拠をなす約束である――と見なすべき未開発の資源も、そこには含まれる。まだ発揮されていない潜在能力は休眠状態にあるゆえに、「再開」、「再生」、「覚醒」は可能となり、それが新しいものを古いものにつなぐのである。より一般的に言えば、一種独特なこの時間構成が、道徳概念を対象とする歴史家が引き受けている意図的な時代錯誤を擁護する。人はつねに、その当時にはまだ熟していない何かを、事後的に過去に見てとる。この点に関して、痕跡、負債、利用されていない潜在能力といった概念に対応するものは、思想的出来事のほうに探求されるべきであり、この思想的出来事によって、道徳概念の歴史に満ちている再開や回復（*retrievals*）を可能にする変化の説明が試みられる。

　このように迂回することで、革新と伝統の弁証法についての周知の主題が再発見される。ベンヤミンの著作には、再開する現在と束縛から解放された過去との交流についての、より劇的で熱のこもった表現が見いだされるだろう。物語と歴史をめぐる構想のなかで、ベンヤミンは、ユダヤ教のメシア信仰の観点から、想起には、救助（*Rettung*）や救済（*Erlösung*）の機能があるとしている。政治史の犠牲者たちを忘却から救い出すというときには、この機能が早急に果たされねばならない。思想史においてはそれほど重大な問題ではないとの反論があるかもしれないが、それは必ずしも正しくない。ある道徳的概念の衰退は時として、まるで廃墟のような様相を呈することがある。精神の秩序において忘却は、無視や不信を経て、息切れから激しい拒絶に至るまで半ば生物学的な症状を呈する。とりわけ啓蒙主義は、その過激な形態においては、歴史上のキリスト教世界や、理神論や良き感情の文化とさえ、そうした無視や拒絶の関係に入る。道徳の歴史には、平和的な再解釈のみならず、亀裂も存在する。極端な場合、道徳現象学の不可避の枠組みの再認が、ほとんど不可能となることを認めねばならない。それは確かに事実だが、近代人と古代人の間にあるのと同じくらい決定的な断絶が異なる時代の道徳概念の間にあるという主張を和らげることもまた、思想史研究者の責務である。いわゆる近代人と古代人の断絶は、その大部分が、単に誇張されているのみならずまったく無根拠な主張であり、またそれは過去への負債の感覚の拒絶に由来するのだが、その拒絶自体が、近代性のメッセージの一部をなしている。ただし、これと同じことは、ポストモダンの新ニーチェ主義による主張についても語られるべきだろう。

道徳的概念の衰退のあらゆる形態について考慮するにあたり、疎遠さと親密さ、同時代性と非同時代性、近さと遠さといった、意味の近い語彙を用いることで、この非常に複雑な時間関係を表現することができるだろう。とりわけ空間の隠喩を重用することで、あれこれの道徳的源泉が消失し影響力と説得力を失っていったことを距離の広がりとして、また、逆に、(たとえば十六世紀におけるストア主義のように)再開の現象を(距離をなくす)脱距離化現象として捉えることができる。実を言うと、本書の全体が、大がかりな脱距離化の実践と見なしうるものであり、そこでは距離感がたえず乗り越えられるものと前提されているのだ。

今や、最初に立てた問いに答えることができる。その問いとは、第一部で述べられた根源的なものと、著作の大部分を支配している歴史性とを統合するのは何か、というものであった。第一部の根源的なものは歴史性の独特の様式をそれ自身の内に含んでいて、その独特の様式が〈近代性〉の壮大な系譜学の様式と調和しているのではないか、と考えることができる。歴史性の側で、同一の近代的意識における同時代性と非同時代性の重なり合いこそが道徳経験の時代的性格を確証してくれるというなら、〈同時代性と非同時代性との重なり合いという〕歴史性のこの様式こそが、逆に、不可避の枠組みと名づけられたものの構造それ自体によって可能になると言うべきではないだろうか。強い評価の概念、高位善の概念、そしてもちろん道徳的源泉の概念について考えてみれば、葛藤は根源的なものを構成する要素であり、それ自体不可避と見なされうるのだ、と言えるだろう。今や問題は一挙に解決される。無視できないこの構造は、非歴史的（anhistorique）なのではなく歴史横断的（transhistorique）なのである。強い評価は共有されることを主張し、原則的に伝達可能であることを要求する。だが、まさにそれゆえに、異論を唱えることがつねに可能であるべきなのである。すでに見たとおり、強い評価から切り離せない識別は、評価そのものと同様に、論争の的となりうる。これをあれ「より高次」に位置づけることは、理由を必要とする。「われわれはいかに生きるべきか」という問いは、われわれが自分の選択の正当性を要求し始めるや、〔道徳的源泉が〕争い合う場を開くことになる。すでに述べたように、「吟味された生」へのソクラテス的な呼びかけは、典型的な仕方で批判的契機と評価の危機をもたらす。だが、高位善どうしの異質性もまた論争に道を開く。というのも、根本的に異質なものは単一の仕方で序列化できないからである。ここでついでに次の事実も強調しておこう。それはすなわち、高位にある諸々の善さらには優位の体系どうしが対立しあうその光景こそが、カントからロールズやハーバーマスに至るまでの思想家を促して、道徳性を手続き的規則へと還元するのと引き替えに、善についての過度に葛藤を引き起こす考え方を、妥当性、正義、義務といったより協調的な考え方に置き換えさせた、という事実である。しかし、これは単に、道徳的生の悲劇的契機を、形式的普遍性と状況内の道徳判断との連結点に移しただけのことである。高位の善が相互に異質であるがゆえのこうした悲劇は、もっとも根源的な倫理的生活が「吟味された生」としてのみ理解される以上、その倫理的生活を形作っている当のものだと認めてしまった方がよい。ともかくも著者がためらうことなく

「不可避の枠組み」の構成要素と見なした「道徳的源泉」の、その克服不可能な葛藤的性格についてどう言うべきか。道徳のこの根本的なレベルにおいては、葛藤的性格と歴史性が結びついていることは一目瞭然である。実際、近代という体制における自己の苦境を最初から念頭に置いていなかったとしたら、著者は本書の第一部を「道徳的生の源泉」という主題で終えることはできなかっただろう。その意味では、本書の歴史に関わる箇所で用いられていた先取りと回顧という戦略は、著作の全体的な構造を規定しており、倫理領域の歴史性は、自己そのものを構成するアポリア性のうちに予め投影されているのだ。近代的自己の構成に固有の歴史性こそが、時代を画するという性質を根本的な特徴とする道徳経験の歴史横断的構造のうちに先取りされているのだと言っていいだろう。道徳性のいかなる時代をも想像力により共感をもって再び生きることが可能であるからこそ、われわれの意識は、同時代性の非同時代的な特徴と非同時代性の同時代的な特徴に、それぞれ同じだけ苦しむ。その意味で、本書の第一部は、道徳的生のきわめて独自な累積していく性格、その前提であるのみならず、結果とも見なしうるのである。

第三部　実　践

正常なものと病理的なものとの違い——敬意の源泉としての(1)

私が提起する考察のめざすところは、知的・身体的障害者に、またその他いろいろな障害を負った方々に、われわれが抱く敬意を、そして敬意をこえて友愛を、病理的という観念を増大することによって補強することにある。どんな人にも差別なく敬意を払うべきだという、あまりに漠然とした観念と、正常と推定されるものと比較して、単なる欠陥としての病理的という観念とを併置するだけの怠惰な仕方を、私は揺るがしたい。そこで肯定的な価値をおびた病理的の観念に、敬意の違った意味を適合させるのである。両方の観念を適合させるということを、私は強調する。構造的に敬意に値すると認められた病理的なものに向けられた敬意が、まさしく重要なのである。

まず病理的なものの極から出発し、ジョルジュ・カンギレムの著わした『正常なものと病理的なもの』（一九四三年、第二版一九六六年）と、『生命の認識』（一九六五年）とに述べられている生物学的哲学か

（1）　このテクストは次の会場でおこなわれた講演である。ラルシュの会[*12]（Jean Vanier）、於アヴィニョン、一九九七年、フォンダシオン・ジョン・ボストの第十一回学会、於ベルジュラック、一九九八年。

ら着想をえた考察を提示しよう。

正常なものと病理的なものを中心とするこの考察に、カンギレムにならって私も、「生き物とその環境」の間の関係についての、もっとも一般的な概念のための前書きをつけてみよう。それによって大きな円を描き、その内部に正常と病理的のより小さな円をおいてみる。ここで私が抱く考えは、物理的機械と区別される生き物はその環境と論争し合い、説明し合う弁証法的関係をもつということである。この考えは、行動科学で長年支配してきた理論と比較して、大きな前進である。従来の理論では、生き物は外界からの主導的な優先性をもつ刺激に反応する、すなわち環境が働きかけ、生き物がそれに反応するというものであった。それがトールマンによって最高度に洗練された行動主義的仮説であった。刺激（*stimulus*）と反応との間に、媒介変数（情動的素因、運動的探索など）を増やすことができる。それは有機体自体と、それの構造化の能力とが最終的につくりあげるブラック・ボックスを満たすための手段にほかならない。この理論への攻撃は方法論的と実験的の両面でなされようとする。方法論の面で検討されるのは、実験者自身によって予めなされる環境の定義である。例の仮説では、環境とは研究者が見るとおりの、すなわち物理化学的に構成されるとおりの世界である。もっと悪いことに、*stimulus* に値するものは、被験者の反応を無理に取り出す実験者によって操作されるのである。方法の逆転は次のようになされる。有機体が自由な環境に向かっていくままにし――それは民族学者の態度である――その有機体が有意味な信号を選択するようにして、その環境をみずからどのように規定するかを観察する。つまりその有機体が環境との関係を、どのようにして有意味か無意味かの二つの入り口のある関係として構造化するかである。この方法的逆転は、用語の交替によって示される。すなわち環境（milieu）という語を、生命をとりまく世界、環界（*Umwelt*）（この用語を承認させたJ・フォン・ユクスキュルについては次を見よ。カンギレム『生命の認識』*La connaissance de la vie*, p. 144）という用語に置き換えるのである。次の段階として、カンギレムの分析から、「生命価値」（valeur vitale）という主導概念を取り上げよう。

動物の環界とは、生き物を本質的に生き物たらしめる生命価値の主体との関係に中心をおく環境にほかならない。われわれは動物の環境構成の根源に、人間環境の根源に見るように導かれるのと類似の主観性があると考えざるをえない（*ibid.*, p. 145）。

この生命価値という観念は、生き物とその環境との間の相互作用という観念と相関している。すなわち「生き物が状況の評価に固有の基準をもたらし、また生き物が環境を支配し、それを自分に適応させる」（*ibid.*, p. 146）相互作用である。カンギレムはさらにこう続ける。この補足はわれわれを次の段階に移行させる。

この関係は本質的に、そう思われるような、闘争とか対立とかではない。それは病理的な状態に関わる（*ibid.*, p. 146）。

そこで今度は病理的／正常の関係を扱うことにする。環境とのどんな相互作用が問題なのか。

同じカンギレムの『生命の認識』で示唆されているものを発展させてみよう。彼はこう書いている。「人間の生命は生物学的意味、社会的意味、実存的意味をもつことができる」（*ibid.*, p. 155）。それは継起する状態ではなく、同時的な価値が絡み合っているのであり、それを区別するのは説明の必要上にすぎないことを強調するのが重要である。

生物学的平面での病理的とは、何を意味しうるのか。さらに根本的な問いは、生命の平面で病理的なものがあるというのは、どのようにして可能なのか、である。

この問いに答えるには、生物学的秩序と、物理学的秩序を区別する根本的な差違にさかのぼる必要がある。物理学的秩序では、単独の出来事（リンゴの落下）は、言われるように、法則に厳密に従う。じつを言えば、物理学の法則は、それに反することがありうるような規則ではない。リンゴが法則に〈従う〉わけではない。個体が個々の変異以上のものをつくりだすのは、生命のみに関連している。個体性は不規則性、偏差、異常性の可能性を含んでいる。しかし何に対して偏差があるのか。ここではもはや、類型と個体との間のドラマティックな関係は働いていない。生命に固有の合法性は別の種類のものである。そうすると何に対して偏差があるのか。それに対する答えは、ここでは両義的たらざるをえない。しかもこの両義性は、あるレベルから別のレベルに移っても消えてしまわない。正常について二つの読み方が提起される。正常を統計的な平均と同一とみなすことができる。その場合の基準は頻度であり、偏差は平均からのずれにほかならない。しかし正常によって、ある理想を意味することもでき、ある意味でその理想はさまざまである。すなわち、成功、安らぎ、満足、幸福。正常の観念のこの両義性から、健康の観念に結びついた両義性が生じる。ここで重要なのは、カンギレムが言うように、医学の対象は、同時に生命への障害であるという事実を考慮することである。この新たな両義性は、或る時は平均として、またあるときは理想として解される正常観念に結びついた両義性の結果である。どちらの場合も、健康が正常との関係で、個人を特徴づける。この関係は必然的に不安定なものである（ここで私は〈不安定な〉という語を存在論的な意味で用い、両義的という語には認識論的な意味をとっておく）。生きることは冒険として現われ、そこでは何が試みで、何が失敗であるかわからない。それがなぜかは理解できる。生きることはつねに評価されるが、その評価はつねに相対的なものである。（カンギレムと同じく）クルト・ゴルトシュタインのカテゴリーを取り上げてみるなら、健康は脅威、危険、機能不全（そしてその中に病気も含めて）などを管理する限定された能力として現われる。

生きることは、すでに動物にとって、ましてや人間にとって、ただ生きのびるだけ、自己保存するだけではなく、新しい状況によって命じられた反応や企ての形で、新しい環境の要求に敢然と立ち向かうことである（*ibid.*, p. 165）。

こうしてわれわれは、つねに同じ生物学的なレベルで、病気の観念にたどり着く。病気になるのはそのつど一人の個人である。物理的世界には病気はなく、したがって医学も医者もない。看護したり、治療したりする、つまり病気と治療とのあいだを通過する機会はない。しかしまた病気の絶対的な定義もない。せいぜいのところ、クルト・ゴルトシュタインのように、こう言うだけである。

病理的な生命の基準とは以後、有機体に、その構造において生命以前の環境と質的に違った〈狭まった〉環境に生きるよう強いる基準のことである（*ibid.*, p. 167）。

ここで〈狭まった〉環境という表現に注目しよう。

ここにおいて、病理的なものの二つの読み方が、基準の二つの読み方と重なる。否定的な読み方では、病理的は欠陥、欠損を意味する。肯定的な読み方では、それは別の、それ自身の法則をもった組織体を意味する。たしかに、生き物とその環境との関係において、別の構造なのである。この考察の最後で、この別の構造に、この世界‐内‐存在の別の仕方に敬意と、それ固有の価値とを結びつけてみよう。この価値は第三の実存的レベルでしか発揮されない。しかしこの価値は、その肯定的と否定的の二価性をもって〈狭まった〉環境に適応するという考えのうちに、その生物学的な理由をもつ。

このレベルを離れる前に、環境との関係の肯定的評価を隠蔽してしまいがちな要因を強調してみたい。それは私が傲慢なと呼ぶ、健康概念のことである。それは平均という意味の基準を、理想という意味の基準に昇格させてしまう傾向がある。傲慢な概念とはっきり言おう。それは「立派な健康」と自分を称えることである。強さの感情は、「私はこれができる、あれができる」と言わせる。したがって病気は無力さの用語でのみ定義されることになる。つまり私ができないこと、私がもうできないことである（老いることは、古代や中世のモラリストが *concupiscencia essendi*、存在の虚栄と呼んだ、この傲慢さを問題にする絶好の機会である）。もとより健康は単なるまやかしではない。カンギレムはこう言う（p. 167）。

> 健康を特徴づけるものは、基準の変更を許容する能力である。その基準には、状況や環境の、表面的には保証されているようで実際にはつねに必ず一時的な安定性が、決定的というまやかしの価値を与えているのである（*ibid.*, p. 165）。

まやかしの価値という言い方を強調しよう。実際、この錯覚から病理的なものの一義的な価値低下が生じる。ある意味で、医学の存在そのものが、裁判制度と並んで社会制度として、「病気という生命の価値低下」（*ibid.*, p. 167）を確認しているのである。治癒の計画――というより、要求――は、この価値低下を前提にしている。自分が病気と感じ、病気と言い、病人として振る舞うことは、この否定的評価、価値低下を追認することである。何がわれわれをこの迷いから覚ますことができるだろうか。死ぬことの不確実性の感情である。カンギレムによれば、

成功はすべて脅かされている。個体は死ぬし、種さえも死ぬからである。成功は遅らされた失敗であり、失敗は流産した成功である（*ibid.*, p. 160）。

以上が病気の二次的な教訓、あえて言えば、老いることとの慢性的教訓である……。

生物学的平面にこんなに長々とこだわったのをお許しいただきたい。社会的平面でも、まして実存的平面でもじつに多くのことがなされている。これら二つの平面で、正常なものの、したがってまた病理的なものの新しい基準論が働いている。事実、機能の生物学的正常性に、慣習の社会的正常性がとって代わるのである。いまや正常なのは、共に生きるための社会的基準を満たすことのできる行動である。ここで恐るべき仕方で介入するのは、ある生きている人と他の人との比較である。たとえば私たちを魅了するものが、他の人たちには許され、私たちには禁じられるのである。このような比較によって病理的とみなされるものが、前面を占めている。自律の能力、自分の生き方を自己管理できる能力が絶讃される個人主義的社会では、助力と監督という二つの形の保護の関係を余儀なくされる。いっさいの無能力はハンディキャップとみなされている。こうして健康は社会的に基準づけられ、病気も同様である。看護の要求も、また

この要求に結びついた期待も同様である。治癒の基準は、他の人々と同じように生活できること、他の人々ができることをなしえることである。生きている人に内在する基準から、他の人々によってコード化された社会的なものの外的基準への移行がなされた。そこから生じてくるのは、すぐれて社会的な傷痕である排除である。排除には、明確な生物学的モデルはないが、社会的に関与づけられたモデルはある。社会はそうしたハンディキャップの人たちを無視し、隠し、除去しようとしているかのようである。なぜか。なぜならその人たちは無言の脅威、脆弱さ、不安定さ、死すべき運命を想起させる不吉なものとなっているからである。彼らは耐えられない「死を思え《メメント・モリ》」を具現している。人は罰を科された逸脱者を隠すように、病理的逸脱者も隠す。医療を受ける逸脱者と、刑罰を受ける逸脱者とは、どちらも病理的逸脱者である。逸脱を目にすることによって根本的に脅かされるのは、社会的な成功によって認められ、信用と保証が強化された人生の、同じ傲慢さである。こうして劣ることと価値低下とは社会的に基準化される。ここでも精神医学は、医学の一部門として、「この標準からの疎隔という普遍的で主観的な反応の客観的記号、すなわち病気という生命の価値低下」(*ibid*., p. 167) の役割をいつも演じるよう脅迫されている。生物学的な偏差は、社会的な疎隔によって劇的に強化されるのである。

精神病院は社会に起因するこの排除の脅威を強化するおそれがある。制度的な構造が、人と人との対話の中に無言で、ほとんど目に見えない仕方で介入してくる。どの患者もかけがえのない存在であるというのはほんとうであるが、どの病気も唯一独自ということにはならない。一つの症例が唯一独自ではない。コード化されたマニュアルが、治療すべき症例に接ぎ木される。そのマニュアルは診断、治療、予後に関する、全世界的に細分化された知識と実践とに組み入れられる。医師が今、ここで行使する能力は、職業的知識を働かせ、その知識は伝達され、教授され、応用されるものとして、医療制度を患者とその医師との間に介在させる。それだけではない。制度的構造のほうは、健康政策に関する行政と司法と刑罰の構造という広大な複合体に連結している。この複合体は法治国家の特質で、その権限のもとで、医療の業務がおこなわれるのである。このレベルでは、健康の概念そのものが複雑な意味をおびる。その意味が適用される実体は、正確には個々の人格ではなく、人口概念に結びついた統計学的現実であり、それは公共医学が人口動態学と共有する人口概念である。

医療行為の中に、職業的知と政治的枠組みの形をとって、制度が二重に介入してくることは、精神医学のレベルに特別のインパクトを与える。医学的知識は知的障害者の状況では、一般に共有されることのもっとも少ないものである。語の強い意味で、医者だけが知っているのである。しかし何よりも精神医学は、社会的排除に傾きがちな社会の支配的な偏見をとりわけ受け入れやすい独特な型の制度を産み出す。というのも、その制度は、そうした偏見に特別の可視性を与えるからである。たしかに精神医学の制度は、他の病院と同じような場であろうと望む。この点で公教育は精神疾患に関し、二十世紀後半に非常な進歩を遂げ、徐々に精神疾患は他の病気と同じものとみなされるようになった。精神病院への入院は、ますます普通の形の入院とみなされる傾向にある。

とはいえ、精神科クリニックは医学とその患者との間の不透明な調停者のままである、と見る十分な理由がある。その不透明さは、看護契約と、その二面構造に影響を与えている。病気一般に関し、一方には苦しみ、助けを求める人がおり、他方には能力と助力を提供する人がいる。両者が出会うのは診断であり、治療の申し出である。精神疾患の場合には、この状況が深部から混乱しているのである。その影響を受けるのは、感情的、感情移入的な関係だけでなく、看護契約の公平性を確保する義務論そのものの実践もである。ここで医療協議を統括する三つの規則を想起するだけで十分である。すなわち医療機密の共有、医者の診断と、提案されている治療とその蓋然的な結果に関して、自分の症状の真実を知る権利、そして何よりもインフォームド・コンセントの権利である。この契約の一方の当事者が、みずから障害者を名のったとき、契約における医者の側の責任は、感情面であれ、人間関係面であれ、心理面、言語面であれ、かなり重くなる。事実上の状況によって負わされる、この一種の独占によって、契約が損なわれてしまうのをいかにして避けるか。病気をのりこえて、まだ患者が自在にできる行為可能性に、生き、率先行動し、評価し、決意する患者の潜在的能力に、どのようにして到達するか。換言すると、片方の当事者である患者の欠陥を、排除の烙印を押さずに、いかにして補償するか。こうした問いを発するのは、社会的排除の行為が医療の中心に入りこむのを許さない意志を、すでにして表明することである。

とはいえ平均的な世論で暗黙裡に受け入れられている、障害者に対する社会生活の面での排除が、制度面で二度目に強化されるのはここにおいてである。社会的排除の行為は制度面でさまざまな形をとる。まず医療が介入する各段階で、ほとんど目に見えない仕方での排除がある。次は幻想のレベルで、目に見え、ひどく厄介なしかたでの排除であり、その幻想は、恐怖の歴史の結果として、われわれが犯罪者を避けるように、病理的な逸脱者を避けるようにする一般人の態度に浸透し続けている。一般にどの病気にも通用することは、とりわけ精神疾患的な逸脱にも当てはまる。ミシェル・フーコーは狂気の歴史と、刑務所の歴史を並行して書いた。彼は身体的・精神的暴力に、治療看護がゆっくりと勝利することを語る。しかし集合的無意識の面で、治療と罰との混同は残る。〈狂人〉は依然として恐れられ、排除を引き起こし続けており、その排除を病院は別の名でおこなっているのではないかと疑われる。精神病院と刑務所は、集合的想像世界では市民社会の一部になっていない。それらは象徴的には都市の外に存在している。

どうしてそうなっているのか。排除の力はどこからそのエネルギーを引き出しているのか。フーコーは近代における自立した理性の勝利が、その代償として、すぐれて非人間的なものとしての非理性の排除をもたらした、と示唆している。私も同意見で、われわれが個人を、また孤独な主体に責任を負わせれば負わせるほど、その重荷は各人にとって負いきれないものとなると言おう。排除の線は、もはやいわゆる健常者と障害者との間にだけ引かれるのではなく、その線は各人の意識の中にも通っている。狂気ではないかという恐れは、地獄の恐怖にとって代わり、同時に、社会的応報の脅威に近づく。排除は各人の内心から発し、超越に代わる内在は、それよりもっと残酷とわかる。狂人は私の無限に近い分身である。

以上が公教育も抑制できなかった、語の強い意味での偏見である。しかし社会的実践のレベルで、共同体の意味が崩れて各個人がひとりで孤独と向き合っているとき、どうして医療の行為がその偏見を根絶することなどできようか。

こうして生命の評価の実存的レベルに到達する。このレベルでは、基準はもはや統計的な平均としてでなく、個別の投企（projet）として定義される。サルトルはそれを実存的投企と呼んだ。個人は自分の個人的な実行と評価の基準をもつ行為の成果の地平に応じて、自分自身を参照しながら、自分を定義する。ここに賭けられているのは、アイデンティティに応じた自己認識である。じつのところ、このアイデンティティこそは、限りない探求の対象で、フロイトが精神分析のある症例について述べたように、その探求は「終わることがない」のである。したがってわれわれはアイデンティティよりも、自己同定について、あるいはピーター・ホーマンスがその『悲嘆の能力』[2]で言うように、「個体形成」や「自己再所有」につ

(2) Peter Homans, *The Ability to Mourn. Disillusionment and the Social Origins of Psychoanalysis*, The University of Chicago Press, 1989.

いて語ることが必要であろう。事実、アイデンティティは前方に向かって企てる、単なる投企ではありえず、記憶の作業を要求し、そのおかげで主体は内心に集中し、自分史をつくりあげようと試みる。その自分史は理解でき、受け入れられるもので、理知的に読まれ、感情的に許容できるようなものである。この記憶の作業は、喪の作業も含意している。喪の作業は、失われた自分の欲望の対象に、また断念した理想や象徴に適用される。喪失を組み入れずして、物語的整合性はない。この記憶と喪の二重の作業が、自尊心―― *Selbstgefühl* ――の意味を仕上げ、それが自己認識に道徳的次元を賦与するのである。この *Selbstgefühl* はメランコリーの中で崩れてしまう、とフロイトは言う。メランコリーの中で対象喪失は自己喪失に延長される。ところがメランコリーは単なる精神障害ではない。それは悲しみや疲れ、落胆を自覚しはじめるや、われわれの誰にも刻みこまれる脅威である。その名は絶望、無希望（inespoir）で、それをキルケゴールは「死に至る病」として記述した。悲しみへのこの同意の反対は、パウル・ティリッヒが「存在する勇気」と命名した道徳的感情、というより精神的態度である。存在する勇気は、記憶の作業、喪の作業、自尊心を唯一の束にまとめる。同時にそれは、自己認識における過去の取戻しと、投企における未来の先取りとの間に、約束の行為特有の形で、橋を架ける。

精神疾患で、精神障害や神経症の複雑な疾病学によって *Selbstgefühl* を乱すさまざまな形態で、実際に損なわれるのは、この存在する勇気である。しかし考察のこの段階で、重要なのはこの窮状のいろいろな型ではなく、看護契約のために蒙る明確な被害であり、また医療技術がこの極度の脅威にどう反撃するかである。

ここでしなければならないのは、これまでの分析から漏れていた、新しい要素を導入することである。すなわち自尊心とは、単に自己と自己との間の関係だけに還元されないことである。この感情には、そのほかに、他者に対する要求も含まれている。また他者から寄せられる賛同への期待も含まれる。この意味で、自尊心は内省的な現象であるとともに、対人関係的な現象でもあり、この認識作用の両面を結びつけるのが尊厳の観念である。

この自己認識と他者による承認との関係のレベルで、社会的評価の平面で論じてきた排除の過程は、今度は自尊心の内奥まで荒廃させてしまう。この破壊的効果は、病気が一種の自己排除のように機能する傾向があるという事実によって、構造的に可能になる。生物学的な平面では〈狭まった〉環境への退行として現われ、次に社会的平面でいろいろな種類の制度によって認められている排除として現われていたものが、実存的平面で尊厳の否認、承認の否認として再び現われてくる。ここにおいてわれわれは医学関係でもっとも微妙な点と思われるものに到達する。医者というこの患者の相手は、患者の自尊心と存在する勇気の欠け目を、一種の二重の、しかし分離した尊重によって償う役目を担っている。それを代理と補足の尊重と呼ぶことができよう。

この尊重の補足は、患者の自分自身との関係だけでなく、他者との関係とも関連して、病気に結びついた肯定的な価値の承認にもとづいている。このようにしてわれわれは生物学的な平面で示されている病理学の解釈を実存のレベルで見直すのである。病気とは欠陥、欠如、要するに否定的な質とは別のものであると先に述べた。それは世界‐内‐存在の別のあり方なのである。その意味で、患者は尊厳をもち、敬意の対象である。狂気の闇に隠されているのは、病気の価値、病者の価値である。

正常なものと病理的なものとの関係についての以上の論述から私が引き出したいのは、厳密に倫理的なメッセージである。いわゆる健康な個人にとって重要なのは、障害をもった個人のうちに、親しみ、共感の源泉、共に生き、苦しみ、病んでいることにはっきり結びついている源泉を見分けることである。どうか健康な人たちがこの病気の意味の提起を受け入れ、そしてそれが健康な人たちに自分自身の不安定さ、脆弱さ、死の必然性を耐える助けとなるように。

医療判断の三つのレベル(1)

本論の強調点は、生命倫理の理論的探求をめざす部門とは区別される、治療（臨床）をめざす方向におかれる。じつを言えば、知識と学のためであれ、看護と治療をめざすのであれ、これらはいずれも実践の次元を含んでいる。その意味で、両者は人間、また人間以外の生命過程への意図的な介入に関係するのであるから、どちらも倫理的問題を提起する。治療的（臨床的）アプローチに固有と見えるもの、それはいくつかの異なるレベルに属する判断の行為を引き起こすことである。第一のレベルは、実践知（prudentiel）（*prudentia* はギリシア語 *phronesis*〔賢慮〕のラテン語版をなすので）と呼ばれることができる。判断力（カント的用語を用いれば）は、患者個人が医者個人と人間関係におかれる個別の状況に適用される。この折に表明される判断は、教育や経験から出てくる多少とも直観的な性質の実践的知恵を例証する。第二のレベルは義務論的と呼ばれるに値する。というのもここでの判断は、この患者、あの患者といった個別の関

(1) 国際会議「倫理——医学と生物工学におけるコード」（ドイツ、フライブルク‐イム‐ブライスガウ、一九九七年十月）での発表。« Les trois niveaux du jugement médical », *Esprit* (« Malaise dans la filiation »), décembre 1996, p. 21-33.

係をさまざまに超える、規範の機能をおびるからで、それは多くの国で用いられている「医療の義務論的コード」に具現している。第三のレベルでは、生命倫理は反省的な型の判断と関わり、その判断は、第一、第二レベルの実践知的判断と義務論的判断を正当化する試みに適用される。

次のテーゼを議論にのぼせよう。第一に、広義の生命倫理は本来の倫理的な意味を、医療倫理の実践知の次元から借用する。第二に、義務論的レベルで形成される判断は、実践知的判断に立脚しているとはいえ、断固として多種多様な批判的機能を行使する。その批判的機能は第一級の実践知的格率を単純に普遍化することから始まり、何よりも臨床が介入する領域での外的、内的紛争を扱い、そこからその定言命法的な性質にもかかわらず、義務論の規範に課せられるあらゆる種類の制限を扱う。第三に、反省的レベルでの道徳的判断は、哲学的人間学に根ざした、一つまたはいくつかの倫理的伝統を照合する。まさにこのレベルで、健康、幸福といった概念が問題視されるのであり、倫理的反省が生と死の問題のような根本的問題に関わるのである。

信頼の協定

なぜ実践知のレベルから出発しなければならないのか。それは実践知の徳が適用される状況の性質を想起する好機なのである。実践知の領域は、個別の状況で決定が下される領域である。アリストテレスによれば、学問は一般的なものを対象にし、技術《テクネー》は特殊なものを対象にする。それがすぐれて妥当するのは、医学の職業が介入する状況、すなわち人間的な苦しみの状況に対してである。苦しみは、楽しみとともに、個別性の究極の隠れ家である。ついでに言えば、それはまた生命倫理の内部では、臨床をめざす部門と、生命医学的研究をめざす部門とを区別する理由となる——あとで述べるように、両部門が干渉し合うことは考慮しても。苦しみが医療の実践だけに関わらないことは事実である。いろいろな能力の担い手として、また家族、仕事、さまざまな制度の中で他の人たちとの無数の関係の担い手として、自分自身との関係に苦しみが影響を与え、それを解体してしまうだけではない。医療は社会関係に立脚した実践の一つであり、その社会関係にとって苦しみは基本的な動機づけであって、その目的《テロス》は救助を見いだし、おそらくは治癒する希望にある。換言すると、医療の実践は身体的・精神的な健康を窮極の到達点とする、唯一の実践である。本論の最後で、健康概念に結びついたさまざまな意味に立ち戻ることにする。この研究を始めるにあたり、安寧と幸福の形としての健康の概念に結びついた、議論の余地はあるものの、普通の期待は既得のものとしよう。そこで実践知の判断の基礎にあるのは、医療行為の対人関係の構造である。苦痛の重荷から解放されたいという欲求と、治癒の希望は、社会関係の重要な動機づけをなし、それが医療を特殊な種類の実践とするのであり、その制度の起源ははるか昔にさかのぼる。

　以上を述べたうえで、これから問題の中心に直接向かっていくことができる。この個々の出会いの倫理的な核は何かと問おう。それは、ある患者とある医者を関与させる、信頼性の協定である。この実践知のレベルでは、まだ契約とか医療の秘密については語られず、信頼にもとづいた看護の協定について語られる。ところでこの協定は独特の過程を取り決める。最初は溝で、著しい非対称性が両当事者を分ける。すなわち一方はノウ・ハウをもつ人、他方は病に苦しむ人である。この関係の両極から出てくる一連の手続きによって、その溝は埋められ、当初の諸条件はより平等になる。患者、この患者は、自分の苦しみを訴えとして表明して「言葉にし」、その訴えは描写的要素（こんな症状が……）と、物語的要素（当人がこれこれの出来事にまきこまれて）とを含んでいる。訴えのほうは要求として明確になる。〜の要求（治療の要求、そしてありえないことではない健康の要求、またその背景にある不死の要求――それがどうしていけないか）。そして医者への要求として向けられた～に対する要求。いったん要求が認められたら、この要求に、提案された治療の計画を遵守する約束が接木される。

他方の極に位置する医者は、トクヴィルがデモクラシーの精神を定義した「諸条件の平等化」のもう一方の道を進む。すなわち、患者として受け入れ、診断書の作成、処方の言い渡しという連続した段階を経る。これは医療協定をきめる基準どおりの手順で、二人の人物を関係づけ、出会いの当初の非対称性をのりこえるものである。協定の信頼性は、なおどちらの側でも験されねばならないだろう。医者の側では、その患者を「注意深く見守る」約束、患者の側では、治療を受ける当事者として「振る舞う」約束。こうして医療協定は、病気という共通の敵に対して二人の人物の間に結ばれた一種の契約となる。その合意は、それぞれの約束を両方の当事者が忠実に守るために暗黙に交わした約束のおかげで、道徳的性格をもつ。この暗黙の約束は、約束するという「言語行為」に含意された道徳的判断の実践知の規約をなしている。

冒頭からこの協定の脆さをいくら力説しても足りないだろう。信頼の反対は警戒心、あるいは疑念である。この反対のものは、協約を設定するためのあらゆる段階に付随している。患者の側からすると、信頼が脅かされるのは、医師団のどのメンバーによるものであれ、推定される権力の濫用に対する警戒心と、医者の治療に対する患者の途方もない期待に応えられないだろうと推定する疑念との割り切れない混合によってである。患者は誰しも過度に要求し（不死の願望には、すでに言及した）、しかし自分が過剰な信頼を寄せている医者の権力の濫用には警戒する。医者のほうは、推定される怠慢や惰性を越えて、やがて以下のような介入について語るとき、彼の関与に課される限界が現われてくる。すなわち人体を客体化し事物化しがちな生物医学の介入であり、一般的な健康現象のもはや個人的でなく、集合的な様相にもとづく公衆衛生の問題の介入である。こうした信頼協定の脆さが、実践知の平面から、道徳的判断の義務論的平面に移る理由の一つとなる。

しかしながら、看護協定は内輪の性格をもっているにもかかわらず、一般化できる材料に欠けてはいないことを言いたい。それは医療判断のレベルに結びついた実践知あるいは実践的知恵という用語を正当化するものである。この判断をわれわれは直観的と呼んだ。なぜならそれは教育と実践から発してくるからである。だが実践知を看護協定に結びついた道徳的関与のレベルと呼ぶからといって、それを善意の偶然性に委ねることにはならない。症例に応じて実行されるどんな技能も、まさに教育と実習のおかげで、まだ規範とは呼べないまでも、教えと呼べるようなものを産み出す。それは実践知の判断が義務論的判断となる方向に導く。

看護の状況、まずは患者自身の状況の個別性を認識するのを、私は医療の平面で行使されるべき実践的知恵の第一の教えとみなす。この個別性は、ある人を他の人に代替できない性質を含意する。このことは何よりも同一の個人をクローン技術によって再生産することを排除する。人間の多様性は、治療するのは種ではなく、人類のそのつど唯一の人であるとする。第二の教えは、人格の分割不可能性を強調する。治療するのは多様な臓器ではなく、言うならば、病人まるごとなのである。この教えは、病気の多様性と、それぞれの病気の身体的局所化と、それに対応する知識と技能の専門化によって押しつけられる細分化に反対する。その教えはまた、生物学的なもの、心理学的なもの、社会的なものの間の、別種の分裂にも反対する。第三の教えは、代替不可能性と分割不可能性の観念に、すでにしてより内省的な自己尊重の観念を加える。この教えは、他者からの尊重以上のことを語る。それがめざすのは、主体自身によって自分自身の価値を認識することにより、自分から他者への尊重の一面的な性格を均衡させることである。尊重は自分自身へ向かうのである。ところが看護の状況、とりわけ入院の条件では、患者の側は依存的な振る舞いに、看護者の側では患者の尊厳を傷つけ、辱めるような振る舞いに退行するのを助長するだけである。

このような依存に陥るときに、過度の要求と潜在的な不信との有害な混合が強化されて、看護協定を台無しにしてしまう。こうして、先に問題になった看護協定の脆さが、別の仕方で強調される。看護協定は、理想的には、両方の当事者の一致可能性を含意している。しかし依存への退行は、重度治療の段階や、危篤といえる状況に入るや、不平等の状況は徐々にむしかえされがちである。だがそもそも看護協定を結ぶことは、不平等を避けることとされていたのである。病院で一般的になっている依存の状況によって脅かされているのは、何よりも人格尊重の感情である。患者の尊厳が脅かされているのは、言葉づかいのレベルだけでなく、医療関係者と入院患者との日常の関係で、気安いこと、些細なこと、日常的なことに、何事によらず譲歩してしまうことによってでもある。こうした非礼な振る舞いに対してたたかう唯一の仕方は、看護協定の基本的な要求に立ちかえることである。すなわち、患者が治療の進め方に協力すること、言い換えれば、病気と苦しみに対する共通のたたかいにおいて、医者と患者を同盟させる協定に戻ることである。ここでもう一度強調したいのは自己評価の概念である。私はそれを実践知のレベルにおき、自己尊重の概念を義務論のレベルにおくのである。自己評価によって、個としての人間は自分の存在をみずから是認し、他者によって存在が是認されることを知る必要を表明するのである。こうして自己評価は自尊心、個人的な誇りを自分自身との関係に記入する。それが通常、尊厳と言われるものの倫理的基礎である。

医療契約

なぜ今度は実践知のレベルから、判断の義務論的なレベルに昇らねばならないのか、それも臨床医学や治療学を指向する生命倫理の枠組みで。それは義務論的判断の多様な役割に結びついた、いくつもの理由によってである。

その最初の役割は、患者と医者を拘束する看護協定に属する教えを普遍化することである。職業、技能、実習に似た徳に適用されるギリシア的語彙で、実践知について語ることができたけれども、教えと対比して普遍化の役割で考慮した規範について私が語るのは、それがカントの道徳哲学でいっそう特徴づけられた語彙だからである。カントは、規範を命法の位に高めることができる普遍化のテストを期待して、それを行為の格率のカテゴリーに入れた。信頼の協定とそれを守る約束とが、ある医者とある患者とを結ぶ関係の倫理的な核をなすとすれば、判断の義務論的な契機をなすのは、信頼の協約を規範の位に昇格させることである。確認されるのは何よりも規範の普遍的性格である。規範はいかなる医者も、いかなる患者も、したがって看護の関係にある誰も拘束する。さらに根本的には、規範が命令の形をとり、医療機密を破る命令の形をとっても、それは偶然ではない。実践知のレベルではまだ信頼性の教えにすぎなかったものは、まだ選択的に二人を結びつける親近性の特徴を保存していた。その意味で、教えはまだ友愛の徳に割り当てられることができた。規範は禁止の形をとって、第三者を排除し、個々の契約をもはや友愛の教えのもとにでなく、正義の規則のもとにおく。実践知の平面での問題であった看護協定は、今や契約関係の用語で表しうる。たしかに例外（あとで列挙しよう）も考慮しなければならない。だが例外とて規則に従わなくてはならない。規則の例外を許す規則がなければ、例外もない。そういうわけで、職業的秘密は次のものに〈対立〉しうる。すなわち、治療に参加しない同僚に、医療関係者からの証言を期待し、あるいはそれを得たい誘惑にかられる司法当局に、雇用の可能性のある人について、医療関連の情報を得ようとしている雇用者に、名簿に関する情報に関心のある調査機関の調査員に、医療資料にアクセスするのを法律で資格づけられていない社会保障局の役員に、など。医療実践を規制する判断の義務論的性格は、医師団のメンバー全般にとって、担当する患者だけでなく、たまたま遭遇した危険な状態にある病人、負傷者をも救援する義務がある、ということで確認される。この一般的なレベルでは、医療の職業に固有の責務は、危険にさらされている人を救援せよという定言命法と同一視される傾向にある。

義務論的判断の第二の役割は、連関の役割である。医療の秘密を律する規範が、「医師職の義務論的コード」のような職業的コードに属するかぎり、一定の政治団体の内部にある医師団を統括する、他のあらゆる規範と連結していなければならない。このような義務論的コードは、医療倫理のもっとも広範な領域内の下位システムとして機能する。たとえば「フランス医療倫理コード」の第一章は、医師の一般的義務を、本来の職業規則と関係づけ、その職業規則に社会的規定を与える。たとえば「フランス・コード」のある一条は、医療は商業ではないと定める。なぜか。なぜなら患者は人格をもつ者として、商品ではないからであり、その後に看護の財政的コストに関して何が言われようと、そのコストは契約関係から結果として生じ、医療の社会的次元と関わらせるのである。医師の側の治療処方の自由と患者の側の医者選択の自由を定める条項も、職業的枠内の同じ普遍性の項目に入れられることになる。こうした条項は、ある種の医療、自由診療を特徴づけるだけでなく、医療協定と、商業財間の交換を規定する他のいかなる協定との間にも、基本的な差違があることを再確認する。しかし義務論的判断の連関の働きは、社会的・職業的集団としての医師団を規定する諸規則に関連するだけにとどまらない。範囲の明確に限定されたこの下位システム内での医師団のメンバーの権利と義務は、患者のそれと連関している。たとえば医療機密を規定する規範に、自分の症状について知らされる患者の権利を定める規範が対応する。共有される真実という問題は、医師のみに関わる医療機密と均衡するようになる。一方の真実と他方の秘密である。義務論的用語で表現するなら、職業的秘密をもらすことの禁止も、患者の「利害に反する」ことはできない。こうして義務論の中心にある契約の一体性を構成する二つの規範は接近し合うのであり、それと同様に、相互の信頼が看護協定の重要な実践知的前提をなす。患者が理解し、受け入れ、期待し、言うならば、治療する医者と情報を共有できる能力を考慮するなら、ここでもいくつかの制限がコードに含まれていなければならない。真実の発見、とりわけそれが死の判決を意味するとき、それは入門儀礼的試練に匹敵し、自己理解と、他者関係全体に影響するようなトラウマ的出来事をともなう。揺るがされるのは、人生の先行き全体である。職業的秘密と真実への権利との間のコードによって明示された関係は、義務論的判断を構成するうえでの、きわめて特殊な機能を倫理コードに与える。すなわち医療判断とその倫理性という、義務論的レベルと実践知的レベルとを交換する機能である。職業的コードが義務論的領野の内部でその連関の機能をはたすのは、倫理コードの内部でそれぞれの規範が占める位置を、コードの意味の一部とすることによってである。

義務論的判断の第三の役割は、「人道主義的」方向づけの医療実践の境界で発生する多様な衝突を裁定することである。じつを言うと、衝突の調停はつねに義務論というものの批判的部分をなしている。ここでわれわれはコードの文字づらを越えていく。文字を読むだけなら、コードは以下に述べる衝突を隠してしまわないまでも、何らかの妥協案しか産み出さない傾向がある。その妥協案は、医師団、世論、政治権力といった異なるレベルで行われている論争の結果である。コードに書かれていることと、われわれがそこに読みとることとは、しばしば問題の所在を隠す解決となる。

その衝突は二つの戦線の間で起こるのであり、そこでは先に「人道主義的」方向づけと呼んだものが、今日ではますます脅かされているのである。

その第一の戦線とは、臨床を指向する医療倫理——ここで考慮される唯一のもの——が、研究指向の医療倫理と出会うところである。これら二つの分枝が両方で、今日生命倫理と呼ばれているものを構成している。そのうえこの生命倫理は法的次元も含み、英語圏ではそれが強調され、生命法（*biolaw*）という、比較的最近の概念を産んでいる。研究倫理内部の論争や、上位の法的次元と研究倫理との関係についての論争に、私はまったく立ち入らない。臨床医学と医学研究とは指向するものが異なるとはいえ――治療を改善すると／または学問を進歩させる――両者とも、それにそって衝突が不可避的に起こる共通の戦線をもっている。医療の進歩は、実際に生物科学と医学研究の進歩に大幅に依存している。その究極の理由は、人体は人格存在の肉体であると同時に、自然において観察可能な研究対象だからである。衝突が起こりうるのは、主に実験が介入するいろいろな方式で人体を探索するときである。というのもそこに賭けられているのは被験者が意識的、意志的に参加することだからである。この点に関し、予測医療〔遺伝素因の解明などにより、発症前に介入する先制医療〕の発展は、医術として実践される医療に及ぼす、客観化する技術の圧力を増したのである。ここに「インフォームド・コンセント」の規則が介入する。患者は情報を知らされるだけでなく、たとえ研究のための実験だとしても、実験に自発的なパートナーとして協力することを含意している。この規範を完全に遵守するのを妨げる障害が無数にあることは誰も知っている。妥協的な解決は、次の二つの間をゆれ動いている。一つは医療権力に限界を設ける誠実な試み（これは無論コードには欠けている概念）であり、もう一つは敵対者となった患者が起こす訴訟に対処するために医師団がとる、多少とも恥じるところはない予防策である。患者が訴訟を起こすのは、背任が隠蔽されたと推測するとき、より頻繁には、職業的過失（*malpractice*）とみなされる失敗に直面して直ちに患者が、治療の義務つまり手段と、治癒の義務つまり結果とを混同して怒ったときである。アメリカで争い合う当事者たちの訴訟にかける熱意が引き起こす精神的荒廃ぶりは周知のとおりである。その結果、不信の協定が、実践知の生きた中心をなす信頼協定にとって代わることになる（不信vs.信頼）。

しかし解決困難な衝突の状況でとらざるをえない妥協策がすべて不適当、あるいは悪いものではない。予測医療によって引き起こされる限界状況、たとえはダブル・ブラインド（二重盲検）の状況において、患者だけが情報から排除されているのではなく、実験する研究も排除されている場合についてはどう言うべきか。ここにきて、義務論の調停の働きは、法解釈学だけでなく、決疑論の特質をおびるのである。

第二の戦線は、患者個人の健康の懸念——自由診療の推定される隅の親石——と、公共衛生の考慮との間の不確かな分割線上にある。潜在的な衝突は、個人の人格とその尊厳の懸念と、社会現象としての健康の配慮とを対立させがちである。それは「フランス医療倫理コード」のようなコードが、隠そうとはしないまでも、小さく見積もろうとしがちな衝突の型である。[2] たとえばコード第二条はこう定める。「個人と公共衛生とに携わる医師は、人命と人格とその尊厳とを尊重しつつ使命を達成する」。この条文は妥協の見本である。たしかに重点は人格とその尊厳におかれている。だが人命は人口、さらには人類全体と、最大限に延長された意味に解されている。このように公共衛生を考慮することは、前に考察したあらゆる規則、まずは医療機密の規則に影響を及ぼす。たとえば次のような問題である。患者は自分がＨＩＶであるとその性的パートナーに知らせるように、医者が要求する義務があるかどうか、さらに組織的な検診はなされるべきでないかどうか。というのは、そうした検診は必ずや医療機密を守るのに影響せずにはいないからである。明らかにここには法律が介入すべきであり、生命倫理も法的倫理にならなければならない。

（2） Louis René, *Code français de déontologie médicale*, introduit et commenté par Louis René avec une préface de Paul Ricoeur, Le Seuil, 1996, p. 9-25.

各自の義務を規定し、規則の例外を定めるのは、社会の立法機関による（ある国では議会であり、別の国では上級の司法機関である）。しかし患者に真実を告げる義務も、多数の第三者が治療に関係する以上、やはりうまくはおこなわれない。入院治療の場合、患者はコントロールできない責任回避という条件のもとで、病院の制度に向き合うようになる。公共衛生の管理責任をこのように引き受けることは、やはり医療機密と真実を知る権利と並んで、規範的倫理の第三の柱、すなわちインフォームド・コンセントに影響を与えずにはおかない。すでに言及したように、この第三の概念に具体的な内容を与えるための困難は増大しており、とりわけ予測医療の実践の場合がそうで、そこでは研究報告書や新しい治療法試験を管理するのは地球の反対側に位置する医療生物学の作業班や機関なのである。

結局、公共衛生の現場でのこうした衝突はまったく予想外ではない。医療契約を次のような一連の逆説を含んだ表現で書き直すことができよう。第一の逆説、人格は物ではない。にもかかわらず、その身体は観察可能な物理的自然の一部である。第二の逆説、人格は商品ではなく、医療も商業ではない。しかし医療は費用がかかり、それは社会の負担となる。最後の逆説（これは上記の二つの逆説と重なる）、苦痛は私的であるが、保健衛生は公的である。医療生物学研究の費用はますます嵩み、人体の検査や外科的処置が高度に精密になってくるために、公共衛生の現場での衝突が日増しに深刻になっても驚くにはあたらない。高齢化とともに、すべてが重大問題となっている。世論が医師団に過度の要求をするのが理不尽であるのは言うまでもない。だが他方で世論は、医師団の権力濫用を恐れている。要するに、限度を知らない個人的自由の要求と、連帯の旗じるしのもとに、看護の公的配分で平等を保つこととの間の溝は深まるばかりである。

コードに言い落されているもの

序論で義務論的判断の反省的機能と呼んだものにこれから取りかかろう。この機能に属するのは、新しいサイクルの考慮で、それは医療義務論のコードに記入されうる規範よりも、規範のコード化として、義務自体の正当化に関係する考慮である。この意味で、コード化の一切の企てに、言い落されている面があると告発することができよう。医術が奉仕するとみなされる利害、すなわち人の利害と社会の利害の二元性に伴って起こる潜在的な争いについて先に述べたことから出発しよう。ここにはいくつかの哲学の間の争いが隠れており、それが配慮の全歴史と呼べるようなものを出現させる。たとえば、実践知的判断は、ある特定の実践に結びついた徳について最良のギリシア的省察を保持している。医者とは何かを言うことは、よい医者とならしめる卓越性、「徳」を定義することである。ヒポクラテスの誓いは、現代の医者を依然として拘束している。実践知についてのラテン的、中世的な考え方に永続しているのは、ギリシア悲劇、アリストテレス倫理学の *phronesis*（賢慮）である。次にわれわれが、かけがえのない人格という感覚をもつのは、キリスト教やアウグスティヌスのおかげである。そして今度は啓蒙主義の精神が、同じテーマを自律という言説で再び取りあげる。ましてイエズス会士の巧知を懇請する前に、どうしてタルムードの伝統から由来する決疑論の歴史を登場させないことがあろうか。胚という「潜在的人間」についての煩瑣な論争、また次のような限界状況についてのわれわれの論争だけでも考えてみるがよい。すなわち、執拗に治療を続けるか、受動的または能動的な安楽死か、自殺幇助かの間をゆれ動いている終末期の患者の病気治療のケースである。

わが国のコードの簡潔で、ときに曖昧な文言に要約されている道徳思想の簡約な歴史は、そこで終わりとはならない。生物医学的科学や神経科学からの圧力は、ベーコン、ホッブズ、ディドロ、ダランベールまで系統をさかのぼる合理主義的、さらに唯物論的アプローチから発している。ＱＵＡＬＹ（*Quality/Adjusted/Life/Years*）の最大化のような基準によって例証される功利主義のさまざまな形からの、とりわけ英語圏で明らかな影響を、どうして無視できようか。ここでわれわれは医療倫理が法的な次元で生命倫理と合体する地点に到達する。事実、前に言及した生物医学的科学と、連帯の名のもとに健康を社会化するという二つの前線での衝突を緩和するための妥協策は、それ自体もはや規範の間の妥協ではなく、チャールズ・テイラーが『自我の源泉』で言う意味での、諸道徳的源泉の間の妥協を表わしている。とはいえ義務論的コードがこの道徳的源泉について何も言表していないと非難することはできないだろう。たしかにその源泉は沈黙していない。しかしそれが表明されるのは、もはや義務論の領野においてではないのである。ここで問題にする言い落としは、ずっと限定されている。

結局、ここでの争点は、私的であれ公的であれ、健康の概念そのものにある。その概念は、生と死、誕生と苦しみ、性的行動とアイデンティティ、自己自身と他者などの関係についてわれわれが考える――あるいは考えまいと試みる――ことと切り離せない。ここにきて、義務論が哲学的人間学に接木される入口に入っていく。哲学的人間学は、デモクラシー社会では信条が複数存在することを免れられないだろう。にもかかわらず、わが国のコードがその源泉を明らかにせずに、妥協の精神を信頼できるとしたら、それはデモクラシー社会自体が、ジョン・ロールズが「重なり合う合意」と呼び、それを彼が「合理的な不一致」の概念で補完するものを土台にするのでなければ、生き延びられないからである。

この研究を次の二つのコメントでしめくくりたい。第一のコメントは、医療倫理の構造には三つのレベルがあり、それをここで一段ずつ経由していくことについてである。拙著『他者のような自己自身』の中の「小倫理学」で述べたような道徳的判断の基本構造を、意図して求めずとも、はからずも再発見することになる。この出会いは偶然ではない。というのも医療倫理は、善く生きる、共に生きるという一般倫理にすでに記入されているからである。しかし本論で私は、目的論的・義務論的・実践的知恵という倫理の三つのレベルを逆の順序でたどってきた。このように順序を逆にするのは、やはり偶然ではない。一般倫理の領野で医療倫理を特別のものにしているのは、医療倫理に特有の構造化を生じさせる最初の状況、すなわち人間の苦痛である。苦痛の現実と、それから解放されたい願望とが治療をともなう基本的医療行為と、その基礎的倫理、すなわち看護契約、それに含意される信頼性とを動機づけるのである。こうして実践的知恵として定義する『他者のような自己自身』の第三の倫理レベルから出発して、知恵のレベルから規範的または義務論的レベルへとさかのぼっていく。後者のレベルはここでは、医療機密と、真実を知る患者の権利と、インフォームド・コンセントの三つの規則によって特徴づけられる。倫理をその目的論的レベルに送り出す省察の動きを生じさせるのは、医療倫理のこの義務論的レベルに固有の難題である。そのとき再び見いだすのは『他者のような自己自身』で以下のような基準的な定式で規定したような、倫理の基本的構造である。すなわち、他者と共に、他者のために、正しい制度で、善く生きたいという願望である。健康の観念に結びついた意味について、少し前に私が言及した当惑というのは、まさに善く生きたい願望についての反省の枠内に記入されている。健康とは、苦痛が道徳的反省に課す制限内で善く生きる本来のあり方である。それだけでなく、看護協定は判断の義務論的局面を経て、目的論的レベルでの倫理の三つ組構造へと戻るのである。健康願望が苦痛の拘束のもとに善く生きたい願望のおびる形であるなら、看護協定とそれの要請する信頼性とは、治療する医者の姿をとる他者関係と、基本的制度の内部での医療職とを関与させる。以上の理由から、この研究は基礎的倫理の段階的レベルを逆にたどる仕方を提案するのである。

第二のコメントは、医療倫理特有の脆弱さに関係する。この脆弱さは、それぞれ異なりはするが、医療倫理の三つのレベルに収斂する用語によって表わされる。実践知の面でこの脆弱さは、信頼と不信の弁証法で表わされ、その弁証法が看護協定とその信頼可能性の教えを脆弱にする。実践知的判断と義務論的判断の接合点での同じような脆弱さは、この研究の第一の局面をしめくくった三つの教えに影響する。人格のかけがえのなさであれ、その不可分性（あるいは私の提唱する人格の完全性）であれ、あるいは自己評価であれ、これらの要求のいずれも実践知のレベルでの医療的判断の累積する弱点を示している。医療倫理は別の種類の脆弱さに、義務論の面でさらされる。この脆弱さは前述のように、医療協定の「人道主義的」実践に課される二重の脅威で表わされる。すなわち治療計画と、生物医学研究に結びついた認識論的計画との衝突の結果としての、人体の不可避の客体化の問題であり、また人格としての病人に向けられた心づかいと、公的衛生の保護との間の緊張の問題である。その義務論的局面でわれわれが医療判断に認めた判定の機能は、こうして基本的にはこの判断の規範的なレベルに特有の脆弱さによって直接原因づけられている。しかし医療倫理に固有の脆弱さのもっとも扱いにくい様相が明らかになるのが、道徳的判断の反省的な面においてであることは明白である。健康の要求と、善く生きたい願望とをどのように結びつけようか。苦痛と、死ぬべき運命の受容とを、われわれが幸福について抱いている考え方に、どのように結びつけるか。社会は共通善の考え方において、どのようにして心づかいの沈殿した歴史によって現在の文化の中に堆積している異質な層を統合するか。医療倫理の究極の脆弱さは、共通の道徳性の〈源泉〉の合意し／衝突する構造から出てくる。「重なり合う合意」と「合理的な不一致」という二つの概念のもとにわれわれが位置づけた妥協策は、共通の道徳の不均質性に直面したデモクラシー社会がなしうる唯一の応答である。

医療行為と裁判行為における決定(1)

医療倫理はほとんどの場合、閉じた領野として扱われてきた嫌いがある。私が考えるに、それは判断や決定を含む他の活動と関係づけたほうがよりよく理解されよう。ここで私が提案するのは決定を下すという観点から、二つの典型的な状況、すなわち医療行為と裁判行為とを並行関係におくことである。概して言えば、どちらにとっても肝要なのは、規範と理論的認識から成る知識から、状況内で具体的な決定に移行することである。すなわち一方は医学的処方であり、他方は判決である。いずれの場合でも、個々の人間に対し、個別で独自の決定を一般的な規則にかけ、逆に、ある規則をある事例に適用することである。この規則と事例の往復は、そのつど比較できる行為、つまり判断によってなされる。すなわち治療計画における医療的判断であり、判決を裁判用語で宣告するのを争点とする案件における判断《イン・フィネ》である。それに以下の手順で着手しよう。医療的判断の力学と裁判の判断の力学を順次提示し、最後に、それぞれの判断行為を対比させることから期待される理解可能性の増大について、若干の考察を述べよう。

(1) このテクストは国際学会「生命倫理と生命法」(一九九六年五月二十八日―六月一日、コペンハーゲン)での発表。

医療倫理の中核をなすものを再確認してみる。すなわち看護協定の確立である。それは二人の人格の間の行為で、一方は患い、苦痛を訴え、健康の専門家の助けを求める人、他方は知識とノウ・ハウをもち、治療を提供する人である。両者の間に、信頼にもとづく協定が結ばれる。患者は、医者が彼を治癒できなくても、少なくとも治療でき、またそうしようとしてくれると信じる。医者は、患者が自分の治療の相手として振る舞うと確信する。協定の結ばれる行為は処方に記入され、それは法廷によって宣告される判決に、その対となるもの、それに等価なものを、すぐに見いだせる。

個別の二人の人格の間に結ばれる看護協定の特異な性格は、いくら強調しても足りないであろう。この医者とこの患者の間の協定で、その処方は個々の新しい歴史を開く。すなわちこの医者に委ねたこの患者の治療の歴史である。しかし看護協定はそのつど独自であるとはいえ、それは何種類もの規則にかけられる。三つの柱をもつ表で、まん中の柱に倫理的規則をおこう。それは各医療行為を全体として支配する義務論的コードを構成する。その両側の柱に何がくるかは、すこし後で述べよう。

義務論的コードを考察して、まずそれの基本的な規則のいくつかを再確認し、次にその基本的規則がどんな過程を経て一般から特殊へ移り、その過程がどんな適用モデルに対応するかを示そう。そしてこの仕組みから、裁判の側にそれに相当するものを探し出そう。

第一の規範は、処方の行為によって確証された信頼性の協定に権利の形を与える規範である。それはいかなる医者、いかなる患者も支配する。ただし例外があるが、それ自体も規則を要する。裁判の側でそれに相当するものは、この後で見られよう。

第二の規範は、患者が真実を知る権利である。職業上の秘密が医者にとっての義務であるなら、患者が自分の症状について真実を知ることも、患者にとっての権利となる。この権利にも限度があり、それは合法性の意味の厳密な権利というより、実践的知恵と同義の賢慮という古代の徳に属する。真実は打撃のように患者を打つことはなく、その告知は患者がそれを受け入れ、受諾できる能力に応じてなされねばならない。この規範もまた、法廷にそれに相当するものを見いだせよう。

第三の規範はインフォームド・コンセントである。ある意味でこれは先の二つの規範の接点に位置する。これは真実を知ることを前提とし、患者を治療にともなうリスクに関与させて、機密に関する規則を認証し、それによって患者を病気に対して共同で関わる闘争のパートナーとする。裁判でこれの対となるものは、この後ですぐに明らかになろう。

以上が規則と一般的規範の表の中央の柱となるものである。この柱をはさむ両側の二つの柱もまた、具体的な医療行為を支配する規則の体系をなす。

第一の体系は、診察室あるいは病院よりも、実験室に属する。生物学や医学に属する知識の全体が問題となる。この知識は医学のノウ・ハウを先導し、このノウ・ハウもそれ固有の診断、処方、治療の方法をもっている。しかしこの技法における主な前進は科学の進歩によるもので、その第一の動機は、苦痛を緩和するよりも、人体をよりよく知ることにある。好奇心はその動機だが、心づかい、同情ではない。そうすると危険なのは、重心がノウ・ハウから知識へ、人のケアから実験室の対象を支配するほうへ移動することである。知識とノウ・ハウとの間、生物学的・医学的科学と治療行動との間に見いだすべき均衡を、今から公平と呼ぶことができる。以上の両者の間に、これから話すような距離を確保しなければならない。今日では危険はむしろ、単なる応用技術になりさがった治療行為を生物学的・医学的科学の監督下におくことのほうにある。予測医療の発達は研究器具の治療器具への圧力を増した。医療行為は内部からいわば植民地化されるかもしれない。たとえば外科手術の最中での、あるいは重症疾患の困難な治療の際の、科学的・医療的診断においてである。科学は患者の枕もとでの直接の診断よりも早く、しばしば遠くへと前進していく。そのとき医学誕生の地は人間の苦痛であり、その最初の行為は危機にある人に救いをもたらすことであるのを想起しなければならない。診察室の中での診療という閉じた扉の外へ出ていって出会うどんな病人にも、医者が治療の手をさしのべるようにさせるのが規範中の規範である。その人の社会的身分、人種、民族、宗教、習俗、信念が何であれ、どんな人も治療を受ける権利がある。この規範中の規範は医療行為を、これまで両側の柱のうちの一つを見てきたが、そのまん中の柱の主軸とするのである。

この片側の柱と対称をなす第三の柱には、大文字で〈公的衛生〉と書かれている。苦痛は私的であり、治療の要求も、治療の欲望も同様であるとしても、病気は私的な事柄であると同時に、公的な事柄でもある。しばしば空気汚染で媒介される伝染病は、病気の公的と私的の二重登録のもっとも目につく部分である。人口全体の健康水準は、統計学的現象で、それは当局や市民の関心事である。それに行政府にとって、医療の財政的コストの問題が加わる。行政府の政策は稀少性の法則に従っているのであるから。個人の観点からは、健康には価値の面からすると、「価格」というものはないであろう。社会の観点からは、健康は金銭の面で「コスト」なのである。そこで公的衛生は政治問題となる。というのもリスクは連帯性の名において、分かち合うものであるから。そこから健康に関する政策は国家の諸官庁にとっての必要事、義務となる。こうしていかに自由な医療といえども、二つの潜在的に衝突しあう要請の交点に位置する。それら二つの要請を、たとえば「フランス医療義務論コード」は並列しているので、両者の対立を覆い隠さないまでも、小さく見せようとする傾向がある。そのコード第二条はこう規定する。「医療は個人や公的衛生のために、人命と人格とその尊厳とを尊重しつつ使命を遂行する」。たしかに人格に強調点はある。だが医療の日常の実践は、とりわけ病院の環境では、公的衛生の行政当局から発せられる基準、制限、管理、命令に従わされる。当局にとり、個人は人口の一部である。当局は行政を人口という観点で考える。個々の人体の命運は何らかの仕方で、共同体全体の命運に関わっているので、それ以外にはどうしようもない。個人の健康のどの偶発事も、人口全体のリスクとなる。健康政策は、第一の命法として、いかにしてそのリスクを分かち合えるかを決定することである。天秤はこの観点からも、独自で、代替不可能で、かけがえのない人格存在への配慮を犠牲にしても、公的衛生の概念と実践のほうに傾くかもしれない。医療行政の究極の目標である、苦痛への心づかいという最初の概念をいわば正当に認めることが、公平さを明示することである。

以上が具体的な医療行為の枠組みで、そこでは看護協定が具体的な決定である処方に帰結する。判断はあるレベルを、別のレベルに結びつける。一方には、義務論的規範、人体とその機能不全に関する科学的知識、そして公的衛生の政策の一般的指針などから成る全体がある。他方には、具体的な医療行為、具体的な決定、すなわち医学的処方に帰結する看護協定がある。しかしわれわれはあるレベルから別のレベルへ、すなわち規則や規範から具体的な決定へ導く決定の過程については、まだ何も言っていなかった。分析によって明らかにされるようなこの過程こそ、他方で、裁判の次元で決定する過程に適用できるのである。

一見すると、この二つの領域の間では、類似よりも差違のほうが目立つ。医療行為が発してくる原初の状況は苦痛であり、治療の要求である。裁判活動が発生してくる状況は争いである。この最初の対比から、これら二つの過程の終点で、同じ程度の対比が出てくる。医療の側では、医者と患者を同じ闘争に結びつける看護協定があり、裁判の側では、当事者たちを分離し、一方を有罪とし、他方を被害者として指名する判決がある。

以上から、両者を関連づける類似は、最初の状況から最後の決定まで広がるなかでの中間部に関係する。

この中間部とは決定する中間部であり、その決定は規範のレベルから、最初の不確定の状況を解消する具体的なレベルに導く。どちらの側でも、一般的な規則から、個々の具体的な状況での決定に導く。医療の側の一般的規則とは、すでに見たように、科学的知識、医療義務論の原則と不可分の職業上のノウ・ハウ、公的衛生のレベルでの衛生政策の主要な指針などから成る全体である。そうすると裁判の側でそれに比較対照されるものは何であろうか。ここでも一般的な性格をもった規則と規範を、三つの柱に分けることができる。中央の柱には、成文法、法解釈の現状、訴訟を司る手続的規則が位置する。これもその両側に、一般的規則の別の二つの体系を配置する。科学的知識に比較されるものとして、主として大学の法学者の法理論が置かれる。この法学者たちは学説の名において、破毀院も含むあらゆる裁判上の決定に適用できる評価の判断を下すと主張する。しかし学説はそれ自身にしか説明しない。公的衛生に相当するもう一つの柱には、政府の一般政策計画を構成するものとして、法務省の刑法政策を配置せねばならないだろう。以上の二つの柱にはさまれた中央の柱には、具体的状況における決定の過程がくる。一方に診断に照らした医学的処方があり、他方に訴訟を構成する言論による審理の終わりに判決言い渡しがあることになる。処方と判決という限界地点をさらに越えて、両者の比較対照を押し進めることもできよう。それは、刑事裁判の場合は刑の執行であり、医療でそれに相当するのは治療行為であろう。

しかし医療行為と裁判行為との並行関係がもっとも密になるのは、規範のレベルと決定のレベルとの中間部である。その中間部において論証と解釈の空間が広がっており、そこでは両領野の類似が密になる。ここでこそ、医療の領域で決定する現象は、裁判の領域でそれに並行した現象との比較によって、もっともよく理解される。なぜかはわかる。私が論証と解釈と呼んだ操作が、そこでもっとも明瞭に現われるからである。その結果、論証と解釈とはもっとよく知られ、しかも綿密に研究されている(2)。決定するまでの裁判の過程は、いろいろな当事者たちに振り分けられ、判断を下す複雑な弁証法に応じて細分化され、分節され、熟考される。まず法学的な語義に解される判断の概念のほうは、非法学的領域に移ることで、十分な広がりを受け取る。判断すること、それはたいていの場合、特殊な事例を規則にかけることである。それこそカントが、その適用よりも規則をよく知っているときに規定的判断と呼ぶものである。しかし規則よりも事例をよく知っている場合には、判断はまたその事例に対する規則を探求することであり、それをカントは反省的判断と呼んだ。

ところでこの操作は、機械的・直線的・自動的なものではとうていない。実践的三段論法は、規則や事例の意味の変動にともなう想像力の働きとまじりあう。ここでわれわれが関わるのは、論証と解釈の混合で、論証は演繹や帰納といった過程の論理的な面を指し、解釈は創案性、独創性、創造性を強調する。この混合こそ、適用と呼ばれるにふさわしい。ある規則をある事例に適用すること、あるいはある事例に合う規則を見つけることは、これら二つの事例に意味を産み出すことである。

そのことは裁判の次元ではもっとよくわかる。というのはそこでは、段どりはもっと区別され、役割は何人かの当事者の間で配分されているからである。したがってどのような意味においてその事例に適合するかを決定するように、法律を解釈しなければならない。また事例の記述と、法律解釈の角度との間の相互の適合度を決定するために、主として物語の形で事例を解釈する必要がある。

医療の次元で決定を下す場合もそれと異ならない。一般的知識、医療のノウ・ハウに比較すれば、どん

（2） Paul Ricoeur, « Interprétation et/ou argumentation », *Le Juste 1*, p. 163-184.〔ポール・リクール『正義をこえて　公正の探求1』（法政大学出版局、二〇〇七年）「解釈と／または論証」、一五五―一七五頁〕

な事例も特殊である。そこでも疾病分類学、つまり病気の類型を巧みに扱うことによって、実用可能な医学の知識を適切に解釈することが必要であり、また患者の個人史に属する病状を、言うならば物語の平面で適切に記述することも必要である。そういうわけで医療の場合の決定も、論証の作業と解釈の作業の交叉点に位置し、これら二つの作業は、裁判の次元で決定を下すときになされる手続きと完全に比較できるのである。

この比較対照を、判断形成の過程を越えて、決定が下され、出来事として伝えられる瞬間まで押し進めることができる。医療の処方と裁判の判決とは、同じような以下の形式的特徴を呈するのである。

第一の特徴。一方の判決言い渡しは、当事者たちを二分するが、他方の治療の処方は、当事者たちを一つにするという事実にもかかわらず、判事と医者はいずれも判断を、多くの場合限られた時間で下さねばならない。この義務に判事も医者も従わざるをえず、さもないと自分を能力なしと公表することになる。

第二の共通の形式的特徴。どちらの側でも、決定を下すことは、自分が結末をつける過程で、不可逆の出来事とすることである。厳密に言えば、決定とはそれまでの逡巡にけりをつけ、終わらせることである。リスクを取り、宣告がなされる。主観的な観点から、この出来事の瞬間の不可逆性は、裁判の場面では、いっさいの応用知を超えた内心の確信の備えによって表明される。もちろん、医者も自分の決定が訴訟沙汰になった場合、判事と同じ強さで、内的確信に訴えることはできる。

第三の形式的特徴は、前の特徴を補完し、修正する。判事も医者もこの恐るべき瞬間に、絶対にひとりきりではない。両者とも助言班とでも呼べるようなものに、できるだけ長期間、できるだけ広く囲まれていた。裁判のほうでは、それは裁判長、起訴者、弁護人、そして他の当事者代表というように、役割分担に応じて分散しているようであるが、患者をとりまく側では、それは患者を中心にもっとまとまっている。

これに関連して、終末期治療、瀕死者の看護といった状況では、主任医師から看護師にいたる医療関係者の位階をなくす必要性を私は力説したい。

こうして医療における処方のレベルと、刑事（または民事）訴訟の判決のレベルという二種類の判断の間に成立する類縁性は、この重力の中心から発して、判断形成のレベルで、医療判断や司法判断の他の構成要素にまで放射状に広がっていく。ここにきて裁判の側でそれに匹敵する規則を照合して、医療義務論の基礎となる三つの規則をもう一度取りあげることができよう。

秘密保持の個別的な関係を医療機密の義務論の位に高めることは、看護契約を、裁判の次元で契約当事者を拘束する誓約、契約、条約と同位の公正な行為とする。看護協定の契約者間に公正な距離と呼びうる関係が確立される。その距離は、一方の側の無関心、傲慢さ、さらには軽蔑、いずれにしても不信と、他方の側のそれぞれのアイデンティティが溶け合う感情的融合との中間、遠すぎず近すぎずである。この意味で、看護協定もまた、同情の激情に浸ってしまって、相手に没入することがあってはならない人たちを、離れさせるのである。

真実を知る患者の権利は、それが医学的判断の義務論的レベルに属するかぎり、権利の用語で表明される。その権利はどの患者にも、どの医者にも関わるからである。ゆえにその権利は法廷の場でも要求されうる。

インフォームド・コンセントの裁判に関わる面は、前述の二つの規範の場合よりも明瞭である。というのも、それは訴訟の原因になるからで、その訴訟はヨーロッパよりアメリカで頻繁に起きている。なぜこの権利が直接に請求されるかは理解できる。看護協定は直ちに信頼協定とはならないからである。看護協定は潜在的に疑念の要素を含み、患者は医者がその権力を濫用するのではないかと、その是非はともかく、恐れている（医者の権力という表現自体、濫用ではない！）。つまり医者がその知識、そのノウ・ハウによって、とりわけ病院の環境では病気によって患者は完全に依存的状況に陥るゆえに、権力をふるうのではないかという恐れである。逆に医者のほうも、患者が治療の義務と、結果の義務とを混同して、医者が患者に与えることのできないもの、つまり究極には不死を期待し、さらには要求さえするのではないかと危惧することもありうる。そういうわけで、インフォームド・コンセントは両方の側が――おそらく患者より医者のほうが――失敗と、失敗への非難に備える一種の保証と保険となる。

終わるにあたり、是非とも医療倫理と司法官の倫理との関係が逆転する場合について一言述べたい。私は本論で、裁判で判決を下す過程で暗黙のままになっているものを明らかにしようとした。暗黙になっているのは、裁判の過程の起源にあるのが争いで、その枠組みが訴訟だからである。その全過程を明示するのは対立関係である。だが逆に、医療判断は裁判の隠れた側面を明るみに出すとは言えないだろうか。判決は法廷で訴訟に終止符を打つ、とわれわれは言った。それは確かで、何かが終わり、裁決の言葉が発せられたのである。しかし有罪者にはもう一つの歴史が、とりわけ禁固刑の場合、刑罰の歴史が始まるのである。それは単に罰し、罪を償い、被害者を満足させるだけであろうか。公共の秩序を守るためだけであろうか。有罪者の名誉を回復させ、場合によっては刑務所から自由の身にもどすこと、つまり権利を完全に回復してやることでもあるのではないか。そうであるなら、裁判の長期の合目的性の問題が提起される。短期の合目的性が争いに決着をつけることであるなら、長期の合目的性は社会との関係を回復し、争いに終止符を打ち、和解を確定することではないか。しかしそうすると裁判の判断の意味を明らかにしてくれるのは医療判断なのである。裁判の機構全体は、それぞれの役割の違いを尊重しつつも、社会の病弊を治療する広大な企てとして現われてくるのである。

正義と復讐（1）

この講演で私が意図するのは、正義感とはまさに復讐をのりこえようとめざすものであるのに、それを抑えてどうしようもなく復讐心がまたも現われてしまう逆説について省察することである。このような退行は、自分たちの利益のために、直接復讐の手段をとることに同意する人たちの主張から始まる。これがはじまりの主張だが、それが根絶されてしまうことはないだろう。なぜか。

こうした最初の正義と復讐の混同を越えた地点で、正義の道筋をたどることから始めよう。復讐を越えて正義感が発生する最初の段階は、憤慨の感情と一致し、それは「不正だ！」という単純な叫び、もっとも素朴な表現を見いだす。われわれ幼時の記憶にある、その叫びをあげるときの典型的な状況は、すぐに思い出せる。兄弟姉妹間で分け前の配分が平等でない場合、罰（あるいは褒美）を科すのが釣り合わない場合、こうした典型的な状況は、社会的正義、刑罰の正義、交換、協定、条約を支配する公民的正義など

（1）　この講演は次の各大学でおこなわれた。ドイツのウルム大学（一九九七年十一月）、アメリカのコロンビア大学（一九九九年十一月）、中国の北京大学（一九九九年九月）。

の間の基本的な配分を先取りしている。

真の正義感の道徳的要求を満たすためには、この憤慨の感情に何が欠けているのか。何よりもこの社会的ゲームの当事者たちの間に、距離を設定することである――被害の申し立てと、性急な報復との間の距離、加害者によって加えられた最初の苦痛と、懲罰を適用してさらに付加される苦痛との間の距離である。もっと根本的に、憤慨に欠けているのは、復讐と正義の間の最初の絆を、はっきり断つことである。事実、直接に正義を行使する直接的報復の弁護者の主張に、すでに欠けていたのは、同じこの距離である。何びとも自分から復讐することは許されない。このような距離をおくためには、第三者、第三の当事者が、加害者と被害者の間に、罪と罰との間に要請される。二つの行動、二人の行為者の間の正当な距離の保証者としての第三者である。

このように距離を設定するには、徳としての正義と、制度としての正義の間の推移が要求される。正義が徳であることに異論はない。ソクラテス、プラトン、アリストテレスからカント、ヘーゲルにいたるまで、道徳哲学は正義と平等、ギリシア人のかの有名な *isotês*（平等）との密接なつながりを強調し続けてきた。平等によって、競合する人物間で配分する財を指す、と早急に思いこんではならない。配分的正義のこのモデルは、もっと徹底した平等の形、すなわち人物間の価値の平等を前提としているのである。この基本的な平等の定式は次のようである。あなたの人生は私の人生と同じく大切で、意味があり、価値がある。この認識の最小限の表現は、どんな場合でも他者の意図、利益、信念、要求を考慮すること、である。徳としての正義は、他者を反復して指向することを意味する。その意味で正義とは、勇気、節制、寛大さ、友情、慎重さと並ぶ、数ある徳の一つではない。事実、正義はこうした徳とは、過剰と不足の間の均衡という合理的な地位を共有しているのである。しかし何にもまして正義は、他のあらゆる徳のうちで、他者を指向する側にある。というのも、そのあらゆる徳は、他の誰かの存在、欲求、要求を考慮に入れているのであるから。

この大きな枠組みの内部で、今度は公正な距離の問題を提起することができる。そしてこの公正な距離の要求、探求が次に第三者の役割を果たす制度の媒介を求める。この新しい文脈で、媒介という言葉は単に、唯一、同一の人物の内部での自制だけでなく、拮抗しあう人たちの対立する主張を調停することも意味する。そうするとわれわれの問題は、この第三者の調停の役割がどの程度まで正義と復讐の間の絆を断つのに役立つか、になろう。復讐もまた他者に向かうものであるだけに、この問題提起はいっそう正当である。それゆえ正義と復讐の対決が関わるのは第一に、正義を、そして正義を通して他のあらゆる徳を他者に向けることである。

今度は、第三者としての正義の制度の意味をどう解するべきかである。制度という名で考慮すべきは、特定の実体ではなく、階層的構造をなしている制度のつながりである。この制度の全体を、その頂点から基底までたどってみよう。

私的な暴力の行使に関して、正義と復讐との決定的断絶は、政体——ポリス、共和制、連邦《コモンウェルス》、州、国家——の発生によって確実になる。マックス・ウェーバーに従って、国家を *Herrschaft*（支配）として、すなわち国家の意志を個人に、あるいは従属する共同体に強制する能力として性格づけるのに同意するなら、正当な暴力行使の独占を要求することは、国家の統治権力から直接導き出される命題とみなされうる。暴力の流れを中断するのは、被害者から、直接正義を行う、みずから復讐する、報復によって仕返しする権利を奪う、社会的機関による合法的権利奪取から始まる。この意味で、正義は暴力の廃絶とは一致せず、暴力を個人的領域から政体の権限へ移転することと一致する。とはいえわれわれはこのような単純すぎる考察の段階にとどまってはいられない。ウェーバー自身も支配としての国家の定義を、暴力に正当なという形容詞を付加して修正せねばならなかったことは、周知のとおりである。すなわち正当な暴力の行使である。このように明確に規定したことは、制度概念の全範囲について考察するように導く。すなわち、法治国家の概念、つまり規則によって統治される国家、立憲国家の概念そのものによって要求される制度概念である。それは政治的自由主義という用語で指し示すことができる暗黙の政治哲学によって支配される現代のすべてのデモクラシー国家のケースである。この謎そのものを謎として扱うのは、私の意図ではない。この謎が、それに適した答えが何であれ、第三者としての制度の第二の構成要素とみなされるものに注意をひきつけるだけで、われわれの目的には十分である。その構成要素とは、われわれの文化的遺産の中心で、成文法の法典《コード》を確立することである。このような法典の出現は、文化の一般史において高度に重要な出来事をなしているのであり、その文化史は古代中東、ヘブライ人、ギリシア、ローマの合法的な法制度によって容易に例証される。規則や規範の全体系が口頭の規定から書かれた規定に移ったことは、政治的実体としての国家の出現の結果であると同時に、その正当性の願望に与えられる明確な支持である。こうして国家と成文法（憲法であれ、民法、刑法であれ）との間に注目すべき循環的関係が確立する。

第三者の役割への第三の候補は裁判所、その法廷といった裁判制度によって代表され、その任務は具体的な状況で判決を下すことである。だがこの責任と、この任務は強制権と切り離すことはできない。その権利のおかげで、公的な権力機関は裁判の決定を科す能力をもつのである。われわれはこの先で、パスカルの有名な警句で強調される、正義と力の関係をもう一度とりあげることにする。ここでは裁判所がそれにふさわしい枠組みとなる、言葉や弁論の特有の用法にしばし足をとめてみよう。個々の紛争の状況で裁きの言葉を発し、宣言すること、これが裁判所の壁の内側にある裁判制度の第一の任務である。

今度はこの任務を遂行するために、裁判制度の第四の構成要素が導入されねばならない。私が考えているのは、今しがた述べた、裁きの言葉を宣言する権利と権力を賦与された生身の人としての判事のことである。判事たちはわれわれと同じ人間、普通の市民である。人間であって、神でも天使でもない。しかし彼らは裁きの言葉を宣言するために、任命する特有の規則によって、われわれの上に位置する。その言葉を練り上げるのが、裁判制度全体の役目である。判事たちは裁判を体現するということができる。彼らは裁判の口なのである。

われわれは今や裁判制度のあらゆる構成要素が相互に結び合わされる地点に到達した。すなわち法廷、あの言語の儀式であり、その儀式の終わりに裁きの言葉が宣言されることができ、また宣言されねばならない。この儀式の枠内で、複雑な言語ゲームが展開されるのであり、それは訴訟によって要求される公平さを確保する手続き規則によって規制される。このゲームは何よりも、告訴人の代理人と、それに対立する側の代理人との間の論拠の応酬である。暴力と正義の問題系からすると、訴訟の第一の機能は紛争を暴力のレベルから、論争のレベルに変換することである。訴訟は言葉による対決の技法を、蓋然的な論証の使用にもとづく修辞的用法の助けによって頂点にまで高める。この意味で論証術は、いわゆる言語の超論的語用論の一部門とみなされうる。というのもその過程全体は、所与の状況に適用される規範の妥当性の推定に立脚しているのであるから。論理学的観点からすると、それは「適用」に関わり、換言すると、規範から事例へと動くことである。それは演繹的な手続きとしての論証と、生産的構想力の行使としての解釈とを、巧みに組み合わせる複雑な操作である。この論証と解釈の関係について、一言述べさせていただきたい。論証は妥当性の主張を、承認された規則と規範のレベルから、特定の事例のレベルに下ろすことをめざす。しかしこの妥当性の移動は、機械的な手続きに還元されえないだろう。それは二つの補足し合う仕方で、解釈を含意する。一方で運用可能な法律の中から、より正確には長い法解釈の歴史の間に蓄積された、先行する解釈の中から選択がなされる。この選択は、選び出された法律と当該訴訟との間の推定される類似性、言うならば適合性に支配される。他方ではその訴訟自体が、所与の事例に関係する規範に応じて、適切な仕方で記述されねばならない。この記述は、当該訴訟の物語的解釈を構成するものを検証にかける。ところが同じ出来事の経過について、いくつもの「ストーリー」がつくりあげられるのを、われわれは知っている。そのため、判決を下すまでの過程で、法的解釈と物語的解釈とが組み合わされねばならない。論証と解釈の組み合わせとしての適用の論理の領域に、これ以上は踏みこむまい。論理的よりも倫理的方向をめざすわれわれの研究には、先んじて上から短く見下ろすだけで十分である。言論によって暴力を克服する制度的企てが遂行されるのはこの適用の過程の枠内である、と言うだけで十分とする。私見では、訴訟の手続き規則自体が、復讐心をなげうって正義を前進させることは疑いない。そしてそれは訴訟が紛争の平和的裁定にぴったりの弁論の枠組みを提供してくれるかぎりにおいてである。訴訟が明確な制度として、暴力の領域から言語活動と弁論の領域へ移るのを可能にするのは、手続き規則を確立することのメリットであることに、異論の余地はない。

しかし対人関係の争いや社会的な争いの中で、このように言論に優位を与えるだけで事が終わるわけではない。依然として暴力は残る。なぜか。

なぜか。なぜなら政体としての国家の樹立から、司法官職という特殊団体の確立にいたる全過程の両端で、暴力は顕現してやまないのであるから。一方で国家は、すでに述べたように、それ自体で正当な暴力の独占を要求し続ける。歴史的観点から、この要求は建国の出来事の中に根ざしており、その出来事は通常暴力的性質のもので、国家の誕生を司る。この創始的と言える暴力は、自由主義国家においてもまだ見受けられるのであり、デモクラシー的と推定される敵に対して暴力に訴える脅しのうちにも、暴力の究極の表現が見られるのである。そしてこの暴力が結局のところ、どんな裁判の決定にもその強制力を与えるのである。合法性と道徳性との本質的な区別をなす、強制力を課す権利は、そのほかの起源をもたない。しかし過程のもう一方の端にある裁判の決定にもどろう。われわれはこれまで決定としての判決についても一言も述べなかった。法的規範を個別の訴訟に適用する過程で、論証と解釈とが平等に役立っていることを強調するだけであった。最終段階である、判決言い渡しの行為を考慮する問題が残っている。実際にこの行為は二つの面をもつ。一方でその行為は弁論による対決を終わらせ、その点でそれは終結の行為である。他方でそれは、少なくとも片方の当事者にとっては新しい過程、新しい歴史の出発点をなす。すなわち、判決を懲罰として科すことである。裁判の決定の両端を交互に考えてみよう。なぜなら以後の過程、つまり刑罰、それ独自の歴史をもつ懲罰を産み出すのは、訴訟の終結行為としての判決に属するからである。

決定としての判決は、決定を下すまでの全過程を超える、別の行為である。それは過程に何かをつけ加える。第一に、法廷は訴訟手続き規則によって、限られた期限内に審理に決着をつける義務がある。第二に、判決は以前の不確定の状態に終止符を打つことが期待される。第三に、法廷は争い合う双方の当事者間に公正な距離を設定する裁きの言葉を宣告することが要請される。最後に、そして何よりも、このような決定は自由に対し、そしてある国々ではいまだに生と死に対し、権力を行使している。われわれの自由の一部は、前述のように、その命運が私的暴力から、言語活動と弁論の領域に移ったかぎりにおいて、裁判の手の中にある。しかし判決を強制する段階では、この裁判の部分は同時に力の言葉であり、したがってある程度は、暴力の言葉である。このようにして、判決は新しい過程の出発点となる。すなわち判決の執行で、刑事裁判の場合、判決は刑罰の執行である。民事裁判での賠償や補償として、まして自由の剝奪として、単に刑罰を科すことは、犯罪行為によって被害者に加えられた、以前の苦痛に追加の苦痛を加算することを意味する。

われわれと同じ市民だが、とりわけ刑務所に入れられた人たち、禁錮囚にとり、新しい歴史がはじまる、と先ほど述べた。その意味で刑の宣告は合法的暴力の一種であり、それは過程全体の終わりに、どんな法治国家も、遠いあるいは近い昔にそこから発生してきた最初の暴力に応答するものである。同時に、デモクラシー社会における暴力のレベルを下げることをめざすわれわれの探求に、新しい次元が加えられる。刑罰は公平で、加害行為に見合っており、そのように責任を肯定することが何を意味するにせよ、被告の責任の程度は考慮されたということについてわれわれが確信できたとしても、それによって問題は解決されないのである。公平な刑もやはり懲罰であり、ある種の苦痛である。その意味で刑としての懲罰は復讐心への道を再び開く。刑は調停を経て、時間をかけ、訴訟手続き全体によって篩にかけられるという事実にもかかわらず、復讐心はけっして消えず、なくならない。刑務所の塀の背後で、身体刑に代わる自由の剝奪によって提起される問題を扱う仕方によって、われわれの社会全体が試され、あえて言えば、裁かれているという悲しむべき事実が喚起される。自由の喪失、拘禁の、実践可能な代替物がないという問題にわれわれは直面している。これを認めることは、われわれの社会全体の失敗を認めることに等しい。刑務所に拘留するのを全面的に廃止するために、われわれはいかなる実現可能な計画をもっていないことは事実である。残っているのは、拘留者たちに対し、自由な市民共同体に再加入する展望を、彼らに完全な市民権を回復する計画を予め保持しておく義務である。なすべき務めは、囚人に刑期が終了したときに再び完全な市民になる能力を戻してやることであり、投獄というものがそうである、身体的・象徴的排除に終止符を打つことである。この視点からすると、刑務所は市民社会の一部とみなされ、市民社会の外部でなく、内部にある制度としてみなされねばならない。その意味で、公共空間の連続性が語られねばならない。そのためには、社会の防衛や保護に役立たない方策は、徐々にすべて廃止されねばならない。すなわち、健康、労働、教育、余暇活動、見学などに関する諸方策である。社会の防衛とともに、有罪者の復権とも両立しうる服役期間についての議論も、同じ関心事に属する。こうした計画がなかったら、刑罰は裁判の精神が克服しようとする復讐心に支配されてしまう。デモクラシー社会で名誉回復の概念に導かれて、公共の議論にかけられた具体的な方策は、プラグマティックな企てを構成する一部となる。とはいえこの企ての目的性は全体として捉えられた政体の道徳的責任と一致する。おそらくわれわれは次の肯定的命題に賛同するだろう。すなわち、刑罰は二つの目的をもつ。短期の目的は公共の秩序へのいかなる脅威からも社会を保護することである。長期の目的は社会の平和を回復することである。刑法の体系に記入されている名誉回復のすべての方策は、この究極目的に奉仕するものである。

現在公共の議論にかけられている、あれこれの方策の正当性や実行可能性について論じるのが私の目的ではない。私の務めはただ、この議論の争点を正しく評価することである。すなわち、この講演の冒頭から対決してきた基本的な逆説、長期の過程の各段階で復讐心がたえず発生してくるという逆説を実践的に論じることである。その過程を通してわれわれの正義感は、そのはじまりが暴力に、暴力としての復讐に根ざしていることを克服しようと努めるのである。この逆説に有効な思弁的解決はなく、ただプラグマティックな解決のみがある。これがこの短い試論が到達できるささやかな唯一の結論である。

普遍的なものと歴史的なもの[1]

この講演で私が願うのは、欧米の重要な思想家たちが関わっている現代の議論に、聴衆の方々が関心を注がれるようにすることである。その議論の主要な二つの焦点の一つは、ロールズの『正義論』と、それが法学者、経済学者、政治学者、哲学者の間に、とりわけ英語圏世界から引き起こされた論争であり、もう一つの焦点はカール＝オットー・アーペルとユルゲン・ハーバーマスの「討議倫理」と、同じくそれが同様の学界で、ただしどちらかというと西欧から引き起こされた論争である。論争の争点は、倫理的・法律的・政治的・社会的な面で普遍的原則を定式化できるか、である。しかもそれは、それを適用できる人たち、共同体や文化の多様性とは関係なく、適用の特殊な環境や、主として現代に出現した新奇な事態などに起因する制限を受けないでも有効な原則である。この考え方に対し、次のような反論がなされた。適

（1） このテクストはモスクワのフランス高等学院で一九九六年四月におこなった講演で、これは « Universalité et historicité » の題で、次の書に収録された。*La filosofía y sus margines: Homenaje al Profesor Carlos Balinas Fernandez*, édité par S. Vences Fernandez, Universidade de Santiago de Compostela, 1997, p. 511–526.

用する内容の多様性を無視した原則は形式的にすぎ、また文化遺産の多様性や共通の生活規律が共同体の実践活動に根ざしているのを無視した原則は非歴史的にすぎる、と。

この論争をわかりやすくするために、あらかじめ議論の枠を定めておくことを提案しよう。その枠内で、普遍的なものと歴史的なものとの対決が、自分がどの位置にいるかによって異なる仕方でなされるのである。わかりやすいように、拙著『他者のような自己自身』で提案した、道徳の問題系の定式を三つのレベルに区別したのを採用しよう。その区別は私生活だけでなく、市民社会の権利や経済的社会的構造、そして政治制度までもカバーする。

I

第一のレベルには、「倫理」(éthique) という専門語を取っておこう。それはこの語が、当該社会で現実に守られている習俗と近い関係にあるからである。語のもっとも一般的な意味で「道徳性」を次のように定義しよう。すなわち、他者と共に、他者のために、正しい制度において、善く生きたいという願望である。この三つ組の最初の項は、第一のアプローチの目的論的性格を規定する。すなわち私的にであれ、公的にであれ、幸福な生を実現したいという願望であり、それが俗に幸福と言われるものである。さて、この第一の構造からして、普遍的な次元と歴史的な次元とが混じりあっていることがわかる。一方でアリストテレスにならって、どんな行動、どんな実践活動も、この目的《テロス》によって定義され、すべての人が幸福になりたいと欲している、と言える。しかしこの善の目標が倫理の名に値すべきとするなら、行動を善い、悪いと規定するものの根拠ある評価を経なければならない。そのとき、良識ある欲望の根と、幸福の地平との間に、「徳」と名づけられるもの、すなわち節制、勇気、寛大さ、友愛、正義などが介入してくる。こうした道徳生活の大構造は、ギリシア人から受け継いださまざまな道徳が確証するように、民衆の集合的経験の中に深く定着している。哲学者はここで、チャールズ・テイラーが（自分自身の文化の）「強い評価」と呼んだものについて熟考するだけである。たとえばアリストテレスはもっとも確実で、不変の意見から出発する。それはすでに詩人たちによって、ホメロス、アイスキュロス、ソフォクレス、エウリピデスらによって、弁論家、歴史家、政治家によって言い表されてきた意見である。哲学者はそれに合理的な構成を与えることができる。それは、たとえば当該の徳のいずれも中間、「中庸」を表わす、という考えによって表現される。すなわち平均以上の善であるが、二つの欠乏の間の一種の頂点である（たとえば勇気は臆病と無鉄砲の中間であり、友愛はおもねりと厳しさの中間である、など）。哲学者はそこで「正しい考え（*orthos logos*）」という観念を練りあげることができる。それは啓発された道徳的選択の聡明で、合理的で、要するに真実の次元をなす。それこそソクラテスがプラトンやアリストテレスに先んじて「吟味された生」という言葉で指し示したものである。吟味されない生は、生きるに値しない。同様の合理性の配慮は、古代思想になじみの快楽や功利にしたがう生と、実践的な、主として政治的な生と観想的な生との間の区別にも見いだせる。

共同体的次元と普遍的次元との混合は、先に倫理的目標について提示した定義の他の二つの構成要素、すなわち他者と共に、他者のために善く生きる、を考慮するとき、いっそう微妙で脆いものになる。他者との二つの関係がここでは区別されている。第一は身近にいる他者との近しさの関係で、それは友情や愛情の短い対話的つきあいに含意されている関係である。おそらくこの面から、倫理的目標はその最大の普遍性を発揮するだろう。それに似たような友愛への讃辞は、どの文化の間にも見られる。とはいえギリシア人の都市国家のような貴族政治的構造にもとづく違いや、現代社会の特徴である連帯性の、より民衆的形態を無視することはできないだろう。危機に陥った人を助けるというもっとも明白な形で、すべての具体的な人間に向けられるとみなされる心づかいにも、それなりの限度がある。たとえそれが世界のあらゆる悲惨の責任を負う、いわば引き受けることの不可能性ゆえの限度だとしても。だが基本的な三つ組の第三項では、普遍的なものと歴史的なものとの弁証法がもっとも明瞭になる。じつを言うと、この講演が目当てとする葛藤は、これから考察しようとする第二のレベルでのみ展開されるのである。とはいえ正義への渇望は、これから直ちに検討しようとする責務や義務のレベルに指定されてはない。それは善く生きたいという願望の基本的な構成要素なのである。〈共に生きる〉が言わんとするのは、ただ身近な人たちとだけでなく、社会生活を構造化するどんな種類の制度にも含まれている私から遠い人たちすべてと共に、なのである。そうすると、私の相対する人は、もはやその顔で知った人ではなく、その社会的役割で規定される誰でも皆、である。誰でも皆との関係は、友愛や情愛による親密なつきあいとは対比され、ハンナ・アーレントが「人間の複数存在」と呼んだものを構成する。人間の複数存在とは、その根本的な意味での〈政治的なもの〉の場で、そこは共に＝生きる＝欲求と呼ぶことのできるレベルにおいて、権力構造の手前、統治者と被統治者の区別の手前である。共に＝生きる＝欲求を、普遍的事実とみなすことができる。しかしその事実を、正しい制度への願望として資格づけるや直ちに、普遍的なものと状況的なものとが分かちがたく入り組んだレベルに到達してしまう。すぐに、正しい制度とは何かという問いが出される。その問いは、われわれが誰と、どんな規則に従って生きたいのかという基本問題と切り離せない。

とはいえ私は、正しい制度を願望するという考えは普遍的であるとみなし続けよう。われわれ誰もが、生まれてはじめて、それは正しくない！と叫んだときの幼年の記憶に立ち帰るだけでよい。正義への欲求が形成され、鍛えられるのは、憤慨をとおしてである。そしてどんな場合にその叫びを発したかを思い出してみよう。それはわれわれが、分け前が不公平だ、約束が守れなかった、大人に裏切られたと判断した場合、あるいは罰や褒美が不釣り合いだ、あるいは前に言ったように、分配が不正だと思った場合である。以上の三つの例で、不平等な分け前に対処する配分的正義による区別、契約、条約、交換などの全領域、そして前述の第三類の苦情の場合は一連の制裁や懲罰をともなった裁判や刑法の帝国などが、背後に透けて見えるのである。われわれが真に正義の問題に入っていくのは、自分の憤慨で自分を正当化しようとするときである。というのも、憤慨は自分のために正義をおこなおう（復讐しよう）という思いにはまりこんでいるからである。憤慨に欠けているのは公正な距離という感覚で、それは法規、成文法、裁判所などだけが引き受けることのできるものであろう。その場合に、文化の違い、司法制度の歴史、また合理性と先入見との絡まり合った混合が、善く生きるというわれわれの基本的意向とは別の基準を検証するようにしむけるのである。この点からすると、正義の素朴な観念は、善く生きたいという願望が対話的・共同体的・制度的な尺度で展開したものにほかならない、と言える。善く生きることと正義とのこの関係は、安定した表現を見いだしたのであり、その表現の感情的でも理性的でもある力強さは枯渇することはない。それこそ共通善の力強さである。

Ⅱ

ギリシア人の善い生き方についての思索においては、普遍主義的テーゼと文脈主義的テーゼとが同等の力をもった論拠を見いだしたとしても、道徳性の第二のレベルに進むと、普遍主義的テーゼが優越する。

そのレベルはもはや善く生きたい願望によっては定義されず、義務、責務、禁止の概念によって定義されるからである。これに関し私は、否定形は結局のところ肯定形よりも拘束的でないことに気づく。カントとバンジャマン・コンスタンとの間の有名な議論が証明するように、殺さないための無数の仕方があるのに対し、どんな場合にも真実を告げる義務は、時として解きほぐせない状況に直面させる。

そうすると、なぜ善く生きたい願望の倫理的レベルにとどまっていられないのか、と尋ねられるだろう。それは、社会生活というものが、利害、信心、信念に応じたあるゆるレベルの人間関係に影響する、さまざまな種類の争いの、広大で、しばしば恐るべき場所となるからである。しかもこうした争いは、殺人から約束違反にまでいたる、あらゆる種類の暴力で表面化する傾向にある。このような暴力は、個々の個人にも、社会生活を枠づける諸制度にも影響する害を産み出す。そのようなとき、ギリシア悲劇のオレステスに見られるように、復讐心は果てしなく暴力に暴力を加えていく傾向がある。そこから第三者の必要性が生まれる。その第三者とは、われわれの文明社会では、成文法典の存在、裁判制度の創設、判事団の独立、そして最後に、法治国家の監視のもとに公共道徳を強制する一連の制裁、などに代表される。このような審判の社会的必要性が、今度は許可と禁止の領野と、強制力の合法的とみなされる使用との範囲を限定することのできる規則の性質を問題にする。こうした規則と、その規則が定める審判との正当化は、社会における生活一般の規則を正当化する問題を提起する。

ロールズの側でも、同じくハーバーマスの側でも、道徳的普遍主義の擁護者たちが発展させようとするテーゼのもっとも厳密な定式化を、われわれはカントに負っている。その第一の前提は、理論理性とは区別される実践理性が存在すること、ただし実践理性は理論理性と同様、ア・プリオリとみなされるもののレベル、すなわち援用されるあらゆる経験的な論拠の可能性の条件と、欲望、快楽、利害、先入見、不合理な権利要求などの全体によって構成されるア・ポステリオリな、あるいは経験的レベルとの間に根本的な差違があることである。したがって基本的な仮説はこうである。実践理性は理論理性と同様に構造化されているが、実践理性のア・プリオリそれ自体は実践的である、という違いがある。この実践的ア・プリオリは何に存しているのか。答え。それを適用する状況とは無関係に、万人にとって普遍妥当するもののうちに、である。だがもしもどんな実践的内容も結局は欲望から、したがって幸福の欲望から発してくるなら、普遍的なものは、形式的な普遍性、つまり内容のないものでしかありえない。

とするなら形式的で普遍的なものを、いかにして定式化するか。何らかの生活計画のような、われわれの行動の格率がそれに従うよう命じられる、普遍化の規則の形をとる以外にはないではないか。一見すると、この規則は私の格率の普遍性を確証するためのテストでしかないようである。とはいえこのテストで、次のような言葉で言い表せる功利主義的な例示をしないのはむずかしい。「もし皆が私と同じようにしたらどうなるだろう?」。カントは例外と称するものが損なってしまう、規則に内在する論理的矛盾しか念頭になかった。このように論理的矛盾と、功利主義的といえる矛盾とを区別する論拠の薄弱さを、ハーバーマスその他がどのように改善しようと試みたか、後で見てみよう。その前に、カントは普遍性についてモノローグ的基準(汝~するように振る舞え……、など)しか提示しなかったとして彼を非難するままにはできない。カント自身は定言命法の他の二つの定式を提示して、普遍的なものの領域を拡大したのであり、その二定式は倫理の三つ組(他者と共に、他者のために、正しい制度において、善く生きたい願望)に比較できる道徳の三つ組をつくりあげるのを可能にしたのである。

1.「汝の行動の格率が自然の普遍的法則となることを同時に意志しうるような格率に従ってのみ行為せよ」。

2.「汝の人格の中にも、他のすべての人の人格の中にもある人間性を、けっして単に手段としてのみ用いるのでなく、いつも同時にそれ自体目的として用いるように行為せよ」。

3.「目的の国では汝が主体としてと同時に、立法者としても振る舞うことができるように行為せよ」。

この三つ組は、その三つの個人的・共同体的・世界市民的な形態で、自律を定義する。形式主義は三つ組全体を覆っている。第一定式では、道徳法則の概念は自然法則の概念と平行した位置におかれ、そこでは自然法則は普遍的決定論の形式にほかならない。しかし第二の定言命法は第一命法ほどに形式的ではない。というのは、尊重すべきと言われているのは人格そのもの、私の人格でも、他者の人格でもなく、人間性であり、それは人間全体の意味ではなく、人間を他の生物や、また場合によっては理性をもっているかもしれないが、われわれのような感性をもたない生物とは区別する、人間的な性格の意味なのである。目的の国という概念が定義するのは、既知のいかなる歴史共同体でもなく、一挙に世界的な規模の、あるいはカントの表現によれば、世界市民的な規模の、法治国家の合理的な地平にほかならない。換言すれば、それは記述的概念ではなく、統制的理念なのである。それを成就するのは、歴史的社会の具体的な政治行動にかかっている。

このカント的背景の前に、正義の諸原則の普遍的定義を提示しようとするロールズの試みを置き直してみなければならない。彼の試みの形式主義は、次のことによって強調される。すなわち、正義の諸原則を選択するのは歴史的ではなく、原初状態と呼ばれる、想像された状態でなされるとみなされ、その状態では参加者たちは無知のヴェールに覆われていて、そのヴェールのもとで彼らは熟考の結果としての現実の利益、あるいはありうる不利益を考慮しないですむ。熟考のほうは、社会一般を特徴づける分配の規則を対象になされる。すなわち商業的財の分配（報酬、遺産、社会的利益）や、安全、健康、教育、とりわけ社会制度の全段階で、責任、権威、命令を体現する地位といった非商業的財の分配である。社会をあらゆる種類の財の広大な分配体系と考えるこの仮説は、カントから受け継いだ形式主義に、独特の調子を与えることが可能になる。それはもはや普遍性テストの形式主義ではなく、配分の手続きの形式主義である。この手続きは正義の二原則で定義される。

第一に、各人は、誰にとっても同じ自由のシステムと両立できる、平等な基本的自由のもっとも広範な全体的システムへの平等な権利をもつべきである。

この第一原則は、公的な自由（表現、結社、集会、信仰などの自由）の行使において、法の前の平等を統御する。

第二に、経済的・社会的不平等は次のようにして調整されねばならない。(a)もっとも不利な者に最大の利益をもたらすように、同時に(b)公平な機会均等の条件のもとにあるすべての人に開かれている職務や地位に関連して。

この第二原則は、付加価値を産み出すわれわれの社会では、どうしようもなく不平等になる分け前に適用される。しかしロールズはこの原則を展開する前に、まずは第一原則を満たす必要性を力説する。それが意味するのは、市民の法の前の抽象的平等を考慮せずに、不平等な社会問題を解決しようとする試みは正当化されないということである。経済的・社会的不平等も、正義の第一原則に違反する口実にはなりえない。第二原則のほうは、少なくともその前半については、次のように詳述される。

正しい、あるいは少なくとも他のどの解決よりも不正ではない分配とは、それによってもっとも恵まれた人の利益の増大も、もっとも恵まれない人の不利益の縮小によって補正されるような分配である。そこからこの原則にマキシミン原則の名が与えられる。

この後で、この原則が共同体主義者の側から、どんな批判を浴びたかを述べよう。実際にこの学説の特徴的な二点が、すでに批判を受けていた。第一は、分配すべき財の不均質性を考慮しない、分配の手続き的形式主義に対してである。たとえば、報酬の問題は行政における権威の分配と同じ規則に属するか。第二の批判の理由は、想像上で、しかも非歴史的な状態で確立された正義の原則の選択が、どのようにして現実の歴史社会に結びつくのか。より正確には、現に存在する社会も含まれるなかで、どんな種類の社会が、このような配分的正義の定式に到達できるのか。

以上の反対論は道徳性の分析のために私が採用する第三のレベル、すなわち実践的知恵のレベルに属するが、その反対論を検討する前に、討議倫理について一言述べよう。一見するとそれはまったく別問題のようである。ロールズの場合は、前述のように、広義の分配の問題であり、アーペルやハーバーマスの場合は討議、もっと正確には、論証の問題である。しかし直面する二つの状況はそれほど隔たってはいない。一方では、無知のヴェールに覆われている原初状態で、正義の原則の確立は、討議倫理のカテゴリーに入ることのできる開かれた議論から発してくる。他方では、争いを引き起こす分け前以外に、何が優先的に議論されようか。ロールズ同様ハーバーマスも、多元主義に特徴づけられる現代のわれわれの社会で、善についての多様な考え方から議論を引き出すことができる。それゆえこの争いの外部に、可能な同意の規則を探求しなければならない。しかしどこにそれを探すべきか。言語的実践の内部以外にはないではないか。人間関係はすべて必然的に言説を経由する。そのうえ、道徳から義務の道徳への移行をそれゆえに正当化するのをわれわれが認めた、あの暴力の脅威は、いっさいの紛争が言説の領域に移行することのうちに、暴力に対する人間の唯一の応答を探し求めるように促すのである。全問題は言語による媒介という事実から、論証という権利へいかにして移るかに存する。

問題は、可能ないかなる討議も、合理的ないかなる論証も支配する妥当性についての普遍的規則が存在するかどうかである。ハーバーマスの答えは肯定的である。彼の答えは、カントが普遍化の規則に訴えるのを正当化した矛盾の用法とは異なる用法にもとづいている。これから述べる妥当性の基準の究極の正当化は、形式的矛盾にではなく、いわば行為遂行的矛盾に立脚しており、それは次のように定式化できる。もしあなたが討議の規則は妥当でないというなら、あなたは論証を始めたのだ。したがってあなたが、討議の規則は普遍的ではありえないと言うとき、あなたは自己矛盾している。あなたはこの規則が、あなたの反対者にも、あなた自身にも共通であることを前提にしているのだから。

コミュニケーションの妥当性の規則は多くはなく、容易に確認できる。各人は言論に対し平等な権利をもっている。各人は論拠を要求する者に対して、最良の論拠を示す義務がある。各人は他者の論拠を好意的な先入見をもって聞かねばならない。最後に、そしておそらくは何よりも、規則に規制された論証に反論する者は、了解、合意を共通の地平にしなければならない。こうして討議倫理は共有された言論のユートピアの地平を望み、制限も束縛もない、開かれた討議の統制的理念として機能する。この要求しうる合意という前提がなければ、実践の次元での真理の問題もありえない。この点で、ハーバーマスは彼の討議倫理の認知科学的性格を強く主張する。共有される言論の用法における真理要求については、実践理性と理論理性との間に違いはない。

ここですぐに気づくのは、適切にも言説または討議の倫理と呼ばれるこのコミュニケーション倫理が、はっきり規定された三つの反対論に対抗する力をもつことである。その反対者は第一に、決断主義的道徳の支持者たちで、彼らは個別の状況を支配していると想定される賢慮《フロネーシス》というギリシア的概念を事情に応じて濫用する、とハーバーマスなら言うだろう。そこで前提されているのは、個別のどんな状況も、首尾一貫した討議の妥当性の規則のもとにおかれる、ということである。第二の反対論は、感情的道徳あるいは感情に根ざした道徳によって構成される。それによると公正さの基準となるのは感情で、それには憐み、同情、尊敬、敬愛といった高貴で高尚な感情も含まれる。最後にもっとも恒常的に標的とされる反対論は、道徳的あるいは法的実証主義で、ギリシアのソフィストの約束主義〔あらゆる原理を便宜的約束事とみなす説〕と同族である。それによると社会的紛争の審判に役立つ規則は、権威筋によってそのつど具体化される効用性の一般原則によって規制される。これでわかるように、この道徳は言語のレベルにもたらされることもある紛争の状況も、敢然と考慮に入れる。その言語のレベルは、最善の場合、訴訟の枠組みに比すべき制度的枠組みでもたらされる。この道徳は、反対者の側にも、同意を求める意志、行動計画を仲良く調停する望み、そして最後にどんな不一致の状況でも、争いよりも協力を優先させる配慮を想定している。

Ⅲ

今こそ道徳哲学に、第三の次元、私が実践的知恵と命名したものを加えることが必要と思われる理由を述べなければならない。それに当たっては、一方でヘーゲルが『法哲学の原理』で「人倫」(*Sittlichkeit*)と呼んだもの、他方では「賢慮」(*phronēsis*)についてのアリストテレス理論を考慮に入れている。*phronēsis* は『ニコマコス倫理学』で詳述され、ラテン語で *prudentia* と訳される。道徳性になぜ第三の次元をつけ加えるのか。われわれが善い生き方の倫理から、義務と禁止の道徳に移行せざるをえなくしたものは、争いという事実、より根本的には、暴力の事実によってである。歴史的・文化的状況に応じた適用規則によって、普遍的道徳を補完するように導くものは、行動の悲劇性と呼べるようなものである。行動の悲劇性という言葉で一般に意味されるのは、次のような共通の特徴を呈する典型的な状況である。その第一はギリシア悲劇が見せてくれるような責務の葛藤に関わり、その点でアンティゴネーの悲劇が最良の例証である。アンティゴネーとクレオンは、抑えがたい葛藤を産み出す相反する義務を体現している。アンティゴネーを動かす絶対的な兄妹愛《きょうだい》の責務が、クレオン王を動かすポリスへの政治的義務と完全に両立するはずであるとしても、人間の有限性のゆえに、敵対する両者のどちらも、限度を知らない情念的忠誠心の狭い限界内でしか自分の奉じる主義に仕えることはできないのである。悲劇はまさに、絶対的で聖なる責務に仕える者たちどちらも、その頑固一徹さのゆえに、いかなる妥協も排してしまうところにある。悲劇的な状況はもう一つある。社会的関係の複雑さは、道徳的あるいは法律的規則と、人々に対する心づかいとが衝突するような状況を増殖させていることである。カントの第二命法の定式化で、人格に対する敬意がいかに人類に対する敬意によって枠づけられているかに、私は注目した。ただし人間全体の意味の人類ではなく、あらゆる歴史的文化に共通すると推定される人類特有の美質に関係してである。ところが医療実践は、法律上の実践と同じく、規範と人格とを同時に満足させられないような状況に絶えず直面させるのである。これに関連して、生命の始まりと終わりの状況によって、医療倫理に対して出された難問を喚起するにとどめよう。生命の始まりの状況に関して言えば、胎児ははじめから、その生みの親たちと異なる遺伝子コードをもっているところから、どんな生命も受胎されるや、保護するに値すると言える立派な理由がある。しかし「潜在的人格」を実現するための敷居はいくつもあり、それが義務と権利を段階的に評価するようにさせる。そのうえ実践知が法律に勧告する絶対的な生命尊重の敷居を越えてしまうと、選択は悪いと最悪の間になる。女性の生命のほうを、胎児の生命よりも選ばせる苦渋の状況を知らずにすませることはできない。したがってそれは公に議論し、状況の個別性を考慮に入れて論じる問題である。それに対しては、誠実に熟慮した後に決定がもう一度なされる。さらに選択が善と悪との間でなく、言うならば灰色と灰色との間でなされるような場合について言及すべきだろう。たとえば軽罪を犯した青少年と、それより責任があるとみなされる成人とを、同じ刑法に従わせるべきか。法律上の成人、あるいは政治上の成人に移るのを何歳にするべきか。そのほかもっと恐ろしい問題は、選択がもはや善と悪との間でなく、悪いと最悪の間になる問題である。売春に関する、とりわけ子供の売春に関するわが国の法律は、この二者択一に属し、それこそ真に悲劇的と言える。問題の中心が善を奨励することではなく、最悪を避けることであるような道徳的決定や法律的決定のケースは数多くある。

実践的知恵の倫理は、先ほど言及したような悲劇的状況しか知らないと言うつもりはない。それはただ、もっと一般的な問題に注意をひくための極端なケースである。その問題とは、道徳的あるいは法律的規則を正当化する原則が適用の問題を手つかずのままにしておくことである。それゆえこれまでの議論をつかさどってきた法的有効性認証の概念と比較検討してみるには、適用の概念をすみずみまで考察してみなければならない。この適用の概念は、道徳や法律とは別の領域から出てくる。すなわちテクスト、主として文学や宗教テクストの解釈の領域である。理解や説明の観念と区別される解釈の観念が形成されたのは、聖書釈義と古典文献学の領域においてである。十八世紀以来、とりわけシュライアーマッハー、その少し後でヴィルヘルム・ディルタイをもって、解釈学は聖書釈義や古典文献学を越えて、その十全な規模に発展した。解釈学は、あらゆる種類の個別のテクストに妥当する解釈の規則を提起した。そして法規の適用が、第三の型の解釈学、すなわち法解釈学を練り上げるよう求めたことは、周知のことであった。このすぐ後で、配分的正義に関するロールズのテーゼについての議論で、また公的討議についてのハーバーマスの議論で言及されるもろもろの状況に法解釈学を適用する問題を検討しよう。ロールズ、ハーバーマスいずれの場合でも、普遍的規範を個々の状況に適用する問題は、適用の過程を媒介する歴史的・文化的次元をまきこむ。第一段階の議論から、古代ギリシアの徳についての考え方に触れたとき、倫理が民衆の知恵に根ざしていることを述べてきた。そこから習俗《エートス》の概念に関連した倫理（éthique）の名が由来する。アリストテレスは『ニコマコス倫理学』第五巻の正義論で、抽象的な正義の観念と、具体的な公平の観念を区別するにいたる。アリストテレスはその区別を、一般的な規則は前例のない状況には不適合である、と理由づけた。同じような問題提起は、主として英語圏ではロールズの正義論によって、また西欧ではハーバーマスの討議倫理によってなされた。

ロールズにもどると、前にその定式化を先取りしていた議論を考察する必要がある。マイケル・ウォルツァーが『正義の領分』で詳論したように、配分的正義論が純粋に手続き的な観点に固執するあまり、分配すべき財の不均質性を考慮しないでいることはできない。商業財と、非商業財を同じ仕方で論じることはできないし、非商業財の中でも、健康、教育、安全、市民権などについても同様である。こうした財のそれぞれは、ある時代の特定の共同体によって共有される意味内容に属する、とウォルツァーは考える。商業財の観念は、著者が「共有されるシンボリズム」と呼び、何らかの社会文化的コンテクストで定義されるものによって評価される。この共有されるシンボリズムから出てくるのが、同じ領野に属し、ウォルツァーが「都市」あるいは「世界」の観念で位置づける、あらゆる本質体を支配する明確な論理である。ロールズが配分の普遍的な過程を認めるところに、ウォルツァーは多数の「都市」が境界で紛争をひき起こすのを見るのであり、その紛争をいかなる形式的な論拠も裁定しえない。それゆえわれわれが先ほど、知恵あるいは賢慮とよんだものをもちだしても、それは不確かな妥協にすぎない。こうして法的多元論が、統一的だが、手続き的なだけの正義概念にとって代わる傾向にある。

しかし私からは、法的多元論は正義にとって代わるのか、それともつけ加わるのか、と問いたい。正義についての一般的で普遍的な計画なしには、妥協の倫理も正当化しえないだろうと言いたくなる。妥協の倫理は共通善のようなものの構築あるいは再建を視野に入れていないだろうから。その意味で、ロールズが正義の観念に結びつけた普遍主義によってひき起こされた論争は、普遍性と歴史性の複雑な混合へと導くのであり、その混合こそわれわれが道徳性のもっとも基礎的なレベル、善く生きるの倫理のレベルに認めたものである。

ロールズは『正義論』以後の著作で、彼の理論の歴史的な限界と言えるものを認めた。その理論は、彼がリベラルとか立憲的とか呼ぶデモクラシーの枠内でのみ実効性がある。それはいくつか相互に両立可能な創建の伝統間での「重なり合う合意」の上に建てられた法治国家であり、ユダヤ＝キリスト教的伝統の啓蒙主義的ヴァージョンであり、功利主義的で、まったくの戦略的な合理性に還元されて以後の啓蒙主義的文化の再開であり、創造的な性質をもつ深層の源泉と一致した自発的な表現欲の形をとったロマン主義の発生である。その意味で正義論の普遍主義は、それを補完するものとして、その適用のための歴史的条件の認識を要請する。

討議倫理の検討もまた同じ流儀の結論をめざすと思われる。この討議倫理に対し、それは人間の相互関係における議論の地位について、それにもまして論証の形式化した表現の地位について過大評価していると反論できる。正当化を求めることは、途方もなく複雑で多様な社会的ゲームをなし、そこではさまざまな情念が公平さをよそおって隠れている。議論することは、闘争を続けるための一つの狡猾なやり方かもしれない。また別の仕方でこう反論することもできる。すなわち、討議倫理で基礎的参照項として正当に援用される言語的媒介が、論証による裁定の結論とは別の結論をめざすこともあるのではないか。文化の多様性の基本的な面である言語の多様性について省察するなら、言語というものは普遍的な形ではどこにも存在していず、細分化された言語世界でのみ存在しているという圧倒的な現象によって提起される問題が、実際に解決される仕方について、興味ある分析へと導いてくれる。スーパー言語なるものは存在しなくても、われわれにまったく打つ手がないわけではない。翻訳という手段が残っており、それは二次的現象として扱われる以上の価値があり、ある言語から他の言語へのメッセージの伝達を可能にする。翻訳という資格で、同じメッセージを別様に言い表すという普遍的現象が重要である。翻訳において、ある言語の話者は、異国語のテクストの言語世界に転移する。その代わり、彼は自分の言語空間に他者の言語を迎え入れる。この言語的もてなしの現象は、いかなる理解にもモデルとなることができ、そこではいわゆる上空飛行の第三者の不在はかえって、翻訳の行為がモデルとなって、〜への転移と、〜へのもてなしの同じ操作子を働かせる。

まさしく創造的適用の必要性が求められるのは、とりわけ裁判の領域においてである。アレクシーのような論者たちは、討議倫理から裁判の論証理論を派生させることを試みた。裁判官にして自分の下す判決が妥当でないと考えるようなことは考えられないのであるから、その企てはまったく正当である。この限りにおいて、個々の判決の妥当性は、討議倫理によって明らかにされた妥当性の一般観念を表現しているにすぎない。しかしこの妥当性は、討議倫理のもっとも基本的な前提、すなわち討議の制限も拘束もない、開かれた状態という前提を満たしていない状況でも、なお機能するであろうか。裁判の決定は、法的な枠組みでもたらされると想定される。その枠組みでは言説の交換は拘束的な手続きによって規定され、その手続きのおかげで、どちらの側も一定の時間制限の中で発言する。審理そのものも、役割がはっきり画定された、限られた数の当事者たちを関わらせる。最後に最終決定、いわゆる判決は限られた時間内で下されねばならない。裁判官は決着をつける義務を免れることは許されないのであるから。争いに決着をつけるという言葉自体が、訴訟の枠内での議論の条件と、合意をめざす討議の制限なき公開性との隔たりを示している。こうした拘束にもまして重要なのは、裁判の論証の構造そのもので、それは聖書釈義や文献学で実行されているのと同類の解釈過程の場所を指している。そこで、ドゥオーキンが *hard cases* と呼ぶような、前例のないケースの取り扱いは二重の解釈過程にかけられねばならない。すなわち原因となる事実の、いわば物語的解釈と、違法行為の罪名決定で引き合いに出される法規の解釈である。その論証はとうてい実践的三段論法にははまりきれない。実践的三段論法は、事実の物語的解釈と規則の法的解釈とを相互に調整する複雑な過程を形式化するだけである。これら二つの過程の合流点で、すり合わせの現象が生じているが、それがまさしく違法行為の法的な罪名決定である。

この刑事訴訟手続きの枠内での、形式的論証と具体的解釈とのじつに注目すべき混合は、私がここで展開しようとするテーゼを完全に例証してくれる。すなわち、選択は規則の普遍主義と決定の個別性との間でなされるのではない、ということである。適用という概念そのものが、当事者たちに共通の規範的背景を前提にしている。アリストテレスの言葉に帰るなら、普遍的に承認されるような正義の一般的な問題がないとしたら、個別の状況での公平の問題もないことになろう。

ロールズの議論も同じ種類の結論に導く。法的な各領域が、他の諸領域の領分に侵食しようとする要求を維持させる正義の観念がなかったら、どうして正義の諸領域について語れようか。また討議の形式的倫理の枠内で、合意の地平を排除したら、どうして再び暴力に陥らないことがあろうか。より根本的には、言論の領分に移行することが直接に達成できる合意ではなくとも、少なくとも合理的な不一致の承認に、換言すれば不一致への合意に到達できるだろうと考えられなければ、どうして紛争を暴力から引き離せようか。結論として私は次の三つの考察を提示する。

1．普遍主義は、共に生きるという意志によってくり広げられる共通の空間を共同で創出したと承認できるような、互いに異質な態度を、道徳性の領分に属すると認めさせうる統制的理念とみなされることができる。

2．いかなる道徳的確信も、普遍性の主張を掲げなければ力をもたないだろう。だがまずは普遍的と主張されているものに、推定される普遍的の意味を与えるだけにとどめねばならない。推定される普遍的という言葉で、万人による承認を期待して公的討議に供される普遍性の主張を意味しよう。この交換において、それぞれの当事者は承認を求めて、主張する普遍性、あるいは行動を起こさせる普遍性を提案する。この承認の歴史は、具体的な普遍性の価値をもつ承認の観念によって動かされる。第一の結論で援用された統制的理念の同じ地位は、普遍性の要求と特殊な文脈への適用の条件とを、抽象的道徳のレベルと実践的知恵のレベルという異なる二つのレベルで両立させることができる。

3．人類は、もろもろの言語がそうであるように、さまざまな文化の中でのみ存在するというのがほんとうならば――基本的には、そこにロールズやハーバーマスを批判する共同体主義者のテーゼがある――

これら批判者たちの想定する文化的アイデンティティは、非寛容と狂信主義の回帰に抗して、相互理解の作業によってのみ守られる。その作業にとり、ある言語から他の言語への翻訳はまたとないモデルとなる。

以上三つの結論は、次の陳述に集約できよう。普遍主義と文脈主義とは、同一の平面では対立せず、道徳性の二つのレベルに属する。すなわち普遍的と主張される義務のレベルと、多様な文化的遺産を引き受ける実践的知恵のレベルである。義務の普遍的な平面から適用の歴史的平面への転移は、共に生きる倫理の源泉に訴えることに帰する、と言っても不正確ではないだろう。それは、原則の形式主義と手続きの厳格さにのみ頼っているような正義論や討議理論の並外れた要求によって引き起こされているアポリアを解消するとは言わぬまでも、少なくとも軽減するためにである。

エピローグ

証人喚問　統治不全《ガヴァナンス》

一九九九年二月十九日、ポール・リクールはＨＩＶ汚染血液製剤事件の証人として、共和国裁判所に喚問された。「過失致死、および被害者の身体的健全さを過失により損なった罪の主犯の一人」として訴追された、前社会問題省、国民連帯省大臣ジョルジナ・デュフォワに、リクールは証言を懇請されたのである。以下に記載される証言は、ジョルジナ・デュフォワの顧問弁護人カアン氏の質問に答えたものである。

あなたは数年前にデュフォワ氏が「責任はあるが、有罪ではない」という表現をされたのをお聞きになりました。哲学者としてあなたが、この表現について、その今日的意味について、またその真実性について意見を述べてくださるようお願いします。(1)

(1)　このテクストは、はじめ速記者Ｓ・バルドにより綴りや文章の訂正なしに電子速記されたものが、雑誌 *Le Monde des Débats*、一九九九年十一月号に、多少カットされて掲載された。収録に当たり私が加筆した。

裁判長殿、私は証人であります。私は政治家でも、専門家でも、法学者でもありませんが、言うならば、不確定な状況で決定を下す手続きに関心をもって思索してきた一市民であります。

私がこの問題提起に関心をもったのは、医療的判断、司法的判断、歴史的判断、政治的判断などの諸領域に関わるものとしてであります。そこで、そのような資格で私が「責任はあるが、有罪ではない」という文言をどう受け取り、解釈するかをこれから申し述べます。この文言はジョルジナ・デュフォワ氏に、それがあたかも彼女を有罪性だけでなく責任さえも免除するものであるかのように、悪意をもって返されました。私はその文言を次のように理解します。「私は自分の行為の責任をとる用意があります。しかし私は刑法の罪名決定に該当するような過失を自分に認めません」。そこで私はこの責任肯定の力を十分に発揮させたいと思います。

責任についての作業的定義を提示しましょう。私はそれに三つの構成要素があると見て、その三つとも一人称単数の文で言い表しましょう。そうするのは、その三ついずれも、それを表明する人を拘束することを明示するためであります。

1.「私は自分の行為の責任が自分にあるとみなす」。

私の行為は私のしたことであり、私はそれの真の張本人です。人はそれを私の責任とすることができ、私は自分に対するその責任を引き受けますし、私の行為の責任は私に帰せられます。それが後で私が考察しようとする二つの大きな分枝の共通の根であります。その分枝とは、責任の政治的な分枝と刑法的な分枝です。

2.「私は私に責任を求める資格のある機関で説明する用意がある」。

自己への責任帰属という前述の反省的関係に、私に責任を求める他者との関係がつけ加わります。その他者に対し、私は説明する用意があります。

3．「私は民間のまたは公的な制度が正しく運営されるようにする務めがある」。

この第三の要素は責任が、委任されて権威または権力の座にある人たち、とりわけ政治家の責任であるときに、前面に出てきます。そのとき私は部下の行動の責任を負います。責任を求める機関に対し、私は部下の行動について、部下に代わって責任をとります。責任のいわば水平的な二つの形に、垂直的・位階的責任が加わります。

目下の訴訟で、以上のような種類の責任に関し、何が問題になるでしょうか。

第一点について、私は長々と論じません。ファビウス氏やエルヴェ氏と同様、私もデュフォワ氏が自分に帰される責任を免れるつもりがあるなどと、毛頭考えません。とはいえ、それは自明の理ではありません。われわれは私法や公法に関して、深刻な漂流状態にあります。すなわち過失をリスクに代える傾向にあり、その過失は、軽罪や重罪にあたらなくても、技術上や職業上などの過失かもしれません。この漂流状態を利用して、リスクの社会化が（リスクの）保険という唯一の概念に席を譲るおそれがあり、私はそれこそ最大の責任逃れだと言いましょう。しかしこの第一の責任を消去してしまうおそれがあるのは、法律の変遷だけではありません。世論を両極端に追いこんだのは、報道キャンペーンの全体的ムードでした。つまり悪魔の仕業にするか、運命の仕業にするかです。自分に帰す責任は、次の両極端から等しい距離をおいている、と言いましょう。一方は、悪意があったという疑惑であり、他方はどんな責任も消滅するという考えです。

私は、～に対する責任について詳しく述べたいと思います。その責任は、政治的責任と刑事責任の対立をめぐって法学者、ジャーナリスト、政治家の間でなされた論争で、しばしばその首位を占めました。この対立で最初に表面化したのは、制裁の違いです。政治の側では、その極端なケースは罷免で、それは一種の政治的な死、政治における死刑に匹敵します。刑事の側では、それは自由の剝奪、屈辱でありま
す。

しかしこの二つの訴訟手続きの起源にさかのぼる必要があります。すなわち刑事裁判では告訴によって始動されるのであり、つまりは苦痛と死によってであります。「なんでも刑事にする」ことによるリスクは、政治がこの種のおどしにかけられて、だれかを犠牲にさし出す卑屈な過程に委ねてしまうことです。それが発生してくるのは、政治の側では、その過程を始動させるもの、すなわち集団における決定の機能不全が、告訴の出発点よりもはるかに定義するのがむずかしいからであります。私はこの決定の最初の欠陥を強調しましょう。われわれはこの機能不全のうちに、あらゆる種類の誤りを、軽罪でも重罪でもない、過失による決定を見いだすのです。

この二面性からの必然的帰結として、刑事の側では、過失は個人的であり、したがって罪名決定は明確で、予め定められていなければならず、軽罪、重罪の尺度も同様でなければなりません。政治の側では、この用語を許していただけるなら、私が〈統治不全〉（malgouvernance）の事実と呼ぶものの適用領野を決定するのははるかに困難です。その事実は前もって定義されるものではなく、説明責任を果たすという過程での調査に賭けられているのです。

ここで私の抱く大きな困惑を述べさせてください。それは説明責任を果たすべき相手の機関に関係します。刑事の場合は明らかで、それは裁判所であり、明確な刑事訴訟手続きがあり、判事と、訴訟という言

葉の大儀式とがあります。しかし政治の場合はどう考えるべきでしょうか。選挙と代議制のデモクラシーでは、ただ一つの答えが出されます。議会、その調査委員会、それに議会から由来する諸機関で、それはおそらく議会が案出するものでしょう。ここで私の最後の提言があります。

　私の困惑はここに結びつきます。なぜこの件が刑事訴追されるかです。それに先立って、なぜ一九九一年にもなって起こったスキャンダルが必要だったのでしょうか〔その六年前にＨＩＶが血液製剤をとおして伝染することが発見されていた〕。なぜそれを引き受けるのが議会でなく、マス・メディア、ジャーナリズムなのでしょうか。政治的調査を開始し、続行し、結論を出すことのできる機関が、最初に欠如していたのではないでしょうか。

　これは一時的な欠如ではなく、むしろフランスの制度的欠陥による構造的なものではないかと、私は考えました。それゆえ私のここでの解釈は政治的であり、政治哲学に属します。たしかにイギリス人と違い、われわれは政府当局間の最初の不一致から生じた対立する議論を、わが国の政治的手続きの中に包含してきませんでした。われわれはモンテスキューに対抗して、ルソーを選びました。すなわちルソー、および不可分の一般意志です。それを証言するのは、革命的ジャコバン主義と、つねによみがえってくるアンシァン・レジームの絶対王権主義という二重の遺産です。

　そこから出てくるのが、自由裁量的決定への好みであり、利害の争い、兼職、不干渉主義、閉鎖的な財閥、トップ・ダウン決定、そして大物・小物を問わない役人の傲慢さ、などへの考慮不足である。私がそう言うのは、自分も含めてであります。というのは、どんな政治的関係でもその根底にある、対立する立場から議論するという感覚がないのが、この国の政治文化であると考えるからです。もう一度言いますと、そこから一九八五年から一九九一年にいたる制度的沈黙が由来します。そこから議論でなくスキャンダルが、そこから政治的対決の空白を突くマスコミの対応が出てくるのであり、結局そこから罰則がでてくるのです。それは政治の機能不全が起こっても、それを政治的に処理できないからで、もっと悪いことに、その人を罰しないと、隠したりかばったりするかもしれないといった危惧が、世論の側に当然生じてくるからです。しかしそれに支払う代価は、統治不全を補正も改善もせずに放置することであります。

さらに小声で述べさせていただきますと、またしてもそこから、検事総長による論告と、予審法廷からの法廷への送付書とが並行して読み上げられることになります。前者は政治的責任の次元をいっそう考慮し、後者は政治家の罰則を押し進め、そこでは個人的責任しか認めず、責任をとることをその第三の意味で扱うようにします。すなわち、もし私が権力ある地位にあれば、部下の行為の責任をとることです。それは他者の行為に対する刑事責任という、刑法に当てはめられる唯一のカテゴリーを推定してであります。

私の提言はこうであります。調査に政治的次元が与えられなかったために、罰則に訴えるしかないが、それは問題を政治的に考えるのを妨げるものである、と。私は政治において罰則はあるべきではない、などと言うつもりは毛頭ありませんが、私が考えるにその罰則は剰余的なもので、十戒（殺人、横領、偽証、詐欺、など）のレベルの、重大な禁止事項のレベルにとどめるべきです。ヴデル学部長、オリヴィエ・デュアメルの論拠が妥当するのもこのレベルにおいてであると考えます。その論拠によると、デモクラシーの規則は、普遍性と、したがって大臣も含めて万人に適用される刑法の前の平等とを要求するのです。

その代わり、統治不全の面での誤りや過失という広大な領域は、この政治の罰則では考慮されません。私なら、怠慢、決定の遅れなどの廉で過大に罰せられたものは、統治不全の枠に入れるでしょう。つまり行政の落ち度の類に属するものは、刑法的にでなく、政治的に考えられるべきでありましょう。

もっと根本的には、意見の不一致は悪ではなく、議論の構造そのものと考えられるべきです。刑法的にでなく、政治的に考えるということは、けっして些少な要求ではありません。というのは、懲罰の執念にいったん取りつかれると、統治不全の過失か、それとも統治不全の過失の疑いがあるのか、の区別がつけられなくなるからです。そうすると誤り、あるいは過失の罪名決定は与件ではなく目的となり、また裁定する第三者が前もって与えられていないかぎり、議論のルールを定めるのも同様になります。

権威と権力の位階的関係で、私が第三項に位置づけた責任引き受けで問題となるのは、統治不全の疑いのあるなかで、統治の領域の広大さです。この位階化された責任の平面で問題が起こります。はじめに言及しましたが、この枠組みで、決定を下すための最大の困難が明らかになります。判断と行動との関係についての困難に関してわれわれが調べることのできる領域はそれほどに多様なのです。そしてこの困難を極度に増大させるのは、政府のとる行動においてであります。

私はこのような困難を力説します。それは行為の責任をとる誰か、つまり責任帰属を免除するためではまったくなく、政治家が説明責任を果たすために召喚されるべき政治機関が欠如していることを、これまで以上に強調するためであります。決定を下すのを監視し、位階化された責任を関わらせるような機能不全を招くのは、まさにこの欠如であります。この点から、権力の位階的構造において、決定を下す過程の複雑さと、またあえて強調すれば、その不透明さの方向へ導くすべては、政治家がそこで自分の行動を説明し、正当化するための機関を強化し、また創設する必要性を考えるよう促しています。

私見では、一般大衆は大臣と内閣に関係する問題や、政治的助言者、技術的助言者、すなわちテクノストラクチャーのトップにいる専門家、などの役割についてほとんど知識がありません。目下のケースでは、医学界全体が関わっています。すなわち医学研究者、各事務局、管理職、患者、財務、競合関係、内部の序列、またリスクまでも。何人かの専門家がわれわれを内閣の奥まった秘密の中に入りこませてくれました。特別委員会、省内委員会、〈新人〉(bleus)、情報の循環、問題の専門性に応じた助言者たちへの大臣の依存。[2] 私がただ強調したいのは、後になってから解決する危険であります。すなわち誰かが知っていたから、当時それについて知っていたのだと思いこむだけでなく、その時点で政治家に実際に開かれている選択の幅がどうであったかを決めてしまうことです。

今は確実になった認識も、その時点では数ある選択の中の一つでしかありえませんでした。ここでは私の能くしない事柄に立ち入ることを控え、現状のような決定する条件において、助言者や専門家たちのピラミッドの中に入っていくことの困難さを力説するにとどめます。私の能力内で、二、三の点を強調して、終えることにします。

1. 政治家、役人、科学者、そして言うまでもなく刑務所内での採血のための刑務所の管理、技術者、実業家などの間の異質な論理を突合せること。

2. ばらばらな時間的リズムを突き合わせること。すなわち健康への危険の緊急性と、情報の循環、その確認、行政的管理、テストの監督、その認可などのテンポの突き合せであります。この点で、行政の周知の遅さを揶揄することで、われわれは問題を単純化しています。

3. おそらく時間のあいだの不調和が、もっとも手ごわい難問ではないでしょう。もっと隠されていて、象徴的な争点となっているものの間の不調和があります。フランスでは無償の献血に、犠牲と贖罪のアウラを添えて価値づけられていることを考えてください。あるいは、半ば人種差別となるのを惧れて、一時期いわゆる「危険をともなう」集団を差別するのを拒否したことを考えてください。あるいはまた、財政的利害がからんでいるかもしれないのに、フランス製品を優先して選ぶ、半ば愛国的幻想を抱いたことを考えてみてください。これらはすべて立派な象徴的忠誠であります。

能力、論理、時間管理、象徴的参照項などの間の衝突についての以上の考察はすべて、わが国の政治文化についてつねに私を悩ませていた次の問題をいっそう解決しがたくするものであります。それは、どんな政治機関が政治的説明責任をまず要求し、受け入れることができるのか、であります。

統治不全に属する機能不全を予防するとともに修正することを目的とする、相反する立場から議論のできる機関ができるのを、友人アントワーヌ・ガラポン氏[3]とともに渇望しつつ、この問題を開いたままにしておきましょう。それは啓蒙主義時代から受け継いだ価値をいっそう高めるような、市民社会にむかって開かれた市民法廷のようなものです。その価値は、不透明さに対抗する公開性、引き延ばしに対抗する迅速さ、しかし何よりも過ぎ去らない過去に埋没していることに対抗する未来志向であります。

裁判長殿、判事殿、現在の共和国裁判所は、欠けていた機関の端緒となることはできないでしょうか。そうなれば共和国裁判所は例外的なものとなるだけでなく、新たなものを開始し、市民的となる、つまり政治と刑事の分岐をのりこえられるでしょう。

最後に犠牲者たちに、苦しんでいる人たちに言及することをお許しください。なぜなら裁判とは熱い思

（2） Olivier Beaud et Jean-Michel Blanquer, *La Responsabilité des gouvernants*, Descartes et Cie, 1999; O. Beaud, *Le Sang contaminé*, Paris, PUF, 1999.

（3） Antoine Garapon, « Pour une responsabilité civique », *Esprit*, mars–avril 1999, p. 237–249.

いをもたねばならないものだからです。冒頭に申しましたように、われわれは死の陰のもとに、われわれの政治的思考に、政治システムに欠如しているものがあるかもしれないと反省しているところであります。

なぜ犠牲者の声を聞かねばならないのでしょうか。彼らが法廷に来るとき、そこで聞こえてくるのは、単なる歎き訴えの声ではなく、不正だ！という憤慨の叫びであります。そしてその叫びはいくつかの要求を含んでいます。第一に、起きたことの、わかりやすい、納得できる語りを、理解し、受け入れてくれることの要求です。第二に、犠牲者たちは対立する双方が正当な距離を隔てて位置づけられるようにする法令の作成を要求します。そしておそらく苦しんでいる人たちの苦しみをわれわれが認めて、彼らへの弁明を政治家がするよう要求する声を聞くべきでしょう。そしてやっと最後になって、補償の要求がなされるでしょう。

しかし何にもまして、われわれの調査で、集団でなされる決定にはつねに解決しがたいものがあり、そして不幸にはつねに償いようのないものがあることを思い起こすのがわれわれすべての知恵でありましょう。

訳注

＊1　ウォルツァー（Michael Walzer）　アメリカの政治学者。ハーヴァード大学、プリンストン高等研究所教授を歴任。マイケル・サンデル、チャールズ・テイラーらとともに共同体主義（コミュニタリアニズム）の論客。ジョン・ロールズの『正義論』の普遍主義を批判した。著書の邦訳に『義務に関する11の試論――不服従、戦争、市民性』（而立書房）など多数。

＊2　テイラー（Charles Taylor）　カナダ生まれの哲学者。ヘーゲル哲学を思想的基盤とし、人間存在を理解するうえで歴史と言語を重視する。著書『自我の源泉』では、そうした立場から「近代的アイデンティティ」の内実ならびにその形成過程を問うている。著書に *Philosophical papers* 1, 2. 邦訳『自我の源泉』（名古屋大学出版会）、『〈ほんもの〉という倫理』（産業図書）。

＊3　ネーゲル（Thomas Nagel）　アメリカの哲学者。研究分野は倫理、政治哲学、心の哲学と広範に及ぶ。心身問題に関する重要論文として頻繁に言及される「コウモリであるとはどのようなことか」の他、一貫して還元主義を批判し、客観性の追求には限界があると主張する。著書に、*The possibility of Altruism* など。邦訳に『コウモリであるとはどのようなことか』（勁草書房）、『どこでもないところからの眺め』（春秋社）、『哲学ってどんなこと？』（昭和堂）。

＊4　ドゥオーキン（Ronald Dworkin）　アメリカの法学者。イェール大学、オックスフォード大学教授を歴任。ハーバート・ハートの実証主義法学を批判し、解釈主義的法理論を唱えた。法は、法体系の慣習的な歴史を構成的に解釈した後に得られるのであり、現行の法律のどんな条文も当てはまらないような「難しい訴訟事件」についても、唯一の正しい答えがあると主張。

＊5　ラドリエール（Jean Ladrière）　ベルギーの哲学者、論理学者。ルーヴァン・カトリック大学教授。同大学の哲学高等研究所で多くの研究者を育てる。科学哲学、言語哲学、社会哲学と幅広い領域で多数の著作があり、それらを通して「信仰と科学的・哲学的理性との正当な関係の確立」をめざす。

＊6　シュラーキ（André Chouraqui）　一九一七年アルジェリアに生まれ、パリ大学に学ぶ。シオニズム運動に参加し、一九五八年イスラエル共和国のベングリオン首相顧問、エルサレム副市長など、政治家として、また超教派の宗教者として活躍。旧新約聖書とコーランを原語からフランス語に翻訳した。著書の邦訳に『ユダヤ思想』『ユダヤ教の歴史』（白水社）などがある。

＊7　カンギレム（Georges Canguilhem）　フランスの科学史家、科学哲学者。とくに生物学、医学に関する認識論的研究により、ガストン・バシュラールとともに、フランス科学認識論の基礎を築いた。『正常なものと病理的なもの』（『正常と病理』法政大学出版局）をはじめ、著書多数。その邦訳に『理性の考古学』（産業図書）などがある。

＊8　アレクシー（Robert Alexy）　ドイツの法学者。ゲッチンゲン大学教授。法的議論を一般的な実践的、規範的論証の特殊的ケースとして扱う法的論証理論を展開し、スペインのマヌエル・アティエンザとともに法的論証学派を代表するが、アレクシーは解釈する規範と解釈される事実の関係に解釈が介入するのを認める。

＊9　ガラポン（Antoine Garapon）　フランスの判事、法社会学者。司法高等研究所の所長、司法研修所教官を

務める一方で、雑誌『エスプリ』の編集者やコソボ調停委員など幅広い分野で活躍する。判事としての視点から、民主主義の変容と連動した司法の役割の変化について主題的に考察している。邦訳に『司法が活躍する民主主義』（勁草書房）。

＊10 ヘッフェ（Otfried Höffe） ドイツの哲学者。法と国家の正当性を「政治的正義」に求め、功利主義ともロールズに代表されるリベラリズムとも異なる仕方で、国家の強制権力を根拠づけようとしている。邦訳『イマヌエル・カント』『倫理・政治的ディスクール』『政治的正義』（法政大学出版局）。

＊11 ブーレッツ（Pierre Bouretz） フランスの政治学者。宗教と政治の関係を様々な角度から考察している。ハンナ・アレント、マックス・ウェーバーについての研究がある。著書は、*Qu'appelle-t-on philosopher?*, *Les promesses du monde. Philosophie de Max Weber* など。邦訳に『20世紀ユダヤ思想家1・2』（みすず書房）。

＊12 ラルシュの会 カナダのカトリック思想家ジャン・ヴァニエが創設した知的障害者、発達障害者と、障害をもたない人たちとが共に暮らす共同体で、ラルシュ（*L'arche*、箱舟）と命名し、それに加盟するラルシュ・インターナショナルは世界各地にあり、日本では静岡市に「かなの家」がある。ヴァニエの著書の邦訳は『あなたは輝いている――ラルシュ・コミュニティーからの思索』（一麦出版社）など多数。

訳者あとがき

本書はPaul Ricœur, *Le Juste 2*, Editions Esprit, 2001の全訳である。訳出にあたり次の英語訳を参照し、原書の若干の誤記を修正した。*Reflections on The Just*, translated by David Pellauer, The University of Chicago Press, 2007.

本書は同じ著者による*Le Juste 1*, Editiona Esprit, 1995（久米博訳『正義をこえて——公正の探求1』法政大学出版局、二〇〇七年）の続編をなす。これらのいわば二部作は、その前著*Soi-même comme un autre*, Editions du Seuil, 1990（久米博訳『他者のような自己自身』法政大学出版局、一九九六年）の副産物というより、その主題系を具体的な問題群にそって展開した論文集である。論文発表の年代順からいうと、『公正の探求1』には一九九一年から一九九五年までに発表された論文一〇編が、『公正の探求2』には一九九五年から二〇〇一年までに発表された論文一六編が収録されている。このおよそ一〇年間に、欧米はもとよりモスクワ、北京などでも講演しつつ、二六編もの論文を発表する精力的な著作活動には驚嘆を禁じえないが、しかもその間に二〇〇〇年に上梓される最後の大著『記憶・歴史・忘却』を執筆していたのである。

本書は「研究」「読解」「実践」の三部、そして「エピローグ」から成る。第二部「読解」ではリクールの親しい著者たちの著書に寄せた「序文」、若い友人チャールズ・テイラーの著書についての委曲を尽くした書評、そしてリクールがつねに参照するマックス・ウェーバーの社会学についての学会発表を収めている。

著書は冒頭の「序言」でかなり多くのページを費やして、「研究」と「実践」の各論文についてのコメントというより、Nachdenken をおこない、読者に論文相互のつながりを示してくれる。最初に、「公正」という訳語を当てた le juste の用法が、これら三部作ではタイトル、本文の両面で異なることが述べられる。

『公正の探求1』では主として裁判の問題と、いくつかの正義論とが扱われた。著者はここでなぜフランス語で正義と裁判の両義を表わす la justice という語を避けて le juste を選んだのか。その書の訳者あとがきで私が述べたように、リクールは一九九一年に高等裁判研究所（I H E J）の事務局長アントワーヌ・ガラポンに乞われて、その研究所のセミナー開講講義を「合法と善のあいだの公正」と題しておこなった。そしてそのなかで「公正」という概念が提示されたのである。公正は目的論的な善という概念と義務論的な合法という概念を弁証法的に止揚するものである。本書の論文にあるように、歴史においてしばしば正義の旗じるしのもとに復讐がなされてきたのであり、そこでは正義は人間的正義にとどまる。合法的な正義を補正するものとして、公正はアリストテレス的な配分的正義の徳を表わす。この概念には、法学者ガラポンの言う「公正な距離」（la juste distance）という考えが採り入れられている。正義の探求はすべて人間のあいだの公正な距離を探求することである。裁くことは罪と罰のあいだに、加害者と被害者のあいだに公正な距離を設定することではないか。正義が第三者としての制度を媒介しなければならないなら、公正は友愛の徳を含み、道徳性のレベルに属する。以上を踏まえて邦訳のタイトルを「正義をこえて」としたのである。

『公正の探求2』では le juste はプラトンのソクラテス対話篇で用いられているような「魂の正しさ」を表わす。そうした倫理的な公正概念の探求として、本書は道徳から基礎的倫理へ、さらに領域別倫理へと進んでいくことになる。そこで邦訳のタイトルも「道徳から応用倫理へ」とするのである。そもそもガラポンがリクールに期待したのは、法廷技術になりさがったフランスの法廷の現状を、哲学的人間学の要素を導入して革新することであった。それに応えてリクールは裁判を、アリストテレス的目的論とカント的義務論の総合を実現できる場として描きだしたのである。そのためにリクールは前著で、それを目的論、義務論、そして実践的知恵の順序で考察したが本書ではそれを修正し、倫理の領域を二分し、上流の基礎的倫理から、道徳的義務を経由して下流の応用倫理への経路をとるのである。

著者が本書の第二の修正とするのは、能力ある人の能力のなかで「帰責能力」に重点をおくことである。公正の徳が適用される領域別倫理は、人間の行動の領域である。基礎的倫理の根底にあるのは、アリストテレスの「善く生きる」という願望であり、それはカントの説く「善い意志」でもある。それに対し、応用倫理は能力ある人間が実践的知恵を働かせる場である。かねてリクールは人間をその能動性と受動性において捉え、それを「行動し、受苦する人間」と言い表わしてきた。本書ではそれを論文「自律と傷つきやすさ」で主題的に考察する。権利の主体の要件は自律である。だがその自律は傷つきやすい人間の自律である。自律の受動性は傷つきやすさである。自律する人間はまた傷つきやすく、脆い、という逆説が人間性を規定する。どんな応用倫理も、この逆説を捨象して考慮することはできない。そのもっともよい例は「生命倫理」(bioethics) である。それは一九七〇年代からアメリカを中心に提唱され、全世界的な広がりを見せている。それの契機となったのは医療技術、生殖技術の発展や、患者の権利意識の向上などである。アメリカで一九七九年に「生命医学倫理四原則」が発表され、ヨーロッパでも一九九八年にEU委員会の提言する四原則が「バルセロナ宣言」として発表された。その四原則は「自律」「尊厳」「統合」「傷つきやすさ」である。ここに自律と傷つきやすさが含まれていることに注目したい。アメリカの四原則とバルセロナ宣言を比較してみると、アメリカが「自律尊重」と「個人の判断」を強く打ち出しているのに対し、ヨーロッパは「他者への配慮」を求め、「人格の脆さ、傷つきやすさ」を強調している。リクールは傷つきやすさは病理的とは異なるとする。同じ人間が自律的になり、傷つきやすくなるのである。また自律が根源的なものに属するなら、傷つきやすさは歴史的なものである。傷つきやすさから自律へは目標であり、務めである。それを実現するには、言語や慣習の象徴的な秩序の媒介が必要であるとリクールは強調する。

本書の第三部「実践」では医療倫理と司法倫理が論じられるが、著者は両倫理の並行性に着目する。その並行性を例証するのは、両方の領域で用いられる「解釈と論証の弁証法」である。それは『公正の探求1』のなかの論文「解釈と／または論証」で提唱されたものである。現代の法理論では、裁判の審理において解釈を重視するロナルド・ドゥオーキンと、論証を重視するローベルト・アレクシー、マヌエル・アティエンザらが対立し、その論争を調停するのは困難とされた。リクールは「審理の主題系に中心をおいた法解釈学は解釈と論証についての弁証法的な考え方を要求する」として、解釈と論証という対立する操作を審理において組み合わせることを提唱する。「論証は解釈を展開し、解釈は論証を包含する」のである。これはリクールがテクスト解釈のオルガノンとする「説明と理解の弁証法」の応用であり、また個々の事例を包摂する規則を探し出すカントの「反省的判断力」の適用でもある。第三部の二論文「医療判断の三つのレベル」「医療行為と裁判行為における決定」は、jugement（判断、判決）の行為が医療と裁判とに共通し、そこに反省的判断力が行使され、またその中間部において解釈と論証の弁証法が展開することを立証する。また医療と裁判はその遠い目的において一致する。医療が治癒をめざすのであれば、裁判がめざすのも争いを終息させることであるから。

このようにリクールは公正の概念を軸にして基礎的倫理を応用倫理へと発展させようとするのであるが、その全体を彼の解釈学に包摂することができよう。第一部の最後におかれた論文「翻訳という範型」は、一見すると倫理とは直接関連しないようである。ここでは翻訳の問題に、ある言語から他の言語への翻訳と、自国語内の翻訳という二つの入り口から入る。しかしそこに、イタリアの研究者ドメニコ・ジェルヴォリーノも言うように、翻訳としての解釈学の営みを見ることができるのである。ジョージ・スタイナーの「理解することとは翻訳することである」にならって「解釈することとは翻訳することである」と言うことができよう。『他者のような自己自身』でリクールは自己性と他者性の弁証法、すなわち他なるものを媒介にしての自己理解、他者を迂回する自己理解という「自己の解釈学」を展開した。「他なるものの試練」を引き受けるのが翻訳であるなら、それは倫理と無関係でありえない。それゆえにリクールは「他者と共に、他者のために、正しい制度において、善く生きること」を倫理の目標とするのである。

自然言語において二つの言語を媒介する第三の言語、スーパー言語は存在しないゆえに、翻訳は必然的に要請される。同様にリクールはヘーゲル的な絶対、全体を断念するゆえに解釈学を選びとる。「解釈はつねに有限性の機能である。私は全体を知らないのだから、私が理解し、向かおうとするのは、事柄のなかから、言説のなかからである。逆に解釈学は循環的な何かを保持している。解釈する者と、解釈される事柄とは循環をなしている」。リクールが正義よりも公正から出発するのは、このように有限性の視点に立とうとするからである。

二〇〇一年に *Le Juste 2* が出版された時、私が法政大学出版局に *Le Juste 1* とあわせて翻訳したいと申し出たのは、それら二書と関連の深い『他者のような自己自身』を一九九六年に翻訳出版させていただいたからである。その一冊目は『正義をこえて――公正の探求1』として二〇〇七年に上梓することができた。しかし二冊目は私自身の理由で遅れに遅れ、版権取得から長い時間が経過してしまった。ここにようやく『道徳から応用倫理へ――公正の探求2』として出版できるのは出版局の寛大さのおかげである。遅れを取り戻すために本書の第二部「読解」の全訳を越門勝彦氏にお願いした。氏のご協力にお礼申しあげる。

こうして出来あがった訳稿を、編集の郷間雅俊氏は訳語訳文のすみずみまで厳密にチェックしてくださり、おかげで翻訳の裏切りを減らすことができ感謝のほかはない。とはいえ不適切な翻訳について読者諸賢のご叱正を賜ればさいわいである。

二〇一三年六月

久米　博

人名索引

ア 行

アーペル，カール＝オットー　8-9, 12, 43, 47, 98, 152, 154-56, 275, 284
アーレント，ハンナ　25, 29, 85, 89, 98, 108-10, 113-15, 120, 133, 164, 185, 197, 278
アイスキュロス　277
アウグスティヌス　117, 210, 212, 214, 251
アリストテレス　3-5, 7, 9-11, 21, 52, 56-58, 60-62, 67, 70, 72, 79, 86, 112, 114, 148, 202, 240, 251, 266, 276-77, 287, 289, 292
アルチュセール，ルイ　169
アルプヴァックス，モーリス　94
アレクシー，ローベルト　43, 101, 291
アロン，レイモン　41, 181
ヴァインリヒ，ハラルト　139
ヴァレリー，ポール　218
ヴィスマン，ハインツ　158
ウェーバー，マックス　24, 26, 41, 44, 157-58, 160, 161-63, 165-66, 168-75, 177-84, 204, 267-68
ヴェーユ，エリック　88, 173
ウェルギリウス　114
ウォーフ，B. リー　128
ウォルツァー，マイケル　7, 72, 101, 164, 175, 211, 289-90
エヴァルト，フランソワ　191
エウリピデス　61, 277
エーコ，ウンベルト　130, 132
エラスムス　117
エリアス，ノルベルト　172, 174
オーウェル，ジョージ　165
オランデール，モーリス　130

カ 行

ガダマー，ハンス＝ゲオルク　98, 169
ガラポン，アントワーヌ　101, 103, 187, 189-90, 194, 196-97, 305
ガリレイ，ガリレオ　14
カンギレム，ジョルジュ　38, 225-31
カント，イマヌエル　3-4, 7-8, 21, 23, 25, 34, 40-41, 45, 47, 53-60, 71, 74-79, 84-85, 87, 96, 101-02, 119-20, 145-56, 163, 177, 202, 205, 220, 239, 245, 261, 266, 280-83, 285, 287
キケロ　34, 115
キルケゴール，セーレン　236
ギンズブルグ，カルロ　174
クレー，パウル　185
グレーシュ，ジャン　9, 76
ゲーテ　134-35
ゴーシェ，マルセル　27, 196
ゴルトシュタイン，クルト　229
コロンブス　167
コンスタン，バンジャマン　280

サ 行

サピーア，エドワード　128
サルトル，ジャン＝ポール　235
シェイクスピア，ウィリアム　134, 136
シェーラー，マックス　55
シャフツベリ　211
シャンジュー，ジャン＝ピエール　15
ジャンセニウス　117
シュッツ，アルフレッド　160
シュトラウス，レオ　183
シュラーキ，アンドレ　30, 132
シュライアーマッハー，フリードリヒ

135, 136, 138, 289
シュレーゲル兄弟　135
シラー，フリードリヒ　134
スタイナー，ジョージ　32, 125-26, 138-39, 141
スピノザ，バルーフ　52, 86, 117
セルバンテス，ミゲル・デ　134
ソクラテス　1, 4, 36, 77, 97-98, 100, 135, 204, 206, 220, 266, 277
ソフォクレス　61, 135, 277

タ 行

ダーウィン，チャールズ　126
ダランベール　25, 111, 117, 251
タレイラン　122
ダンテ　134
チョムスキー，ノーム　130
ツェラン，パウル　142
ティトゥス・リウィウス　114, 115
ディドロ，ドゥニ　25, 111, 117-19, 251
テイラー，チャールズ　12, 41, 47, 74, 78, 100-01, 181, 196, 201, 205, 208, 211-12, 252, 277
ティリッヒ，パウル　236
ディルタイ，ヴィルヘルム　93, 158, 289
テヴノ，ローラン　8, 27, 174
デカルト，ルネ　34, 57, 93, 117, 161, 184, 210, 214
デュフォワ，ジョルジナ　297-99
デリダ，ジャック　168
テンニース，フェルディナント　163
ドゥオーキン，ロナルド　13, 73, 80-81, 91, 185, 292
トールマン，エドワード　226
トクヴィル，アレクシス・ド　21, 189-90, 242
ドストエフスキー，フョードル　134
ド・セルトー，ミシェル　175
トルストイ，レフ　134

ナ 行

ナベール，ジャン　37
ニーチェ，フリードリヒ　34, 90, 136, 178, 204, 206, 219
ニュートン，アイザック　14
ネーゲル，トマス　13, 77, 79, 102, 178
ノヴァーリス　135
ノージック，ロバート　145
ノラ，ピエール　120

ハ 行

パーソンズ，タルコット　166
ハーバーマス，ユルゲン　8-9, 12, 47, 101, 152-56, 182, 184, 202, 220, 275, 280-81, 284-86, 289, 293
ハイエク，フリードリヒ　184
ハイデガー，マルティン　34, 91, 136
パスカル，ブレーズ　45, 117, 268
ハチスン，フランシス　211
バンヴェニスト，エミール　139
ヒエロニムス　33, 135
ヒューム，デイヴィッド　90
フイエ，アルフレッド　205
フーコー，ミシェル　199, 234
ブーレツ，ピエール　157, 177, 180-85
フェリー，ジャン＝マルク　8, 72
フェレーロ，グリエルモ　121
フッサール，エトムント　139, 161, 184
プラトン　1, 4, 11-12, 67, 70, 79, 87, 97, 114, 134-36, 138, 141, 205-06, 210, 266, 277
ブルデュー，ピエール　94, 172
ブルトン，スタニスラス　11, 67
フルンド，ジュリアン　178
フロイト，ジグムント　94, 136, 235, 236
フンボルト，ヴィルヘルム・フォン　28, 126, 135
ヘーゲル　34, 44-45, 58, 102, 121, 157, 164, 166, 173, 177, 180, 182-84, 217, 266, 287
ベーコン，フランシス　130, 215, 251
ヘッフェ，オットフリート　145-46, 148-56

ペトラルカ　134
ヘルダーリン，フリードリヒ　135-36
ベルマン，アントワーヌ　31, 33, 125, 134
ベンヤミン，ヴァルター　36, 130, 132-35, 178, 185, 218
ボーシャン，ポール　132
ホーマンス，ピーター　235
ボシュエ，ジャック＝ベニーニュ　117
ホッブズ，トマス　86, 163, 177, 251
ポパー，カール　76, 184
ホメロス　61, 136, 277
ボルタンスキー，リュック　8, 27, 174

マ 行

マキァヴェッリ，ニコロ　86, 121, 177
マルー，アンリ・イレネ　181
マルクス，カール　169, 177, 179, 213
モンテーニュ，ミシェル・ド　117
モンテスキュー，シャルル・ド　180, 196, 301

ヤ 行

ヤウス，ハンス・ローベルト　139
ヤコブソン，ローマン　139
ヤスパース，カール　37, 179
ユクスキュル　226

ラ 行

ライプニッツ，ゴットフリート　57, 130
ラヴェッソン，フェリックス　11
ラドリエール，ジャン　17-18, 76
ラ・ボエシー，エティエンヌ・ド　85
ルーマン，ニクラス　150, 152
ルクレール，ジェラール　109-10, 117-18
ルソー，ジャン＝ジャック　13, 21, 120-21, 163, 301
ルター，マルティン　33, 135
ルフォール，クロード　27, 122, 190
ルプティ，ベルナール　175
ル＝ロワ＝ラデュリー　121-22
レイノー，フィリップ　187
レヴィ，ジョヴァンニ　174
レーニン，ウラジーミル　166
ローゼンツヴァイク，フランツ　136
ロールズ，ジョン　7, 9-10, 41, 47, 69, 72, 78, 98-99, 122, 145, 152-54, 184-85, 196, 220, 252, 275, 280, 282-84, 289-90, 293
ロザンヴァロン，ピエール　27
ロック，ジョン　29, 93, 211, 214-15

《叢書・ウニベルシタス　995》
道徳から応用倫理へ
——公正の探求２

2013年 7 月 19 日　初版第 1 刷発行

ポール・リクール
久米博・越門勝彦 訳
発行所　財団法人　法政大学出版局
〒102-0071 東京都千代田区富士見 2-17-1
電話 03(5214)5540 振替 00160-6-95814
組版: HUP　印刷: 平文社　製本: 積信堂

ISBN978-4-588-00995-2

著　者

ポール・リクール（Paul Ricœur）
現代フランスを代表する哲学者。1913年フランス南東部ヴァランスに生まれる。35年教授資格試験に合格。マルセル，ヤスパースの実存哲学とフッサールの現象学の影響を同時に受ける。39年第二次世界大戦に動員され，捕虜となって45年まで収容所生活を送るが，その間にフッサールの『イデーンⅠ』を仏訳。48年ストラスブール大学の哲学史講座を担当。50年国家博士号を取得。56年よりパリ・ソルボンヌ大学で教え始め，66年からナンテール校に移る。70年からはシカゴ大学で教えるようになり，英語圏の哲学，神学界でも活躍。意志の問題を現象学的方法で考究しようとして「意志の哲学」の体系を構想し，『意志的なものと非意志的なもの』（50），『人間　この過ちやすきもの』（60），『悪のシンボリズム』（60）を発表するが，次第に解釈の問題への関心を深め，『フロイトを読む』（65）を含む数多くの論文を発表。現象学を解釈学として展開する解釈学的現象学の方法によって言語の創造性を探究し，『生きた隠喩』（75），『時間と物語』（全三巻，83–85）を著す。さらに，「自己の解釈学」を目指した『他者のような自己自身』（90）と，壮大な「歴史的存在の解釈学」の試みとしての『記憶・歴史・忘却』（2000）という，自らの哲学の集大成的な著作を発表。2005年5月死去。

訳　者

久米　博（くめ・ひろし）
1932年生まれ。57年，東京大学文学部卒業。62年，東京都立大学大学院人文科学研究科博士課程満期退学。67年，ストラスブール大学プロテスタント神学部大学院修了。同大学宗教学博士。95年より立正大学教授。著書に『象徴の解釈学』『キリスト教　その思想と歴史』『現代フランス哲学』『テクスト世界の解釈学』（新曜社），『夢の解釈学』（北斗出版），『隠喩論』（思潮社）ほか，訳書にリクール『他者のような自己自身』（法政大学出版局），『フロイトを読む』『時間と物語ⅠⅡⅢ』『記憶・歴史・忘却』（新曜社），『生きた隠喩』（岩波書店），『リクール聖書解釈学』（ヨルダン社），『解釈の革新』（共訳，白水社），エリアーデ『宗教学概論1–3』（せりか書房）ほか。

越門勝彦（こえもん・かつひこ）
1973年奈良県生まれ。2006年，東京大学大学院人文社会系研究科博士課程単位取得退学。博士（文学）学位取得。現在，宮城学院女子大学学芸学部准教授。著書に『省みることの哲学——ジャン・ナベール研究』（東信堂），共著に『哲学の歴史　第12巻　実存・構造・他者』（中央公論新社），『哲学への誘い　哲学の立ち位置』（東信堂）ほか。

―――― 叢書・ウニベルシタスより ――――

（表示価格は税別です）

872 哲学の始まり　初期ギリシャ哲学講義
H.-G. ガダマー／箕浦恵了・國嶋貴美子訳 2300円

905 困難な自由　［増補版・定本全訳］
E. レヴィナス／合田正人監訳，三浦直希訳 4700円

910 フロイトの伝説
S. ウェーバー／前田悠希訳 4200円

911 フランスの現象学
B. ヴァルデンフェルス／佐藤真理人監訳 8000円

920 引き裂かれた西洋
J. ハーバーマス／大貫・木前・鈴木・三島訳 3400円

924 アウシュヴィッツ以後の神
H. ヨーナス／品川哲彦訳 2500円

935 権威の概念
A. コジェーヴ／今村真介訳 2300円

944 存在なき神
J.-L. マリオン／永井晋・中島盛夫訳 4500円

947 アーカイヴの病　フロイトの印象
J. デリダ／福本修訳 2300円

959 無知な教師　知性の解放について
J. ランシエール／梶田裕・堀容子訳 2700円

960 言説、形象（ディスクール、フィギュール）
J.-F. リオタール／合田正人監修・三浦直希訳 7000円

977 弱い思考
G. ヴァッティモ編／上村・山田・金山・土肥訳 4000円

987 根源悪の系譜　カントからアーレントまで
R. J. バーンスタイン／阿部・後藤・齋藤・菅原・田口訳 4500円

989 散種
J. デリダ／藤本一勇・立花史・郷原佳以訳 5800円